JN122864

大学生のための
法的思考
入門

トピックから学ぶ法学

柳澤 武・三輪まどか／編著

飯塚 徹・仮屋篤子・小山花子・滝谷英幸
西土彰一郎・藥袋佳祐・山本健人／著

は　じ　め　に

　法的思考（リーガル・マインド）を身につけると、物事の見方が変わります！　さまざまな紛争が生じる背景を探ったり、「当たり前」と思われているルールを壊したり、自分と異なる考えの人を説得するといった能力は、法律家だけに求められるものではありません。会社員、公務員、自営業、政治家、教育者、投資家、起業家など、どんな道に進むとしても大いに役立つことでしょう。日々の生活でも、相手の視点で考える、新しい解決法を思いつくなど、あなたの人生の豊かさに影響するかもしれません。法的思考を実践することで、こうした能力が養われ、これまでとは違う視点から物事をとらえることができるのです。

　本書は、初年次の法学部生はもとより、むしろ法学部ではない大学生にも存分に活用してもらえるよう、さまざまな工夫を凝らしました。紛争事例をCASEとして提示し、「考えてみよう！」ではアクティブラーニングでも使える問いを立てました。法学の入門書としてはめずらしく、国際法、消費者法、政治学のトピックもあります。一方、法律自体の内容解説は最小限に留めています。

　第Ⅰ編では、みなさんも経験があるかもしれない「遅刻」について取り上げ、何を遅刻とするか（定義）、遅刻をどんな定義に当てはめるのか、どんなルールにすべきかなどを考えることで、法的思考を体験します。第Ⅱ編では、法の世界では基礎となる憲法、刑法、民法、そして国際法に関するトピックをもとに、法的思考をはじめます。第Ⅲ編では、働き方・休み方、育児や介護、親子関係といった身近なトピックを法的な問題としてとらえ直し、法的思考をめぐらせます。第Ⅳ編では、憲法、国際法、政治学、消費者法のよりむずかしいトピックに挑戦します。今まで培ってきた法的思考をフル活用し、これらの難題にチャレンジしてみてください。第Ⅴ編は番外編です。法的思考にあたって必要な判例、法の解釈、法の設計（立法）についてまとめていますので、適宜参照してください。

　本書を通じて、読者のみなさんが、法的思考のおもしろさを体験し、法律学への興味をもつ契機となれば、これに勝る喜びはありません。最後に、株式会社みらいの小川眞貴子氏には、企画立案から編集の細部に至るまで、丁寧なご配慮をいただきました。執筆者一同を代表して、御礼を申し上げます。

　2023年8月7日

編　　者

目　　次

はじめに

第Ⅰ編　法的思考を体験してみよう

1　「法的思考」ことはじめ 2

2　ルールを「使う」 2

　　1　「遅刻」とは　2　　　　　　2　言葉の意味か、ルールの目的か　3

　　3　「遅刻」の無限の可能性？　4　　4　ルールには「解釈」が必要　6

3　ルールを「つくる」 6

　　1　「解釈」ができれば万事解決？　6

　　2　ルール自体に疑問の目を向ける　7

　　3　今あるルールが「絶対」ではない　8

4　いざ、「法的思考」の世界へ 9

第Ⅱ編　法的思考をはじめてみよう

第1章　憲法判断の創造力 ────────────────── 12

1　当事者のまなざしを受けとめて 12

2　小説はプライバシーの権利を侵害しうるか 13

　　1　プライバシーとは　13　　2　表現の自由との対立　15

3　なぜ表現の自由は大事なのか 15

　　1　表現の自由を保障する理由　15　　2　思想の自由市場　16

　　3　裁判所の出番　17

4　プライバシーの権利と表現の自由の対立の解消に向けて 18

5　真実までもが虚構になる 19

　　1　名もなき道を　19　　2　作者の創造力　20

6　虚構までもが真実になる 20

　　1　石に泳ぐ魚　20　　2　作者の想像力と裁判所の創造力　22

第2章　何をしても無罪？ ——————————————————24

1　人を殺しても無罪？ ———————————————————24
　　1　刑法39条1項　24　　2　責任主義　25

2　想定される疑問 ———————————————————————26
　　1　疑問①——心神喪失者のふりをして処罰を免れる者が出るのでは　26
　　2　疑問②——悪い結果を引き起こした以上、責任を負うべきではないか　27
　　3　疑問③——危険な存在の排除？　33

3　刑法39条1項をめぐる「法的思考」 ———————————————36

第3章　子どものしたことは親の責任？ ——民法上の責任能力————37

1　民法の役割 ——————————————————————————37

2　犯罪者の処罰と被害者の救済 ——————————————————38
　　1　事件の発生とその責任　38　　　　2　被害者の救済　38

3　損害賠償の責任を負う根拠 ———————————————————40
　　1　過失責任主義　40　　2　自己責任の原則　40　　3　責任能力　41

4　責任無能力者とその監督義務者 —————————————————42

5　監督義務者が責任を負わない場合 ————————————————43

6　責任能力のある未成年者の親の責任 ———————————————45

第4章　戦争中でも守るべき「人の道」 ——————————————46

1　戦争とルール ————————————————————————46
　　1　戦争にもルールがある　46　　2　武力紛争法　46

2　「戦争中のルール」は平等？ ——————————————————46
　　1　戦争開始における違法な側と合法な側　46
　　2　違法な側と合法な側は平等なのか　47
　　3　武力紛争法の目的　48

3　武力紛争法の最も大切な考え方 —————————————————48
　　1　武力紛争法における法的思考　48　　2　戦争に勝つために必要なこと　48
　　3　戦争中でも守るべき「人の道」　49　　4　2つの根本理念のバランス　49

4　戦闘方法に関するルール ————————————————————50
　　1　攻撃のやり方についての法的思考　50
　　2　禁止されている攻撃のやり方　51

　　5　戦闘手段に関するルール――――――――――――――――――――――52

　　　　1　攻撃に用いる兵器についての法的思考　52
　　　　2　使用が禁止されている兵器①　53
　　　　3　使用が禁止されている兵器②　53

　　6　戦争における弱者の保護に関するルール――――――――――――――54

　　　　1　負傷した戦闘員等の保護　54　　2　敵に捕らえられた戦闘員の保護　55

第Ⅲ編　身近な問題を法的思考で見直そう

第5章　それってセクハラ？──ハラスメントの法理と課題――――――58

　　1　職場でのセクハラ――――――――――――――――――――――――58

　　　　1　セクシュアル・ハラスメントとは　58
　　　　2　初めてのセクハラ裁判　58

　　2　女性から男性へのセクハラ――――――――――――――――――――59

　　　　1　「逆」セクハラ？　59　　2　ジェンダーと法　60

　　3　同性間のセクハラ――――――――――――――――――――――――61

　　　　1　男性同士のセクハラ　61
　　　　2　性的マイノリティに対するハラスメント　61

　　4　セクハラの責任を負うのは誰？――――――――――――――――――62

　　　　1　行為者の責任　62　　2　使用者の責任　62　　3　親会社の責任　62

　　5　さまざまなハラスメントや「いじめ」――――――――――――――――63

　　　　1　パワーハラスメント　63　　2　職場における「いじめ」　64

　　6　出産・子育てにかかわるハラスメント――――――――――――――――65

　　　　1　マタニティー・ハラスメント　65
　　　　2　父親に対する嫌がらせ──パタニティー・ハラスメント　65

　　7　ハラスメント法理の課題――――――――――――――――――――――66

　　　　1　リモハラ　66　　2　ハラスメント法理の広がり　66

第6章　保育・子育ては誰が担ってきたのだろう？
　　　　　　　──少子時代の保育サービス――――――――――――――――68

　　1　幼稚園と保育所は似て非なるもの――――――――――――――――――68

　　　　1　幼稚園　68　　2　保育所　68

　　2　幼稚園・保育所への入園・入所――――――――――――――――――69

　　　　1　入園・入所の申請と市町村の認定　69　　2　市町村の「利用調整」　70

3　保育所が足りない！　待機児童問題────────────71

　　1　待機児童を生む要因　71　　2　深刻化する保育士不足　72

4　保育所への多様な主体の参入────────────72

　　1　保育所不足を解消するための政策　72　　2　市町村のがんばり　73
　　3　不適切保育──保育の質の確保　73

5　保育サービスは誰が担うべきだろう？────────────74

　　1　保育所の民営化　74
　　2　多様な主体が参入するメリット・デメリット　75

第7章　血のつながりのない親子──生殖補助医療と親子関係────────78

1　現代における親子の問題────────────78
2　法律上の親子関係──結婚を基盤とした父の決定────────────78

　　1　嫡出子　79　　2　婚外子　80　　3　人工授精子　82
　　4　代理出産と母子関係　83

3　生殖補助医療の発達と親子問題────────────84

　　1　同性婚と人工授精子　84　　2　死後懐胎子　85

第8章　上手な休み方──バカンスが欲しい！────────────87

1　年休と利用目的────────────87

　　1　年休とは　87　　2　年休自由利用の原則　87
　　3　年休の利用目的　88

2　年休を取得できるのは誰？────────────88

　　1　アルバイトの年休問題　88　　2　労働者の権利としての年休　89
　　3　アルバイトの年休権　89　　4　パートタイム労働者への適用　90

3　やっぱりバカンスが欲しい！────────────91

　　1　バカンス裁判　91　　　　　　2　ILO52号条約　91
　　3　年休制度の初期設定　91　　4　バカンス裁判の行方　92
　　5　年休の細切れ化　92　　　　6　未消化年休の行方　93

4　権利が「絵に描いた餅」では意味がない────────────93

　　1　年休取得の現状　93　　2　年休ハラスメント？　94

5　理想の「休み方」へ向けて────────────94

　　1　新しい年休制度　94　　2　年休権の実質化　95

第9章　介護保険法で家族介護は不要になったの？
──高齢者の介護と家族の責任────────────97

1 高齢者を介護する人は誰？ ────────────97
1　時代によって介護している人は違う？　97
2　「長男の嫁」が介護をしなくなった理由　98

2 介護保険制度の導入 ────────────99
1　家族介護と措置制度　99
2　介護保険制度を利用して介護を受けるまで　99

3 介護保険制度と家族介護 ────────────100
1　介護保険を利用している高齢者数　100
2　「住み慣れた自宅」での介護と家族　100

4 認知症高齢者の介護 ────────────102
1　認知症ってどんな病気？　102　　2　認知症高齢者の介護　102

5 家族介護の法的理解 ────────────103
1　老老介護の大変さ　103　　2　家族の法的な責任　103
3　認知症高齢者が引き起こした事故と家族の責任　104

第Ⅳ編　国や世界の問題を法的思考で深化させよう

第10章　国際問題に立ち向かう「国家間の約束」────────108

1 国際法とはなにか ────────────108
1　国際法の世界　108　　2　国際法の探し方　108

2 文書になっている国家間の約束としての国際法 ────────────109
1　条約とはなにか　109　　2　どの国が条約を守らなければならないのか　110

3 国際社会における暗黙のルールとしての国際法 ────────────111
1　慣習国際法とはなにか　111
2　どの国が慣習国際法を守らなければならないのか　112

4 国際法の解釈 ────────────113
1　条約条文の言葉の意味を考える　113　　2　解釈のヒント　114

5 国際組織で話し合って決めたことは国際法か ────────────114
1　国際連合総会で決めたこと　114　　2　国際連合安全保障理事会で決めたこと　116
3　安全保障理事会の常任理事国の拒否権　116

6 国際裁判の不思議 ────────────117
1　国際連合の裁判所の限界　117　　2　国際裁判の判決に従わなかったら　118

第11章　政治に関心がないのはダメ？
──政治と民主主義への思考ガイド────────120

1　関心ある？　ない？───────────────120
1　リアルとネットのギャップ　120　　2　関心と投票はイコールか　121

2　投票は義務？────────────────122
1　もし投票が義務だったら　122　　2　「参加」を優先してみる　122
3　反対派の言い分　123

3　どうやって選ぶのか──────────────124
1　投票に「正解」はあるか　124　　2　決めるためのツール　125

4　民主主義は「あやしい」ですか───────────126
1　デモクラシーの原点　126
2　どっちもイマイチ？──「直接」vs.「間接」　126
3　問題発言が多すぎ！？──政治家への不信感　128

5　クビにできない民主主義はダメですか────────128
1　国会議員のリコール　128　　2　国会議員に「罰」を与えたい　129

6　人ではなくモノ（政策）を選ぶ────────────130
1　インターネットでの投票　130　　2　レファレンダム　130
3　日本の民主主義とは　131

第12章　安心して豊かに生活するために──────────132

1　消費者法とは────────────────132
1　消費者法のなりたち　132
2　事業者と消費者との情報力・交渉力の格差　133

2　未成年者契約の取り消しとクーリング・オフ──────135
1　未成年者取消権の効果　135　　2　クーリング・オフの効果と限界　136

3　金融取引のリスク対処法────────────138
1　適合性の原則　138　　2　断定的な判断の提供　139

第13章　「カルト宗教」問題──憲法学の視点から──────142

1　旧統一教会をめぐる問題を考える─────────142
1　客観的・論理的に自分の考えを示すとは　142
2　旧統一教会をめぐる問題の背景　142

2 政治と宗教は一切かかわってはいけないのか━━━━━━━━━━**143**

    1 政教分離とはなにか　143

    2 政教分離の観点から旧統一教会問題を考える　144

3 カルトの規制と宗教的行為の規制は違う？━━━━━━━━**145**

    1 カルト規制とはなにか　145　　2 宗教的行為の規制　145

4 宗教法人を解散するとは━━━━━━━━━━━━━━━━**148**

    1 宗教法人法の仕組み　148　　2 宗教法人に対する解散命令　148

5 カルト規制法は必要？━━━━━━━━━━━━━━━━━**150**

    1 フランスのやり方と反論　151　　2 カルト規制は必要か　151

第Ⅴ編　判例と立法にみる法的思考

第14章　判例から学ぶ━━━━━━━━━━━━━━━━━154

1 「判例」と「裁判例」━━━━━━━━━━━━━━━━**154**

2 判例は変わることがある━━━━━━━━━━━━━━━**155**

3 判例のさまざまな役割━━━━━━━━━━━━━━━━**156**

    1 紛争解決機能　156　　2 法の隙間をうめる　156　　3 条文解釈の変更　156

4 立法や法政策に対するチェック━━━━━━━━━━━━**157**

5 訴訟の社会的機能——お金だけの問題じゃない！━━━**158**

第15章　法の世界——解釈と立法━━━━━━━━━━━160

1 法は解釈の世界━━━━━━━━━━━━━━━━━━**160**

2 解釈の種類━━━━━━━━━━━━━━━━━━━━**161**

3 解釈で対応できない場合━━━━━━━━━━━━━━━**162**

4 立法——法の設計━━━━━━━━━━━━━━━━━**163**

    1 困っている人を救う方法　163　　2 立法の基準　164

◎ 執筆者によるオンライン座談会——「法的思考」とは━━━168

索　引　173

執筆者紹介

執筆順、＊印は編者

滝 谷 英 幸（名城大学法学部准教授）　第Ⅰ編、第2章

　法学部を選んだのは、本当に「なんとなく」でした。高校までの段階で法学に触れる機会はなかったですし、社会問題に関心をもって自発的に勉強するような「意識の高い」若者でもありませんでしたから。

　大学入学後もしばらくは法学にそこまでの興味をもてずにいましたが、1年生の期末試験の直前に慌てて教科書を読み、つけ焼刃で答案を書いたら、どういうわけか（単位認定が厳しいとうわさの）刑法の先生が「優」をくれたのですね。すっかり気をよくして自分なりに刑法を勉強しはじめたところ、その精密な理論体系の美しさ、俗な言い方をすれば、論理パズルのような楽しさに魅了されました。

　もちろん法学はたんなる論理パズルではなく、私たちの社会を動かす「実学」です。論理パズル的な要素は法学のほんの一面にすぎず、その本当の魅力はもっと深いところにあります。法学に初めて触れてから20年以上が過ぎ、そのことに少しずつではあるけれども気がついて、「あぁ、やっぱり法学はおもしろい」と感じている今日このごろです。

［主な研究テーマ］

　特に実体法である刑法と手続法である刑事訴訟法の交錯領域を中心に研究をしています。

［代表的な業績］

「『公訴事実の同一性』に関する一考察——いわゆる『非両立』概念を切り口として」名城法学72巻4号（2023年）

西 土 彰 一 郎（成城大学法学部教授）　第1章

　私はもともとジャーナリストになりたいとの夢を抱いておりました。そこで、表現の自由を勉強しようと思い、法学部に入りました。入学して吃驚したのは、大学の先生方の講義のやり方です。一つの講義が90分（100分）という長さにも面くらいましたが、当時、多くの先生方は、プリントを配布せず、板書もせずに、ただ口頭で講義を展開する「だけ」でした。先生方の話す内容を筆記していくのに四苦八苦しましたが、学部2年生のときに受講した憲法の授業では、楽しくノートを取ることができました。その理由はよくわかりませんが、表現の自由を勉強したいという私の問題意識と関係していたのかもしれません。ともあれ、メモを取るなかで、先生の生きた思考に触れることができたのは本当に貴重な経験であり、憲法の広さと奥深さを知ることにもなりました。先生のご指導のもと、さらに表現の自由を勉

強したいと思い、大学院に入学して、結果として憲法研究者になったという次第です。憲法学を学ぶ原点となった当時のノートは今でも大切にしています。

［主な研究テーマ］

公共放送の憲法上の意義について、ドイツ法と比較しつつ研究しています。

［代表的な業績］

西土彰一郎『放送の自由の基層』信山社、2011年

仮屋　篤子（名城大学法学部教授）　第3章、第7章
（かり　や　あつ　こ）

法を学ぶきっかけは、よくある「公務員志望」だからというものです。では、公務員試験のために勉強していたかというとそうでもなく、手あたり次第に、興味をひかれた授業を履修する学生でした。現在の専門に至るきっかけは、大学時代のゼミが家族法分野から医事法を扱うものだったことから、進学先は医事法を研究されている先生の研究室を選び、その先生のご専門が民法（不法行為）だったために私も……というものです。学部でのゼミのテーマが臓器移植であったことから、死者からの臓器提供は誰が決めるのかという点に興味を持ち、修士論文は「死者の人格権」というテーマで書きました。これがいわゆるデビュー論文になりましたが、それが30年近くたって、「法主体としての死者を考える」という業績につながりました。大学時代のゼミの先生に、大学時代に受けたご指導の成果として掲載誌をお渡しできましたので、少しはご恩返しができたと思ってよいでしょうか。

［主な研究テーマ］

精神的人格権といわれる名誉やプライバシー侵害を中心に、不法行為に基づく損害賠償請求権の権利消滅期間など、民法の不法行為を研究しています。

［代表的な業績］

「法主体としての死者を考える（特集「法主体」を考える——死者）」月刊法学教室498号24-28頁（2022年）

藥袋　佳祐（名城大学法学部准教授）　第4章、第10章
（みない　けいすけ）

安全保障（平和）や武力紛争（戦争）に関する国際法を主に研究しています。国際法を学びたいと考えたきっかけは、歴史を学ぶなかで、幕末や明治期において不平等条約の改正を目指して近代国家に生まれ変わろうとする日本の活気に触れ、感銘を受けたことにありました。特に、当時の日本人が主にヨーロッパで発展した「万国公法」（現在でいう国際法）を科学技術として必死に受け入れていくひたむきな姿に感動を覚え、大学の法学部で国際法を本格的に勉強したいと思うようになったのです。

その後、大学院でさらに専門的に国際法を研究するにあたり、日本と国際法のかかわりが

非常に深いところをテーマにしたいと考えました。それは一体なにかと悩んだところ、過去に悲惨な戦争を引き起こし、その反省から平和主義を掲げる日本との関係において、「平和と戦争」こそがテーマとしてふさわしいのではと思い至り、安全保障法・武力紛争法の研究に従事することとなりました。

［主な研究テーマ］

戦争違法化を目指す国際条約における合意内容を分析し、侵略戦争の違法性を確立させた現象の解明を進めています。

［代表的な業績］

The Belgian Martens Clause : Qualitative, Quantitative, and Statistical Reanalyses of the Records of the 1899 Hague Peace Conference, UNIVERSITY OF DETROIT MERCY LAW REVIEW, Vol. 100

＊柳　澤　　　武（名城大学法学部教授）　　第５章、第８章、第14章

高校時代から法律自体には関心があって、法廷推理小説などを好んで読んでいました。そして、地元の大学の法学部に入学したのですが、１年次の最初に学んだ民法の体系がさっぱり理解できず、期末試験の事例問題にも歯が立たず、早々に法律科目の単位を落としてしまいました。その後しばらく、法律に対する興味を失ってしまい、部活動に邁進しつつ、資格試験のためにしぶしぶ法律を勉強するありさまでした。ところが、３年次になると、労働法ゼミナールに入り、先生や学生との議論やゼミ論文の執筆を通じ、徐々にですが法学がおもしろくなってきました。そして、大学院へと進学し、今に至ります。このような自分の手痛い（？）経験があるため、初学者に対しては、体系や基礎知識を教える前に、法律学の「おもしろさ」に触れてもらうことが大切だと考えています。このテキストを通じて、法律学のおもしろさを伝えることができれば幸いです。

［主な研究テーマ］

高齢者法や雇用差別について、特にアメリカ法を中心に研究しています。

［代表的な業績］

柳澤武『雇用における年齢差別の法理』成文堂、2006年

＊三　輪　ま　ど　か（南山大学総合政策学部教授）　　第６章、第９章、第15章

私は、中学生の公民の授業で憲法前文に触れたことがきっかけとなりました。「憲法ってなんてすばらしいのだろう。もっと学んでみたい！」と思って、法学科へ入学しました。入学してみると、特に民法に苦戦し、まったく理解できず、法学科に来たのは間違いだったと思い始めました。転換点は、３年生になり労働法の授業に出会ったことでした。これまで、法律の授業が現実社会から遠く感じられ、自分ごととして実感できず、理解不能だったので

すが、労働法は社会や経験が法に反映されていて、まさに「生きた法」に接し、目からウロコでした。それから法律を学ぶことが楽しくなって、たくさん判例を読みました。

　その後、いったん社会に出て、私は総合職のOLとして勤めていました。そこでは「女のくせに」の壁がたくさん存在して挫折し、約３年で会社を辞めました。その後、この悔しい思いを胸に、まさに実社会で経験したことを法にぶつけてみようと、大学院に進学して研究者の道を歩みはじめました。

　［主な研究テーマ］

　交渉力や情報等の格差ある当事者間における公平な法制度のあり方、特に高齢者に対象をしぼって、イギリス法を参考にしながら研究をしています。

　［代表的な業績］

　三輪まどか『契約者としての高齢者』信山社、2019年

小山花子（盛岡大学文学部教授）　第11章

　政治思想を学ぼうと思ったきっかけは、政治思想のテキストとの出会いでした。大学の授業で出てきたプラトンやスピノザなどの著作を読んだら、おもしろくて止まらなくなりました。いわゆる古典書ですが、「こんな考えってありえるんだ」と度肝を抜かれました。当時は邦訳で読んでいたわけですが、これほどにダイナミックな言葉に接したのは生まれて初めてだと感じました。

　私の専門であるハンナ・アーレントの著作を知ったのもこのころでした。夢中になって読み漁り、そのまま現在に至ります。実はこうした「きっかけ」について、人にはうまく理解してもらえないこともあります。どこか嘘っぽいというか、政治思想に関心を持った理由がほかにもあるのではないかと疑われてしまうこともあるのです。でも、もちろん本当です。そのくらい政治思想のテキストは、私にとって魅力的でした。嘘だと思う人は、ぜひ読んでみてください。これを機に関心を持ってもらえれば嬉しいです。

　［主な研究テーマ］

　西欧政治思想について、特にハンナ・アーレントの思想や民主主義に関する思想を中心に研究しています。

　［代表的な業績］

　小山花子『観察の政治思想——アーレントと判断力』東信堂、2013年

飯塚徹（松本大学松商短期大学部教授）　第12章

　高校生のときに、日本史で御成敗式目、分国法がおもしろいと感じ法学を学びたいと思い、法学部に進学しました。これが表向きの理由で、進学の決め手は、当時「法学部はつぶしが

利く（幅広い業種の企業に対応できるから就職活動に有利）」といわれていたためです。大学卒業後に金融機関に就職し、金融法務の実務経験を経て、大学の教員となりました。

　法学部では刑事法を中心に学習しましたが、刑事法は論理的で、理解には数学的センスが必要とされ、おもしろいと感じました。特に判例を読むのが好きでした。そのなかで、裁判官により考え方が大きく違うこともあることにリアリティと奥深さを感じました。

　法学を学ぶきっかけとなった御成敗式目や分国法については、高校生のときは法律の基礎知識がなかったため表面的な理解でしたが、刑法のみならず、民法や訴訟法がわかると本質的に理解することができ、とてもおもしろかったです。たとえば、裁判制度、刑法などを現代の法制度と比較することで、当時の武家社会の実像と日本の法律の経緯がわかります。刑事法を深く学んだことは、法学を研究・教育することにおおいに生きています。

［主な研究テーマ］

　金融法の分野で、金融機関の破綻処理と金融セーフティネットについて研究しています。

［代表的な業績］

　「現行の銀行破綻処理法制の考察」松本大学地域総合研究22号（2021年）

山　本　健　人（北九州市立大学法学部准教授）　　第13章

　学部は文学部でした。特に何かこだわりがあって文学部を選んだわけではなくて、本を読むのが好きだったという程度の動機でした。いま思えば、安直な学部選択ですね。その一方で、「法学ってなんかかっこいいな」という認識は心のどこかにありました。それで、大学の一般教養科目で、日本国憲法とか法律学を履修してみました。日本国憲法なんて高校までにさんざん勉強させられるので、大学に入ってまで何をするのかという興味もありました。

　その授業で憲法学という学問は、憲法という法が何のためにあるのか、日本国憲法の体系はどうなっているのか、この社会をよりよくするために憲法の視点をどう活かせばいいのかといったことを考えているのだということをなんとなく理解しました。自分が思っていた法学よりもずいぶんと奥深くておもしろそうだなと思い、ハマってしまったのです。それで大学院では法学研究科に進学して、それ以来、憲法の研究を行っています。

［主な研究テーマ］

　多様性時代における憲法理論・憲法解釈の再検討について研究しています。

［代表的な業績］

　「〈多文化主義による分断〉と多様性の管理——カナダにおける合理的配慮を中心に」新井誠ほか編『〈分断〉と憲法——法・政治・社会から考える』弘文堂、2022年

本書の使い方

◎本書の構成

本書は、さまざまなトピックから法的思考を体験できるよう工夫しています。全体の構成は下記のとおりです。

第Ⅰ編　イントロダクション……まずは法的思考を体験してみよう

第Ⅱ編　各法律における法的思考の基礎……各法分野での法的思考をはじめます

第Ⅲ編　各法律における法的思考の応用……身近なトピックを法的思考で考えます

第Ⅳ編　各法律における法的思考の応用……さらに広いトピックで法的思考を深めます

第Ⅴ編　判例と立法からみる法的思考………法的思考に必要な判例、法解釈を学びます

執筆者による座談会……執筆者が考える法的思考の意義などを論じます。

- -

◎法を学ぶ前に知っておこう！

本書では、判例を下記のように省略して表示しています。

・判例の表示

例：最判平成27・4・9民集69巻3号455頁

これは、最高裁判所で平成27年4月9日に出された判決であり、最高裁判所民事判例集の69巻3号の455ページに判決文が掲載されていることを意味します。

・判決・決定の略語

最判→最高裁判所の判決　　　　最決→最高裁判所の決定

最一（二・三）小判→最高裁判所の第一（二・三）小法廷の判決

高判→高等裁判所の判決　　高決→高等裁判所の決定

地判→地方裁判所の判決　　地決→地方裁判所の決定

高○○支判→高等裁判所○○支部の判決

地○○支判→地方裁判所○○支部の判決

簡判→簡易裁判所の判決

・判例集・定期刊行物等の略語

民集→最高裁判所民事判例集	刑集→最高裁判所刑事判例集	判時→判例時報
判自→判例地方自治	判タ→判例タイムズ	労判→労働判例
セレクト→判例セレクト	訟月→訟務月報	賃社→賃金と社会保障
ジュリ→ジュリスト	LEX／DB→TKC法律情報データベース	

＊　判決文の引用にあたり、読者の便宜のため、ルビを振っている箇所があります。

第 I 編

法的思考を体験してみよう

本編では、イントロダクションとして、身近な
事柄を素材に、まずは法的思考を体験してみま
しょう。

1　「法的思考」ことはじめ

この本の読者であるあなたには、これから、さまざまな問題を素材として、「法的思考」を体験してもらいます。

いきなり「法的思考」などといわれても、あなたは、戸惑い、身構えてしまうかもしれませんね。「法」や「法学」というものには、どうしても、「かたい」「難しい」「とっつきにくい」といったイメージがつきまといがちですから。

しかし、この本が想定する「法的思考」は、けっしてそのようなものではありません。そのことを知ってもらうために、まずはごく身近な話題で、本書のテーマである「法的思考」の雰囲気を感じてください。

2　ルールを「使う」

1　「遅刻」とは

ある大学で、授業に遅れてくる学生が非常に多いということが問題になりました。そこで、その大学では、「１つの授業で３回以上遅刻をした学生には、その授業の単位を与えない」という規則をつくったとします（以下、「規則」というときには、これを指すものとします。また、カギカッコつきで「遅刻」と書いた場合は、この規則で使われている「遅刻」という言葉を指すものとします）。学生にとって単位をとれるかどうかというのは非常に重要な問題ですから、こういう規則をつくることで、「単位が欲しければ遅刻せずに授業に出てきなさい」とプレッシャーをかけているわけです。[*1] あなたも似たようなルールを見たことがあるかもしれませんね。

さて、この規則には「遅刻」という言葉が使われていますが、これはいったいどのような意味でしょうか。たぶんあなたは遅刻という言葉を知っているでしょうし、日常的に使っているだろうと思います。でも、遅刻という言葉の意味を問われたことなどないでしょう。そもそも、みんなが知っているような当たり前の言葉の意味をわざわざ考えて、いったい何になるのでしょうか。

ともあれ、まずは自分なりに、「『遅刻』とは○○という意味だ」というものを思い浮かべてみてください。そのうえで、次のCASE①について考えてみましょう。

> **CASE①**　学生Aは、寝坊して電車に乗り遅れ、９時10分から始まる授業の教室に、９時30分になって入った。教員は９時10分から授業を始めていた。

おそらく、これが「遅刻」にあたらないという人はいないでしょう。学生Aは「遅刻」１回とカウントされるということでよさそうです。

☑ \ここも/ **CHECK**

＊1　ルールには、「○○しろ」とか「××してはいけない」とかいったように、一定の行動を命令・禁止したうえ、それに従わなければなんらかのペナルティーを与えるというタイプのものが多くみられる。こうした方法は、ペナルティーを受けるのが嫌だという相手の心理を利用して一定の行動を強制するもので、「間接強制」と呼ばれる。これに対して、相手がどう思おうが無理にでも一定の行動をとらせる方法を、「直接強制」という。いずれにしても強制力のないルールでは守ってもらえないおそれがあるため、ルールの実効性を保つためにはどうしても強制力が必要になってくる。その意味でルールと強制力は切り離せない関係にあるといえる。

2　言葉の意味か、ルールの目的か

それでは、次のCASE②の学生Bはどうでしょうか。

> **CASE ②**　学生Bは、9時10分から始まる授業の教室に9時00分に入ったが、寝不足で眠かったので、席に着いた後で居眠りを始めた。教員は9時10分に授業を始めたが、学生Bが目を覚ましたのは9時30分だった。

あなたは、「え、『遅刻』にはならないでしょ？　だって、授業が始まる時間（＝9時10分）にはちゃんと教室にいたんだから」と思ったかもしれません。それは、「遅刻」を、「授業が始まる時間に教室にいないこと」という意味だと考えた――おそらく、それは遅刻という言葉を聞いて多くの人が思い浮かべるようなものだと思いますが――からでしょう。

でも、ちょっと考えてみてください。**この規則は、そもそも、何のためにつくられたものでしたか？**

そう、学生が遅刻をしないようにするためですよね。では、なぜ、学生が遅刻をしないようにする必要があるのでしょうか。それは、学生が授業を最初から最後まできちんと受けるようにするためです。そうだとすると、授業が始まる時間に授業を受けられる状態でなければ、たとえ体が教室にあったとしても意味がありません。このように、規則をつくった目的という角度から考えてみると、「遅刻」とは「授業が始まる時間に授業を受けられる状態になっていないこと」という意味だという意見もあり得るわけです。[*2]

学生Bは、たしかに、9時10分には教室にいた。しかし、居眠りをしていて、授業を受けられるような状態ではなかった。学生Bは9時10分の時点で授業を受けられる状態ではなかったがゆえに「遅刻」なのだ――そういう考え方も成り立ちそうですね。

CASE②では、「遅刻」の意味について、少なくとも2とおりの考え方があることがわかったと思います。

1つめは、遅刻という言葉を聞いて多くの人が思い浮かべるような意味、つまり、**遅刻という言葉の通常の意味を重視した考え方**です。

この考え方には、どのような場合が「遅刻」にあたるのかということを、多くの人が**ちゃんと予測できる**というメリットがあります。[*3]人間というのは、ふつう、自分の行動の結果を予測し、よい結果を生みそうな行動を選択するものですよね。何をするとどういう結果になるのかが予測できれば、自分がとるべき行動を安心して選べます。逆に、その予測ができない状況だと、何をやっても悪い結果になるのではないかと不安になって、あれもやめておこう、これもやめておこうとなってしまいがちです（たとえば、「不要不急の外出をした者は、30万円以下の罰金に処する」という法律があったとします。あなたはきっと、何が「不要不急の外出」で何が

ポイント

＊2　ルールというのは、なんらかの目的を達成しようとして人間がつくり出すものである。そうだとすれば、ルールをつくった目的に適った使い方をしないと、わざわざルールをつくった意味がないということになるだろう。ルールを使うときには、「そのルールの目的は何なのか」という視点が重要である。

＼ここも／
CHECK

＊3　ルールの使われ方（どのような場合にそのルールがあてはめられるのかということ）が予測できるということを、「予測可能性がある」などという。ルールの対象になり得る人たちが安心して自分のとるべき行動を選択できるようにするためには、予測可能性がなければならない。ルールで使われている言葉をその通常の意味に従って理解するというのは、おそらく多くの人が自然にすることだろう。そこには、「予測可能性がある」状態を守るという重要な意味がある。

そうでないのか、判断に迷うと思います。そうすると、罰金を払うのは嫌なので、とにかくできる限り外出は避けるようにしようと考えることでしょう。人々を「あれもやめておこう、これもやめておこう」と萎縮した状態にさせてしまうという意味で、これを**萎縮効果**と呼ぶことがあります）。学生がこの規則を見たとき、何をすると「遅刻」にあたるのかを予測することができれば、「遅刻」にあたりそうな行動は避け、そうでない行動は安心して選ぶことができるでしょう（たとえば、「授業中に居眠りをしても大丈夫だな」という具合に）。それは学生にとってのメリットであるわけですね。

　しかし、その一方で、この規則をつくった目的が十分に達成されないというデメリットもあります。たとえ授業が始まる時間に教室にいても、居眠りをしているとか、私語をしているとか、きちんと授業を受けられない状態であれば、教室にいないのと実質的には変わりません。大学がこの規則をつくった目的からすると、これらのケースも「遅刻」にあたるとして取り締まりたいところですが、「遅刻」という言葉の通常の意味からすると、それは無理でしょう。

　２つめは、**この規則をつくった目的を重視した考え方**です。

　「学生にきちんと授業を受けさせる」ということを徹底するなら、教室にいない場合はもちろん、居眠りもスマートフォンいじりも私語も、とにかく授業を受けられない状態であれば、すべてこの規則をあてはめてしまうのが筋です。そのために、「遅刻」という言葉を、「授業開始の時点で授業を受けられる状態になっていないこと」というように理解するわけですね。「遅刻」の意味をこのように幅広くとらえれば、規則をつくった目的を十分に達成できるでしょう。

　しかし、こういう考え方をしてしまうと、学生にとっては、何が「遅刻」にあたるのかがわかりにくくなる――したがって、どういう行動をとるべきかの選択がむずかしくなり、あれもやめておこう、これもやめておこうとなってしまう――というデメリットがあります。その場合、もしかすると、大学側が意図した以上に学生の自由を奪ってしまうことになるかもしれません。

　このように考えてみると、どちらの考え方にもメリットとデメリットがあり、どちらか一方が絶対的に正しいとはいえないように思われます。

3　「遅刻」の無限の可能性？

　あまりにも当たり前でわざわざ考えてみる必要もなさそうに思われた「遅刻」という言葉。しかし、「こういうケースはどうなるのか」ということを具体的に想定しながらその意味を考えてみると、もしかするといろいろな意見があるかもしれない。しかも、どの意見も一長一短だという気がしてきませんか。

　この調子で、次のCASE③についても考えてみてください。

> **CASE ③** 学生Cは、寝坊して電車に乗り遅れたため、9時10分から始まる授業の教室に9時30分に入った。しかし、その日はたまたま教員が電車の遅延で遅くなったため、授業が始まったのは9時45分だった。

　もしあなたが学生Cの立場であれば、「ラッキー！」と思うかもしれません。それは、たぶん、「遅刻」＝「その日、実際に授業が始まった時間に教室にいないこと」と考えているからでしょう。そういう考え方をするなら、この日、実際に授業が始まったのは9時45分ですから、その時点で教室にいた学生Cは「遅刻」ではないということになります。

　でも、次のように考えてみると、どうでしょうか。たとえば、あなたが友達と「10時00分に駅前で待ち合わせ」という約束をしたとします。あなたは寝坊をして、10時10分にようやく駅前に着きました。ところが、その友達もやはり寝坊をして、10時10分に駅前へ現れたのです。

　この状況をどのように表現すべきでしょうか。①「あなたも友達も遅刻はしなかった。だから、ぴったり同じ時間に駅前で会うことができた」でしょうか。それとも、②「あなたも友達も遅刻をした。だから、どちらも遅刻をしたけれど、たまたま、どちらも待たずにすんだ」でしょうか。

　もし、②のほうがしっくりくると感じたのであれば、それは、遅刻という言葉を、「あらかじめ決められた（本来の）時間に決められた場所にいないこと」という意味で理解しているからでしょう。そして、この考え方をCASE③にもあてはめてみるなら、学生Cは、あらかじめ決められた時間である9時10分には教室にいなかったわけですから、これも「遅刻」になるのではないでしょうか。

　どうやら、「『遅刻』という言葉の通常の意味はどのようなものか」と考えてみるだけでは、どちらともいえないということになりそうですね。では、もう1つ、「この規則をつくった目的を達成するためにはどうすべきか」という視点から考えてみることにしましょう。

　この規則をつくった目的は、「学生にきちんと授業を受けさせること」です。CASE③では、この日、実際に授業が始まったのは9時45分です。したがって、9時30分に教室に入っていた学生Cは、この日の授業を最初から最後まできちんと受けています。そうすると、学生Cは、この日はちゃんと授業を受けているわけですから、9時10分に教室にいなかったからといって、「遅刻」だといわなくてもよいような気がします。いわば「結果オーライ」の考え方ですね。

　しかし、はたして「結果オーライ」でよいのかという疑問もあり得るでしょう。まず、この日はたまたま教員が遅れてきたけれど、ふつう、教員は、あらかじめ決められた時間に教室へ来て授業をするものです。CASE③でいうと、この授業は、ふつう、9時10分には始まるのです。そうすると、この授業を受けている学

生が9時10分の時点で教室にいなければ、授業を最初から受けられない可能性が高いということになります。それはまさしく大学がこの規則をつくることによって防ごうとした事態ですよね。そうだとすれば、CASE③の学生Cも「遅刻」にあたるとすることで、学生全体に対し、「あらかじめ決められた授業の開始時間に教室にいなさい。さもなければ『遅刻』ですよ」という強いメッセージを発するべきではないかということにもなりそうです。

　また、たとえば、その次の週、やはり寝坊をして9時30分に教室へ入ってきた学生Dがいるとしましょう。しかし、その週は、教員がいつもどおり9時10分に授業を始めました。そうすると、学生Cは「遅刻」にあたらないけれども学生Dは「遅刻」にあたるということになりそうですが、その差はいったい何でしょうか。学生Cも学生Dも、寝坊のため9時30分にようやく教室へ来たという点では同じです。ただ、たまたま教員が遅れて来たかそうではないかという偶然の——学生側が左右することのできない——事情によって、「遅刻」か否かが決まるのです。これはいかにも不公平ではないでしょうか。

　このように考えると、たまたまこの日は実際の授業の開始時間に間に合ったからといって「結果オーライ」を認めるべきではなく、あらかじめ決められた時間に教室にいなかった以上、学生Cは「遅刻」にあたるのだという意見も十分に成り立つように思われます。

4　ルールには「解釈」が必要

　ここまで、「1つの授業で3回以上遅刻をした学生には、その授業の単位を与えない」という架空の規則を題材にして、いろいろと考えてきました。

　そこでは、この規則で使われている「遅刻」という言葉の意味をどのように理解すべきかということが問題になっていたわけです。このように、**すでに存在するルールで使われている言葉の意味を考える作業を、「解釈」と呼びます**＊4。どのような解釈をするかによってルールの内容が変わり、そのルールがどのようなケースにあてはまるのか／あてはまらないのかが決まってくるわけですね。なんらかのルールをつくっておきさえすればどのようなケースでも自動的に結論が出るというわけではなく、**ルールの解釈という作業が必要になること、そして、その解釈のやり方にもいろいろなものがある**ことがわかってもらえたでしょうか＊5。

3　ルールを「つくる」

1　「解釈」ができれば万事解決？

　解釈というのは、すでになんらかのルールが存在している場合に行うものです。でも、ルールというのは、水や空気と違って、もともと自然界に存在するもので

はありません。人間がなんらかの目的をもってわざわざつくり出すもの——いわば、**社会をよりよくするための「道具」**——です。そうすると、「このルールをどのように解釈すればよいのか」ということだけでなく、「そもそもどのようなルールをつくればよいのか」とか、「今はこういうルールがあるが、本当にこれでよいのだろうか」とかいったことも考えなければなりません。道具のたとえでいうと、今ある道具の使い方を考えるだけではダメで、新しい道具をつくるとか、今ある道具を改良するとかいった発想も必要だということですね。

　先ほど出てきた「1つの授業で3回以上遅刻をした学生には、その授業の単位を与えない」という規則を、今度はそうした視点で考えてみましょう。

2　ルール自体に疑問の目を向ける

　そもそも、大学は、このような規則をつくるべきなのでしょうか。

　この規則は、「遅刻」せず授業へ来ることを学生に（間接的なかたちで）強制するものです。しかし、学生の立場からすると、「遅刻」せず授業に出るかどうかは、自分自身の時間の使い方に関する選択です。授業はとっているけれど今日はもっと寝ていたいとか、友達と遊びに行きたいとか、そういうこともあるでしょう。それなのに、この規則は、「『遅刻』せず授業に出る」以外の選択肢をつぶそうとしているわけです。それは、時間の使い方——ちょっと大げさかもしれませんが、ライフスタイルの選択といってもよいでしょう——に関する学生の自由を大きく制限するものにほかなりません。学生に「遅刻」をさせないという目的は、こうした犠牲を払ってでも達成すべきものなのでしょうか。

　もしかするとあなたは、「遅刻なんてダメに決まってるじゃないか。この規則は当たり前のことをいっているだけだ」と思うかもしれません。でも、なぜ「ダメに決まってる」のでしょうか。私たちは子どものころからずっと「遅刻はダメ！」と言われ続け、「遅刻＝悪」というイメージが完全にすりこまれているところがあります。しかし、「遅刻はダメ」というのも私たち人間がわざわざつくったルールである以上、そこにはなんらかの理由があってしかるべきです。そして、それがどのような理由によるものだと考えるか、また、その理由にどこまでの重み（＝説得力）を感じるかは、おそらく人それぞれでしょう。そうすると、「遅刻はダメ」ということをおよそ議論の余地のない絶対的な前提としてしまってよいのだろうかという気がしてきます。[*6] 最終的にどのような結論に至るにせよ、**「当たり前」といって立ち止まってしまわずに、まずは、「なぜ？」「それでいいの？」と考えてみることが必要なのではないかと。**

　そもそも、この規則は、いったい誰のためのものなのでしょうか。「きちんと勉強をして知識や能力を身につけた人材を世の中に送り出してほしい」という社会のため？「学生がきちんと授業を受ける『まともな』大学でありたい／少なく

\ここも/
CHECK

＊6　私が子どもの頃、学校では当たり前のように「男の子は男らしく、女の子は女らしく」といわれていた。その一環なのか、ランドセルの色は男子は黒、女子は赤と決められており、ほとんどの人はそれに疑問をもっていなかったようだ。しかし、なぜ男女でランドセルの色が決まっているのだろうか。そもそも「男らしい」「女らしい」とはどういうことで、なぜ「男の子は男らしく、女の子は女らしく」なければならないのだろうか。必ずしも「そうに決まってる」というわけではなさそうだ。

とも、『まともな』大学だというブランドイメージを守りたい」という大学のため？「一所懸命に授業をしているのだからきちんと聴いてほしい」という教員のため？「高い学費を払っているのだからきちんと授業を受けてほしい」という保護者のため？　それとも、「今はだるい、めんどくさいと思うかもしれないが、授業を受けることは必ず役に立つ。それが結局は君たちのためなんだよ」という理由から、学生自身のため？[*7]　それらは、時間の使い方に関する学生の自由を大きく制限する根拠として、十分なものだといえるでしょうか。

　また、「単位を与えない」というのは、「３回以上遅刻」したことに対するペナルティーとして相当なものだろうかという疑問もありそうです。もちろん、学生に対する効果を大きくするためには、ペナルティーは重いほどよいという考え方もあるでしょう。しかし、「遅刻」というのは、（全部で15回だか30回だかの授業のうち）たった３回しただけで、「単位を与えない」という重いペナルティーを受けなければならないほど悪いことなのでしょうか。やってしまったことの悪さとそれに対するペナルティーの重さはつりあっているべきだというのは、おそらく、私たちの多くが共有している感覚であり（たとえば、多くの人は、「物を盗んだら死刑」というのはペナルティーが重すぎると感じるのではないでしょうか）、そうした観点からの異論もあるかもしれませんね。さらに、たとえば、３回目の遅刻をしてしまった学生は、「もう単位はもらえないのだから授業を受けるのはやめよう」と投げ出してしまうおそれがあり、それは、「授業をきちんと受けさせる」という目的との関係で本末転倒ではないかとも思われます。

　それだけではありません。これは先ほどまでずいぶんあれこれと考えた（＝「解釈」をした）ところですが、「遅刻」という言葉は、実はそれほど明確なものではなさそうです。実際にこの規則を使おうとすると、「この場合はどうなんだ？『遅刻』にあたるのか？」ということがいろいろ起きるでしょう。そういう明確ではない言葉を使ってしまうと、すでにお話ししたように、それ自体が学生の自由を制限することにつながりかねません（萎縮効果ですね）。複雑な解釈をしなくてすむよう、もう少し具体的な言葉を使って規則をつくるべきではないかという検討も必要かもしれないですね。

3　今あるルールが「絶対」ではない

　大学はそもそもこのような規則をつくるべきか、また、仮につくるべきだとしてこうしたかたちでよいのか、いろいろ考えることはありそうです。

　ここからわかるのは、**現になんらかのルールが存在していても、それが常に絶対的な前提であるわけではない**ということです。もしかすると、そのルールは、本来はつくってはいけないものであり、廃止すべきなのかもしれません。また、ルール自体は必要であっても改正しなければならないということもあるでしょう。

ポイント

＊７　その人自身のためにその人の自由を制限するという考え方を「パターナリズム」と呼ぶ。たとえば、放っておくと子どもは何時間でもゲームをして目が悪くなってしまうので、「ゲームは１日１時間まで」というルールをつくったとしよう。これは、「子どもの健康」を守るために「子どもがゲームをする自由」を制限するものであり、パターナリズムの一種である。（特に、自分では物事の良し悪しを十分に判断できないと思われるような人との関係で）パターナリズムが必要な場合もある。しかし、それは一歩間違えばただのおせっかいであり、「こうあるべきだ」という他人の立場からの押しつけになってしまうおそれもあることに注意が必要である。

もちろん、ルールを守ることは必要です。そうでなければルールをつくる意味がないですからね。しかし、いったんつくったルールであっても、常に、「本当にこれでよいのか」という疑問の目を向け、改善に努めることも大切なのです。

4　いざ、「法的思考」の世界へ

　ここまで、「1つの授業で3回以上遅刻をした学生には、その授業の単位を与えない」という架空のルールを題材に、いろいろなことを考えてきました。

　あなたは、「こんな簡単そうなルールなのに、いろいろ考えてみるとけっこう大変なんだな」と思ったのではないでしょうか。そうだとしたら、あなたの感じたその「大変さ」のなかに、本書で私たちが伝えたい「法的思考」のエッセンスがつまっているはずです。

　それが何なのかということは、ここではあえて書きません。今度は、架空のルールの話ではなく、実際に存在するいろいろな法（憲法、民法、刑法など）に関係するいくつかのトピックを取り上げ、「法的思考」を体験してもらいます。それぞれのトピックについて、「ああでもない、こうでもない」と悩んでみてください。そのなかで、たぶん、「あれ？こういう考え方って、別のトピックのときにも出てきた気がする」ということがあると思います（そうであってほしいと願っています）。それこそが「法的思考」のエッセンスです。

　本書の終わりに、私たちが考える「法的思考」のエッセンスについてまとめをしておきますが、まずはそれを見ずに（結末を知ったうえで推理小説を読むような状態になってしまいますので）、それぞれのトピックと取っ組み合ってみましょう。そして、頭と心を揺さぶられながら本書の終わりまでたどり着き、「なるほど、『法的思考』のエッセンスというのはこういうものなのか」としみじみ実感したら、ぜひもう一度、この「遅刻」の問題について考えてみてください。最初に読んだときとはまた違ったものが見えてくるかもしれません。

演習問題……………………………………………………………………………………

　「Aは、Bを殺そうとして、Bに向かって銃を発射した。弾丸はBの胸に命中し、Bは死亡した」というケースと、「Cは、Dを殺そうとして、Dに向かって銃を発射した。幸いにも弾丸がそれたため、Dはまったくの無傷だった」というケースがあったとする。AとCは、まったく同じように処罰されるべきか。それとも、なんらかのかたちで差をつけるべきか（たとえば、「Aは殺人罪で重く処罰すべきだが、Cは殺人未遂罪で軽く処罰すべきだ」とか、「Aは殺人罪で重く処罰すべきだが、Cは無罪とすべきだ」など）。「遅刻」に関するCASE③についての自分の意見をふまえながら検討しなさい。

第 **Ⅱ** 編

法的思考をはじめてみよう

本編では、各法律に関連するトピックから法的
思考をはじめてみましょう。

第1章　憲法判断の創造力

日本国憲法の条文でいちばん重要なものはどれかと尋ねられたら、みなさんはどう答えますか。大変むずかしい問題ですが、大学で憲法を教えている多くの先生は、国民を「個人として尊重」することをうたう憲法13条であると答えると思います。憲法も法である以上、さまざまな争いを解決するための道具として働きますが、その解決の究極の目的は個人として尊重されることを目指すといってよいでしょう。本章では、実際にあった事件を素材に、個人として尊重することの意味をみなさんと一緒に考えてみたいと思います。

憲法13条
すべて国民は、個人として尊重される。生命、自由及び幸福追求に対する国民の権利については、公共の福祉に反しない限り、立法その他の国政の上で、最大の尊重を必要とする。

1　当事者のまなざしを受けとめて

人間の生きる世界では、悲しいことに常に争いが絶えません。争いを解決する方法はたくさんありますが、その一つとして、事前に定められた公正なルールの適用を裁判所にお願いすることが考えられます。

ただ、このルール（ここでは法律としておきます）の内容が公正ではなく、争いの一方の当事者の**個人の尊厳**を傷つける内容となっている場合、裁判所は法律の上にある憲法を使って争いを解決することがあります。つまり、憲法に違反する法律を無効としたり、法律の内容を憲法に適合するように解釈したりして、一方当事者の個人の尊厳に重点を置いたうえでの紛争の解決を目指すわけです。

では、そもそも法の世界の根源にある個人の尊厳とは何を意味するのでしょうか。いろいろな考え方があろうかと思いますが、私は次のように考えています。みなさんは、森有正という哲学者を知っていますか。彼は、たとえば『遥かなノートル・ダム』（筑摩書房、1967年）という有名なエッセイ集のなかで、感覚を出発点として深まる経験の全体が唯一のものとして「個人」を定義し、その1つの生涯を定義するといいます。こうした唯一のもの、個人を個人たらしめるものを尊重すること、それが個人の尊厳の意味するところではないかと思うのです。

こうした個人の尊厳を根底におく憲法に照らして法律自体がおかしいのではないかと判断するポイントについては、本書第13章で取り上げられているカルト規制法をめぐる分析、そして第14章の違憲立法審査権の説明をお読みください。本章では、第Ⅰ編でも述べられていた、ルールを「使う」ことがおかしい、つまり法律の使い方がおかしい場合の判断について、みなさんと一緒に考えていきたいと思います。*1

\ここも/
CHECK
＊1　興味のある人は、「ルールがおかしいのか？ 使い方がおかしいのか？」に整理して憲法判断のやり方を整理する、井上典之編『憲法の時間［第2版］』225頁（有斐閣、2022年）を参照ください。

先ほど述べたとおり、法律の内容を憲法に適合するように解釈することが、そこでの一つのやり方です。そして、このやり方のポイントについて、私は次のように考えています。事件に深く立ち入り、当事者のまなざしを受け止めて、1 回きりの事件を処理する法律の使いかたを生み出していく法的判断を行っていくことだ、と。[*2] 本章で取り上げる 3 つの事件は、こうした「創造的な」法的判断を求めるものです。[*3]

* 2　原島重義『法的判断とは何か』41頁（創文社、2002年）も参照。

* 3　解釈のあり方それ自体については、第15章（p.160）を参照。

Column　68 + 57は？

　みなさんのように善良な国民は、ルールは守るべきであると考えていると思います。では、ルールであれば、無条件に守るべきなのか。おそらく、そのようには考えていないでしょう。法学（とりわけ憲法）を勉強することの意味の一つは、守るべきルールと破るべきルールを見分ける能力を養うことにあるといってもよいかもしれません。

　それはさておき、あるルールを守ろうと思っても、そのルールの内容が明らかになっていないと守りたくても守ることができません。えっ、でもルールの内容は明らかではないかですって？　話は少し脱線しますが、みなさんが小学校で勉強した算数のルールも自明とはいえないと思います。たとえば、「68 + 57は？」と聞かれたら、多くのみなさんは125と答えるかもしれませんが、5 と答えてもあながち間違いとはいえません。なぜなら、5 と答えた人は、「x + y の x と y がともに57を下回るときには『プラス』だが、いずれか一方でも57以上であるときには答えは 5 になる」という「クワス」算というルールを用いて計算した可能性があるからです。[*4]「クワス」算は、一杯「食わす」？

　ここに至り、ルールはなんでもありの様相を呈することになります。けれども、人間は、さまざまな条件のもとで、ルールの無数の論理的可能性のなかからある可能性を選択して行動し、実践の型を生み出しています。この実践の型をとらえることが、法の世界におけるルールの意味内容の把握であるといえると思います。[*5]

ポイント

* 4　江藤祥平『近代立憲主義と他者』224頁（岩波書店、2018年）を参照。この「クワス」算は、クリプキという有名な哲学者が唱えたものである。

* 5　江藤・前掲（*4）226頁を参照。

2　小説はプライバシーの権利を侵害しうるか

1　プライバシーとは

　今回取り上げるテーマは、「小説はプライバシーの権利を侵害しうるのか」です。

　みなさんは、モデル小説という言葉を聞いたことがありますか。一般にモデル小説とは、実在の人物の人となりや実話を題材にして書かれた小説を指します。林真理子の『テネシーワルツ』（講談社、1988年）などがその代表例です。モデル小説も、小説である以上、作者の想像力の産物である虚構、つまりフィクションからなる部分もあります。しかし、実話を題材にしていますので真実の部分も含まれており、いわば虚実織り交ぜて話が展開することになります。だとすると、この実の部分をとらえて関係者のプライバシーの権利を害しうるともいえそうです。

　ここで、プライバシーの権利とはなにかが問題になります。プライバシーの権利を把握しておくために、三島由紀夫のモデル小説『宴のあと』が問題になった事件をまず簡単にみておきましょう。

> **CASE ①**　三島由紀夫は、著名な元政治家Xをモデルとした小説『宴のあと』を雑誌に連載し、その後単行本として出版した。この小説はXがモデルであることを読者に想起させ、その私生活を暴露するかのような描き方をしていた。そこでXは、プライバシーの侵害により精神的苦痛を感じたとして、三島と出版社を相手取り、損害賠償と謝罪広告を求めて提訴した。

東京地方裁判所は、三島由紀夫の芸術至上主義ともいうべき主張を斥けて、損害賠償請求を認容しました。その際、裁判所は、**プライバシーの権利**は「私生活をみだりに公開されないという法的保障ないし権利」として、次のことからなると述べています。

* 6　東京地判昭和39・9・28判時385号12頁。

① **私事性**（私生活上の事実またはそれらしく受け取られるおそれのある事柄であること）

② **秘匿性**（一般の人の感受性を基準として公開を欲しない事柄であること）

③ **非公然性**（一般の人にまだ知られていない事柄であること）

要するに、一般の人にまだ知られていない、他人に公表されたくない私事を暴露する表現などは、**表現の自由**を保障する憲法21条１項の保障の外にあり、たとえば不法行為法上の責任が追及されることになるのです。

憲法21条
集会、結社及び言論、出版その他一切の表現の自由は、これを保障する。
２　検閲は、これをしてはならない。通信の秘密は、これを侵してはならない。

用語解説
* 7　不法行為
故意や過失による行為によって他人に生じた損害を賠償する責任が生じる場合、その行為を不法行為という。詳しくは、第３章(p.39)を参照。

「宴のあと」事件と呼ばれるこの東京地裁の判決は、「１人でほうっておいてもらう権利」としてプライバシーの権利をとらえたといえますが、その趣旨は、他人の（冷たい）眼差しにさらされて心理的影響を受けることから個人を保護することにあるように思われます。その後、プライバシーの権利の理解は、少なくとも学説のとらえ方において段階的に発展していきます。プライバシーの権利を「自己情報コントロール権」として、情報システムのコントロールを憲法上の権利として把握する見解がそうです。

自己情報コントロール権という考え方は、誰にどの情報を開示するか個人が決定できてはじめて親密な人間関係を自律的に形成できることに主眼を置いたものです。情報システムのコントロールに注目する考え方は、ネットワーク化されたデータベースにおいて自分の情報がどのように扱われているのかわからないという不安感による「鈍痛」から個人を保護することに重点を置きます。「鈍痛」は、「徐々に、しかし確実に」私たちの行動に影響を及ぼすからです。

* 8　佐藤幸治『日本国憲法［第２版］』202頁（成文堂、2020年）。

* 9　山本龍彦『プライバシーの権利を考える』３頁（信山社、2017年）。

* 10　毛利透「アンケート調査による個人情報取得とプライバシー権・表現の自由」毛利ほか『憲法訴訟の実践と理論』100頁（判例時報社、2019年）。

| １人でほうっておいてもらう権利 | ⇒ | 自己情報コントロール権 | ⇒ | 情報システムをコントロールする権利 |

＊　順に旧を新に換えていくプロセスではなく、旧に新を加えていくプロセスであることに注意する必要がある。

図1-1　プライバシーの権利の発展段階

? 考えてみよう！

　最高裁判所は、公道上でのデモ行進参加者を警察が写真撮影することについて厳しい姿勢をとっています。その理由について考えてみましょう。

2　表現の自由との対立

　判例においても、プライバシーの権利は以上のような展開をたどっているのかについては、争いがあります。しかし、いずれにしましても、先ほど述べたとおり、心理的影響が個人の行動に影響を及ぼす面に着目していることに間違いはなさそうです。そのうえで、「宴のあと」事件とは別の事件ですが、最高裁判所は「プライバシーの侵害については、その事実を公表されない法的利益とこれを公表する理由とを比較衡量し、前者が後者に優越する場合に不法行為が成立する」との利益衡量論を採用しています[*11]。

　利益衡量論というむずかしい言葉を使いましたが、要は、対立する利益を天秤にかけ、問題となっている事案のさまざまな条件をふまえながら、どちらが重いかを測定するやり方です。目隠しをした正義の女神像を思い浮かべれば、イメージがつきやすいでしょう。

　争っている当事者にはそれぞれの言い分があり、それを支える利益があります。プライバシーの権利が問題になる場合、それと対立する利益は、たとえば表現の自由です。両者の言い分とそれを支える事案の条件を、正義の女神のように目隠しをして公正に検討し、前者が後者に優越すると判断した場合に、民法709条という法律の条文が規定する不法行為[*12]が成立するという考えの筋道は、みなさんにとり、ある意味で当たり前のように思われるかもしれません。しかし私には、この最高裁判所の説く利益衡量論は、思いのほか深い意味をもっているように思えます。この点を考えるためには、これまで見てきたプライバシーの権利と対立する側にある表現の自由の価値について検討する必要があります。

*11　最二小判平成15・3・14民集57巻3号229頁。

*12　民法709条および不法行為について、詳しくは、第3章 (p.39) を参照。

3　なぜ表現の自由は大事なのか

1　表現の自由を保障する理由

　表現の自由は、読んで字のごとく、内心にあるものを「表」に「現」す自由です。内心にあるものを言葉や身振りなどさまざまなメディアを用いて表現し、他者の反応を見て、内心にあるものを反省する。そうしてまた表現し、他者の反応をみて、反省する。この繰り返しにより人は内心にあるものを鍛え、成長していくことができます。表現の自由は、自己を実現するための価値を有しているといえます。これを、一般に「自己実現」の価値といいます。

　また、社会で問題になっていることについて、多くの人が自由に自分の考え

（内心にあるもの）を表現し、議論し、相互に反省することにより、世論が形成されます。この世論が国や地方公共団体などに影響力を及ぼすことをふまえるならば、表現の自由は民主主義にとって不可欠な価値を有しています。これを、一般に「自己統治」の価値といいます。

さらに加えますと、自由な議論を経るなかで、暫定的であるとはいえ、反論にこたえ得た主張が「真実」として理解されることになるといえます。表現の自由には、**真実発見の機能**があるわけです。これを、一般に「思想の自由市場」論といいます。

以上をまとめてみますと、表現の自由は、①自己実現という個人的利益を保護する側面と、②自己統治、③真実発見という社会的利益を保護する側面を備えているといえます。表現の自由は、すべての人権の基礎にある自己実現と密接な関係にあると同時に、社会的利益をも有している点で、ほかの人権と比べ厚く保障されなければならないことになります。言い換えますと、表現の自由と他の人権や利益が衝突する場合には、原則として表現の自由に重点を置いた利益衡量を行う必要があります。

2　思想の自由市場

ただし、みなさん、ここで注意すべきことがあります。「思想の自由市場」論についてです。

先ほど私は、「思想の自由市場」論は表現の自由を支える根拠であるようにいいました。しかし、近年の表現の自由の考え方においては、「思想の自由市場」論は、表現の自由を支える根拠ではなく、表現の自由を保障する仕方を示すものとしてとらえられています。どういうことなのでしょうか。

私は、表現の自由には、自己統治という民主主義を支える価値があるといいました。そして、その説明として**世論形成機能**について触れました。ただ、当然のことながら、表現の自由を行使したからといって自分の考えに即した世論が形成されるとは限りません。社会や政治にまったく影響を及ぼさないことがほとんどといえるでしょう。それどころか、国等の政策に反対する声をあげる場合、なんらかの不利益を受けるおそれがあります。民主主義国家はその権力の正統性を世論に求めます。だからこそ、民主主義国家は、世論を操作しよう、国家の政策に反対する声をあげている者を黙らせようとの誘惑にどうしてもかられるのです。

もっとも、反対者を黙らせようとしても、強面で無理やり口を封じることは政府の正統性を自ら堂々と否定することになりかねません。そこで、国家は、反対派の表現活動を排除するという動機を隠して、美観保護といった美辞麗句を並べ立てて、たとえばビラ貼りを規制することになります。

もちろん、国家は表向きの美辞麗句を真摯（しんし）に追求しているのかもしれません。

しかし、私たちは、いま見てきたような**表現の自由の傷つきやすい性格**をふまえて、国家権力による表現規制には**隠れた動機**があると、まずは疑ってかかる必要があるのです。そして、表現規制に対する懐疑の基礎には、たとえ一人ひとりの声が無力であったとしても、それでもあえて声を出すことにより、そうした声が連鎖して合理的な世論を形成する可能性に民主主義の生命線があるという考えがあります。

　表現が他人を傷つけることはあります。しかし、傷ついたといってすぐに（裁判所も含む）国家権力にすがるのではなく、被害者はまずはその表現に反論することによって自己の尊厳を回復すべきであるし、また反論の可能性があるところに、隠れた動機をもちかねない国家権力がしゃしゃり出てはなりません。「思想の自由市場」論とは、権力の市場介入を嫌う古典的な経済学を引き合いに出しつつ、神の見えざる手による財の最適な配分よろしく真実発見の機能の面に重点を置くというよりも、表現の内容が悪いという理由で、原則として規制してはいけないという表現の自由保障のあり方に焦点を合わせるものなのです。[13]

＼ここも／
CHECK

＊13　表現内容を規制する代表例として刑法175条の「わいせつ物頒布等罪」があり、この規定は憲法21条に違反するとの主張もある。

？ 考えてみよう！

　法的制裁の予告により国民は表現活動を自ら控えてしまう、いわゆる萎縮効果をとらえて、たとえば経済的自由と比較して表現の自由を手厚く保護しようとする考え方があります(萎縮効果論)。萎縮効果論は、なぜ表現の自由のみに妥当するのか、経済的自由の性格と対比しながら、考えてみてください。

3　裁判所の出番

　以上のことを逆にいえば、「思想の自由市場」論は、反論の可能性がないところでは、例外として表現の自由の規制を認めることになります。具体的には、「真実」であるプライバシーにかかる情報は、それに対する反論を許さず、いったん公開されたら回復不可能という性格を有していますので、なんらかの法的措置が必要となります。また、あまりにも侮辱的な内容で被害者に反論の意欲を喪失させる名誉毀損的な表現も、同じく法的措置を必要とするでしょう。

　このような場合、民主主義プロセスの外にある裁判所が、表現の自由とプライバシーの権利などの対立を解決する第三者として、登場することになります。裁判所は、問題の表現が「思想の自由市場」に出ないようにする**事前抑制**の可能性や、もうすでに公開されているのであれば損害賠償等の**事後的救済**の可能性を不法行為法の枠組みで探ることになります。

表1-1　表現の自由を保障する理由

表現の自由の保障根拠	個人的利益／社会的利益
① 自己実現	個人的利益
② 自己統治	社会的利益
③ 思想の自由市場	

※ただし③は、表現の自由の保障根拠ではなく、事前抑制の原則禁止等を導く保障のあり方としてとらえることもできる。

4　プライバシーの権利と表現の自由の対立の解消に向けて

　先ほど述べた「プライバシーの侵害については、その事実を公表されない法的利益とこれを公表する理由とを比較衡量し、前者が後者に優越する場合に不法行為が成立する」という最高裁判所の利益衡量論は、**事後的救済**の場面で述べられたものです。この調整方法の基礎には、表現の自由の社会的価値や傷つきやすい性格をふまえ、本来であれば表現の自由の側の天秤の皿に重きを置くべきところ、「思想の自由市場」を機能不全に陥らせるプライバシーの権利にかかる情報の公開であるため、事件の内容に応じてどちらの皿に比重を置くかを考える賢慮があるように思われます。

　みなさんのなかには、「思想の自由市場」が働かない以上、はじめからプライバシーの権利の側の天秤の皿に重きを置けばよいのではないか、言い方を変えると、「原則―例外」図式を採るべきではないかと思う人もいるかもしれません。原則はプライバシーの権利を保護し、例外として表現の自由を保障する。例外に該当するかどうかは、政治家といった公職者や、私人であっても社会的影響力を及ぼしうる立場にある**公人**の私生活についての情報など、プライバシーの権利にかかる情報が、世論の対象である**公共の関心事**であるかに焦点を合わせて判断する。このような図式です。

　このような考え方に私もひかれますが、最高裁判所は、問題となっている事案のさまざまな条件をふまえながら、当事者のまなざしを受け止めてきめ細やかな判断を行うために、プライバシーの権利と表現の自由を等しく尊重する判断枠組みを示したのかもしれません。裁判所にとって、事案におけるどの事実に重点を置くべきかを示すことが重要なのでしょう。

　ただ、そうはいっても、プライバシーの権利の救済にとって最適であると同時に表現の自由にとっては大きな負担となる劇薬である**事前抑制**[15]の場合には、後者を原則とする「原則―例外」図式を立てるべきであるように思われます（最高裁は、プライバシーの権利と表現の自由の衝突の場合には、事前抑制も事後救済と同様の利益衡量で判断するとの考えを示しています。もちろん、事前抑制という事案の特殊性に即した重点の置き方を排除するものではありません）。

用語解説

＊14　私人
　私人とは、一般の人々のことをいう。詳しくは、第3章(p.37)を参照。

用語解説

＊15　事前抑制
　表現行為に先立って、公権力がこの行為に抑制を加えることをいう。

5　真実までもが虚構になる

1　名もなき道を

　話が少し長くなりましたが、以上のような基準といいますか、問題を解決するためのポイントを押さえたうえで、「小説はプライバシーの権利を侵害しうるのか」という本論へと帰りましょう。「宴のあと」事件については簡単にみました。以下では、「名もなき道を」事件と「石に泳ぐ魚」事件について、みなさんと一緒に考えていきたいと思います。まずは、「名もなき道を」事件についてです。

> **CASE②**　小説家・高橋治の作品『名もなき道を』においてモデルとされた人がプライバシーを侵害されたなどと主張して、この小説の出版の中止、謝罪広告の掲載、そして慰謝料の支払いを求めて出訴した。
>
> 　『名もなき道を』の文庫本の帯などには、次のような言葉が並んでいる。「人生の輝ける落伍者(らくご)の生涯」「司法試験20回不合格の記録を作った奇行・反骨の男」「常識を逸した行動の底に潜む人間心理の闇、金沢・伊豆を舞台に教師と生徒、家族の絆(きずな)を描く」「真実に迫る」「金沢・伊豆・仙台」「破滅的に生きる教え子の謎を四高時代の恩師が突きとめる」「病院長の息子で」「四高、東北大学時代の奇行学生」。
>
> 　この小説は、大学を卒業後、司法試験を20回受けて変死した実在の人物を主人公のモデルにしたものである。原告らの夫婦は、『名もなき道を』のなかで主人公の妹夫婦として描かれた作中人物のモデルとされている。原告らは、この作中人物の描写によって、学歴、結婚の経緯、家族関係等のプライバシーを侵害されたと主張した。

　高橋治や出版社側の反論もみておきましょう。それは次のようなものです。

> 　仮に『名もなき道を』の筋または骨格が終始実在人物の行動に沿っているとしても、この小説は実名と地名に相当の注意を払って書き下ろされている。
> 　原告らはきわめて限られた人物にしか知られておらず、読者のモデル的興味の対象ではありえないうえ、実在しない人物の創造と実在人物のデフォルメ、これらの織り成すさまざまなストーリーの組み上げにより、フィクションとしてモデル的興味は取り去られている。『名もなき道を』は、原告らを知る由(よし)もない圧倒的多数の読者にとってはもちろん、原告らを想定し得る限定されたごく少数の読者にとっても、元来は虚構であるとの了解のもとに読まれるものである。

　以上の主張・反論をうけて、裁判所はどのような判断をしたのでしょうか。東京地方裁判所は、次のように小説表現に重きを置く考え方を示して、原告らの請求を棄却しました。[16]

　「実在の人物を素材としており、登場人物が誰を素材として描かれたものであるかが一応特定し得るような小説であっても、実在人物の行動や性格が作家の内面における芸術的創造過程においてデフォルメ（変容）され」ているか、「実在人物の行動や性格が小説の主題に沿って取捨選択ないしは変容されて、事実とは意味や価値を異にするものとして作品中に表現され、あるいは実在しない想像上の人物が設定されてその人物との絡みの中で主題が展開されるなど、一般読者を

＊16　東京地判平成7・5・19判時1550号49頁。

19

して小説全体が作者の芸術的想像力の生み出した創作であって虚構（フィクション）であると受け取らせるに至って」いるような場合には、プライバシー侵害は生じない。

2　作者の創造力

　優れた小説では、読者の受け止め方において、「真実までもが虚構になる」といえます。「虚構」として受け止められている以上、プライバシーの権利の侵害は生じません。こうした考え方は、虚構物語としての小説の性格、小説の社会的意義や歴史的意義に照らしますと、説得的であるように思われます。

　以上の考え方は、芸術にうとい無骨な（？）裁判官が自ら小説としての文芸的価値を判断することを前提にしているわけではありません。そうではなくて、小説の叙述の方法・内容を客観的に問うて、小説全体として「作者の芸術的想像力の生み出した創作」である（その意味での優れた小説である）かどうかを判断するものといえるでしょう。つまり、実在人物のプライバシーに属する事実が、芸術の専門家でなくても認識できる小説の主題と構成の点において不可欠であるかどうか、かつ、表現の方法・内容において慎重な配慮がなされているかどうかという、いわば客観的な事実に即した判断が裁判官に求められているのです。

　高橋治は、モデルとなった実在人物を傷つけないように注意深く『名もなき道を』を執筆しました。裁判所も、『名もなき道を』においては、実在人物のプライバシーに属する事実の叙述の方法・内容において秘事のあからさまな暴露とはならないよう慎重な配慮がなされていることを指摘して、「作者の芸術的想像力の生み出した創作」であると判断しています。

　なお、この事件は、控訴審において和解が成立しています。また、どうでもよいことではありますが、私の心を打ったのは、『名もなき道を』の主題の一つが「以前学生から無能教授として追放運動の対象となったにもかかわらず、その当時の学生を25年後でも心にとめ、その人生を共に考えようとしていた被告の恩師である慶松教授を素材に、真の教育者像とその人間性を描く」点にあったことです。こうした情報も盛り込まれている判決文をみなさんも実際に手に取って、裁判所はどの事実に焦点を合わせて原告・被告の言い分を判断したのか、読みとっていただければと思います。

6　虚構までもが真実になる

1　石に泳ぐ魚

　「名もなき道を」事件はこれくらいにして、最後の「石に泳ぐ魚」事件に移りましょう。この事件は大変有名なもので、知っている人も多いと思います。

　『名もなき道を』とは異なり、厳密な執筆の手続きを経なかったにもかかわらず「作者の芸術的想像力の生み出した創作」として受け止められる小説もあろうかと思いますが、「石に泳ぐ魚」事件では、この種の小説が問題になったといえるでしょう。この事件の特性を知っていただくために、少し長くなりますが、事案を紹介します。

CASE ③

　Ｘは、1969年に東京都で生まれた韓国籍の女性であり、1980年以降韓国に居住してきたが、韓国ソウル市内のＣ大学を卒業した後の1993年に来日し、Ｄ大学大学院に在籍していた。Ｘは、幼少時に血管奇形の属する静脈性血管腫に冒され、多数回にわたる手術にもかかわらず完治の見込みはなく、その血管奇形が顔面に現れている。また、Ｘの父は、日本国内の大学で国際政治学を教える教授であったが、1974年に講演先の韓国においてスパイ容疑で逮捕され、1978年まで投獄された。

　柳美里は、1968（昭和43）年生まれの著名な劇作家・小説家であり、1997（平成９）年には芥川賞を受賞するなどしている。彼女は1992（平成４）年、戯曲「魚の祭」の上演準備のため訪れた韓国で当時大学生であったＸと知り合い、Ｘ宅に数日滞在した。年齢の近いＸと柳は意気投合し、Ｘは柳に自分が在日３世であることや、小学５年生まで日本にいたこと、父の経歴などを語って聞かせた。

　その２年後の1994（平成６）年、柳は月刊誌「新潮」９月号に「石に泳ぐ魚」と題する小説を発表した。その内容は、在日２世の劇作家梁秀香を主人公とし、その家族、劇団員、男友達ならびに陶芸家である朴里花などと主人公との交流を描いたものである。そこでは、在日韓国人女性である梁秀香は劇団に所属する戯曲家であり、韓国における公演準備のため訪れた同国で、Ｒ大で陶芸を専攻している朴里花と知り合う場面が書かれている。そして、この朴里花には、小学５年生まで日本に居住していた日本生まれの韓国籍の女性で、韓国ソウル市内のＣ大学を卒業し、Ｒ大学大学院に在籍し、陶芸を専攻している点、さらには同女には顔に大きな腫瘍があり、父は日本国内で大学の国際政治学の教授をしていたが、講演先の韓国においてスパイ容疑で逮捕された経歴を持っている点など、Ｘと一致する特徴等が与えられていた。また、この小説には、「私は里花を凝視した。里花の顔にへばりついている異様な生き物がさらに膨張するのではないかという恐怖を振り払おうとした」「顔の左側に大きな腫瘍ができていて、……だから鼻も唇も右にひん曲がっている」「あんたの顔って太った蛆虫みたい」「水死体そっくり」などの記述がある。他方で、本件小説では、朴里花が高額の寄附を募り社会問題化している新興宗教団体に入信したとの虚構の事実が述べられている。

　この小説を読んで、自分がこれまで形成してきた人格がすべて否定されたような衝撃を覚えたＸさんは、最終的に柳美里や出版社などを訴えて、慰謝料の支払いや本件小説の単行本の出版等による公表の差止めなどを求めることにしました。みなさんが裁判官だったら、この事件をどのように解決するでしょうか。

　「名もなき道を」事件で示された考え方に従うと、「石に泳ぐ魚」事件は、実在人物のプライバシーに属する事実の叙述の方法・内容において秘事のあからさま

な暴露とはならないよう慎重な配慮を施しているとはいえないと思います。しかし、先ほど述べたように、厳密な執筆の手続きを経なかったにもかかわらず「作者の芸術的想像力の生み出した創作」として受け止められる小説もありえます。とりわけ、力量のある小説家が一般の市民をモデルとして執筆した小説などはそうであり、『石に泳ぐ魚』もこの例にもれないと考えられます。

　この種の「作者の芸術的想像力の生み出した創作」として受け止められている小説では、「真実までもが虚構になる」ため、プライバシーの権利の侵害は生じないと考えるべきなのでしょうか。

2　作者の想像力と裁判所の創造力

＊17　東京地判平成11・6・22判時1691号91頁。

＊18　東京高判平成13・2・15判時1741号68頁。

＊19　最三小判平成14・9・24判時1802号60頁。

　この事件は最高裁まで争われましたが、東京地裁[17]、東京高裁[18]、そして最高裁[19]は原告の主張を基本的に認め、慰謝料の支払いと公表差止めを命じました。裁判所は、以上のような「真実までもが虚構になる」という定式をどのように乗り越えてプライバシーの権利の侵害を認めたのでしょうか。ここでは、東京地裁の論理を簡単にみておきたいと思います。

　「名もなき道を」事件をうけてか、柳美里の側も、本件小説は、実在人物の行動や性格がデフォルメされ、それが芸術的に表現された結果、一般読者をして小説全体が作者の芸術的想像力の生み出した創作であって虚構であると受け取らせるに至っているから、本件小説についてプライバシー侵害等の問題は生じないという趣旨の主張していました。これに対して、東京地裁は、「確かに、ある小説が現実の事実を素材として書かれたものであっても、これに作者の創作性が加えられることにより、一般の読者をして、その小説全体が作者の想像力によって生み出されたものと認識させる作品となることは、あまたの事例が証明するところである」と述べています。東京地裁も一般論として、「作者の芸術的想像力の生み出した創作」として受け止められている小説では、「真実までもが虚構になる」という考え方を認めているように考えられます。しかし東京地裁は、原告と面識があり原告の容貌についての属性を知る不特定多数の読者は、「現実の事実と虚構のそれとを容易に判別することができず、後者を前者と誤解する危険性が高い」と指摘して、プライバシーの権利の侵害を認めたのです。

　「石に泳ぐ魚」事件の東京地裁判決は、一般論として「名もなき道を」事件に同調しながらも、それとは異なる判断を示しました。判断の分かれ目は、読者の受け止め方を一般の読者ではなくモデルの周囲の人々を基準として認定した点にあるといえるのではないでしょうか[20]。

＊20　棟居快行「出版・表現の自由とプライバシー」青弓社編集部編『プライバシーと出版・報道の自由』117頁（青弓社、2001年）。

　原告の属性などに「相当の変容を施すなどの十分な配慮がされているとは認め難い」本件小説を読んだモデルの周囲の人々にとっては、真実が芸術によって虚構となるのではなく、虚構までもが真実らしさを帯びることになります。そこで

真実らしさを帯びるのは、本来他人には知ることのできない、プライバシーのなかのプライバシーともいえる原告の内面であるといえましょう。そこに心理描写にすぐれた小説の可能性があると同時に恐ろしさもあります。東京地裁が読者をモデルの周囲に限定したのも、これまで形成してきた人格がすべて否定されたような衝撃を受けた原告の尊厳を守るためであったと考えられます。

　裁判所は、事案の特性をふまえ、当事者のまなざしをしっかりと受け止めて、個人の尊厳を守るべく、ルールを使いこなしている。あるいは創造的な法的判断を行っている。[21]このことがおわかりいただけたでしょうか。「見識を欠いた『法の番人』は、しばしば『法の奴隷』になって、六法全書にふり回される」[22]と批判されることもありますが、そうではない裁判例も多くあるのです。

\ここも/
☑ CHECK

＊21　奥平康弘『憲法の想像力』2頁・18頁（日本評論社、2003年）は、「現状維持」には「想像力」はいらないと指摘して、想像力を創造力に深く関連させようとしている。

＊22　深代惇郎『深代惇郎の天声人語』73頁（朝日新聞出版、2015年）。

＊23　山本龍彦「憲法の基本原則とAI」弥永真生・山田剛志編著『AI・DXが変える現代社会と法』64頁（商事法務、2021年）。

Column　小説からAIへ、そして法の世界へ

　本章では、心理描写にすぐれた小説は、プライバシーのなかのプライバシーともいえる原告の内面を明らかにする、正確にいうと読者をして真実として受け取らせるに至ると述べました。しかし、近年、AI（人工知能）の進歩に伴い、「カメラを通じて遠隔で血流や脈拍をとらえたり、表情の微細な動きをとらえたりして、人の感情や心理的な動きを解析するセンシング技術も開発」[23]されており、こうした技術を使えば、今まで小説しか有していなかったともいえる人々の内面を明らかにすることも可能となります。そもそもAIが小説を書くこともできますしね。

　AIが日常生活に浸透すると、それだけにAIをめぐる問題を法により解決する必要性が増します。たとえば、自動運転をめぐる民法・刑法上の「責任」のあり方は、現在の法の世界ですでに盛んに議論されている論点の一つとなっています。その際、求められているのは、いたずらに新しい現象に惑わされずに、本書で取り上げられている各法分野の基本的な概念の意味内容をいきいきととらえること、つまり、概念の成立した文脈や歴史を押さえておくこと、そうしてこうした概念を組み合わせて、AIのような新しい現象に向き合うこと、仮に手元にある概念では対応できない場合には、新しいルールを設定することだと思います。

　本書は、「バビロン川の流れのように」（森有正）、あるいは「夜の中の友の足音のように」（ベンヤミン）、法の世界へと歩むみなさんを導くものでありたいと願っています。しかし、いつかは川の流れも友も、みなさんのもとを立ち去ります。そのときにこそ、本書を通して蓄積・発酵した経験をもとに想像力と創造力をもって、砂漠のなかを、暗闇のなかを歩み通してもらいたい。さまざまな厄介な問題に直面している現在、私はそうした希望を込めて、本章を執筆しました。

演習問題‥‥

　これまでは、モデル小説をめぐるプライバシーの権利と表現の自由の対立を見てきました。もちろん小説のなかにはノンフィクション作品もあります。こうした作品のなかで、たとえば、ある人物の前科や犯罪履歴（前科など）を実名使用のもと暴くことは、プライバシーの権利の侵害といえるでしょうか。前科などは公的情報であることをふまえて考えてみてください。

【参考文献】
・棟居快行「出版・表現の自由とプライバシー」青弓社編集部編『プライバシーと出版・報道の自由』青弓社、2001年

第2章　何をしても無罪？

1　人を殺しても無罪？

　用語解説

＊1　被告
　「被告」は民事裁判で訴えられた人のことを、「被告人」は刑事裁判で起訴された人（罪を犯したという疑いをもたれ、裁判にかけられている人）のことを指す。ニュース等では後者のことも「被告」と呼ぶことが多いのでここではそのように書いたが、法律用語としては「被告人」が正しい。

あなたは、こんなニュースを耳にしたことがあるでしょうか。

「〇〇被告[*1]は××さんを殺害したとして殺人罪で起訴されていましたが、裁判所は、〇〇被告には責任能力があったとはいえないとして、無罪を言い渡しました」。

どうやら、〇〇さんという人が、××さんという人を殺してしまったようです。そして、話を聞いてみると、別に、××さんの側に殺されるような理由があった（たとえば、××さんのほうが先に〇〇さんを殺そうとしたので、〇〇さんは身を守るためにしかたなく××さんを殺した）というわけでもなさそうです。

それなら、なぜ、〇〇さんは無罪なのでしょうか。裁判所によれば、〇〇さんには「責任能力があったとはいえない」ことが理由なのだそうです。「責任能力があったとはいえない」とは、いったいどういうことなのでしょうか。人を殺しておいて無罪というのはよほどのことですが、「責任能力があったとはいえない」というのは、それほど重大なことなのでしょうか。

1　刑法39条1項

「刑法」という法律があります。どういうことをするとどういう犯罪になり、それに対してどのような刑罰が科されるのかを定めている法律です。たとえば、よく知られている「殺人罪」という犯罪は、刑法の199条[*2]という条文で定められています。

その刑法の39条1項という条文は、「心神喪失者の行為は、罰しない」と定めています。ここでいう心神喪失者とは、一般に、なんらかの精神の障害によって、①物事の善悪の判断ができない、または、②（たとえその判断ができても）それに従って自分の行動をコントロールすることができない状態の人のことをいいます。そういう状態の人が人を殺すとか物を盗むとかいったことをしても「罰しない」、つまり、犯罪として処罰されることはないというわけですね。冒頭のニュースで裁判所がいっている責任能力とは、物事の善悪を判断し、その判断に従って自分の行動をコントロールする能力のことです。したがって、心神喪失者には責任能力がないということになり（心神喪失者のことを責任能力のない人という意味で責任無能力者ともいいます）、責任能力がなければ無罪ということになります。

\ここも/
CHECK

＊2　刑法199条は、もともとは「人を殺した者は、死刑又は無期若しくは5年以上の懲役に処する」という条文だったが、2022（令和4）年に刑法が改正され、「懲役」や「禁錮」という種類の刑罰の代わりに、「拘禁刑」という種類の刑罰が導入されたことを受け、現在は、「懲役」の代わりに「拘禁刑」となっている。なお、改正された刑法が施行されるのはもう少し先のことであり（2025年6月16日までに施行されるものとされている）、それまでは従来どおり「懲役」や「禁錮」といった刑罰が用いられることになる。

裁判所が無罪の判決をしたのは、刑法39条1項にもとづくものなのです。

調べてみよう！

刑法には、ほかにも、14歳未満の者の行為は処罰の対象としないという趣旨の規定（刑法41条）があります。この条文はどのような趣旨で設けられたものでしょうか。刑法39条1項と比べてみましょう。

刑法41条
14歳に満たない者の行為は、罰しない。

Column 「懲役」「禁錮」から「拘禁刑」へ

日本では、明治の終わりに現在の刑法がつくられてからゆうに100年以上の間、生命を奪う「死刑」、刑務所に収容して自由を奪う「懲役」「禁錮」「拘留」、財産を奪う「罰金」「科料」という6種類の刑罰が用いられてきましたが（これらに加えて「没収」「追徴」が行われることもあります）、2022（令和4）年の刑法改正によって懲役と禁錮が廃止され、代わりに、「拘禁刑」という新しい刑罰が設けられました。

懲役は刑務所のなかで定められた作業（刑務作業）に従事する義務があるもの、禁錮はその義務がないものをいうのですが（ちなみに、懲役と禁錮は期間が1か月以上のもの、拘留は30日未満のものをいいます［なお、拘留の場合も作業の義務がありません］）、①もともと禁錮が言い渡されるケースが非常に少なく、禁錮という刑罰を設けている意味が乏しい（さらに、やることもないまま刑務所でただ時間を過ごすというのは非常につらいことなので、禁錮に処せられた人の多くが自分から希望して作業に従事しているという実情があります）、②刑務所内で一律に作業を義務づけることがはたして更生（ひいては再犯の防止）のために有効なのか、犯罪に走る原因は人それぞれなのだから、更生に必要な措置も人それぞれであり、刑務所内での処遇のあり方にもっと柔軟性をもたせるべきではないかといった意見がありました。そこで、改正後の刑法12条3項は、刑務所に収容された人の改善・更生のため、新たに設けられた拘禁刑について、「必要な作業を行わせ、又は必要な指導を行うことができる」と定めました。作業を一律に義務化せず、必要に応じてさまざまな処遇方法をとることを認めたのです。

刑罰には「苦痛を与える」という側面と「再犯を防ぐ」という側面がありますが、今回の改正は、後者の側面をより重視したものだといえるでしょう。

刑法12条3項
拘禁刑に処せられた者には、改善更生を図るため、必要な作業を行わせ、又は必要な指導を行うことができる。

2 責任主義

さて、なぜ刑法39条1項のような条文があるのでしょうか。

この条文の背景にあるのは、**責任主義**という考え方です。責任主義とは、「ある人の行為を犯罪として処罰するためには、その人がその行為をしたことにつき責任を問うことができるのでなければならない」という考え方のことをいいます。一口に「責任」といっても場面によっていろいろな意味があり得ますが、ここでいう「責任」は、「実際には悪いこと（たとえば人を死なせるようなこと）をしてしまったが、それを避けることも可能だった。それにもかかわらず悪いことをしたのは、けしからん」というかたちでその人を非難することができるということです。このような意味での非難ができない場合には、たとえなにか悪いことをしてしまった場合であっても処罰することはできないというわけです。

心神喪失者には非難を向けることができない。だから、心神喪失者がなにか悪いことをしてしまっても犯罪として処罰することはできない——それが刑法39条1項の意味するところなのです。

2　想定される疑問

法律学の専門家の世界ではおおよそこのように考えられているわけですが、心神喪失者が人を殺しても無罪になるということについて、あなたはすんなり納得できたでしょうか。

私の経験上、こうした説明を受けただけで「なるほど、納得できました」とあっさり答える人はあまりいません。「でも……」という人のほうがずっと多いのです。以下では、なぜすんなり納得ができないのか、どのような疑問があるのかを考え、検討してみましょう。

1　疑問①——心神喪失者のふりをして処罰を免れる者が出るのでは

（1）疑問の内容

まず考えられるのは、「本当は心神喪失者ではない者が、心神喪失者のふりをして処罰を免れるのではないか」という疑問です。

身体の障害と比べると、精神の障害（そもそもそうした障害があるのか、仮に障害があるとしてそれがその人の行動にどのような／どの程度の影響を及ぼしているのか）はとてもわかりにくいものです。私たちは、「身体」のことほどには、「精神」のことをよく知らないのです。そうすると、ある人が心神喪失者なのかどうかを適切に判断することは、とてもむずかしいのですね。そのため、本当は心神喪失者でない人が心神喪失者のふりをしていても、それを見抜けず、無罪にしてしまうかもしれません。刑法39条1項という条文が存在するためにそんなインチキができてしまうのだから、そんな条文はいっそ廃止してしまうべきだという意見が出てくるのも、もっともであるように思われます。

（2）検討

たしかに、心神喪失でない人が嘘をついて処罰を免れることは許されません。また、精神の障害がわかりにくいものであることも事実です。

しかし、ちょっと考えてみてください。

> **CASE ①**　Aは、「Bを殺した」という殺人の疑いで裁判にかけられている。Aは「自分は無関係です」と主張している。いろいろ調べてみると、Aが犯人である可能性は高いが、いくつか不自然な点もあり、A以外が犯人である可能性もそれなりに残っている。

　CASE①では、そもそもAがBを殺した犯人であるかどうかが問題になっています。この場合、あなたはAを殺人罪で処罰すべきだと思うでしょうか。

　おそらく、Aが犯人でない可能性がそれなりに残っているとなれば、（「それなり」の程度にもよるでしょうが）Aが無実の罪を着せられるという事態（冤罪）を避けるため、Aを処罰すべきではないと考えるのではないでしょうか。刑事裁判の鉄則ともいわれる「**疑わしきは罰せず**」です。

　先ほどの刑法39条１項の場合はどうでしょうか。「本当は心神喪失者ではない者が、心神喪失者のふりをしているだけかもしれない。だから、そういうインチキができないよう、心神喪失者を処罰しないという刑法39条１項は廃止すべきだ」というのは、CASE①でいうと、「本当は犯人であるAが、犯人ではないふりをしているだけかもしれない。だから、そういうインチキができないよう、もしかすると犯人ではないかもしれないという疑いが残っていても、処罰しておくべきだ」ということです（いわば、「（本当に犯人なのかどうかが）疑わしくても罰せよ」ですね）。

　もしあなたがCASE①で「疑わしきは罰せず」という考え方をするのであれば、**刑法39条１項が問題になる場面でも同じように考えるべきではないでしょうか。**そうすると、インチキを防ぐためであれば本当の心神喪失者が処罰されるのも仕方がないとはいえないように思われます。

❓ 考えてみよう！

　「疑わしきは罰せず」は、多くの国で刑事裁判の鉄則とされています。このルールによって真犯人が処罰を免れるということも起こり得るわけですが、なぜこのようなルールがあるのでしょうか。また、たとえば、「この人が罪を犯した」と言い切れない場合でも、無罪にしてしまうのではなく、嫌疑の強さ（程度）に応じて刑の重さを変える（嫌疑が弱ければ軽い刑を、嫌疑が強ければ重い刑を科す）という方法についてはどう思いますか。考えてみましょう。

2　疑問②——悪い結果を引き起こした以上、責任を負うべきではないか
（1）疑問の内容
　先ほどの疑問①は、本当に心神喪失者であれば処罰すべきではないが、本当は心神喪失者ではない者がインチキをして処罰を免れるのを防ぐためには、心神喪失者にも犠牲になってもらうしかないという考え方でした。したがって、仮に心神喪失者であるか否かを100％確実に判定できるとしたら（残念ながら実際にはそんなことはないのですが）、刑法39条１項は維持すべきだということになるはずです。

　しかし、**たとえ本当に心神喪失者であっても処罰すべきだ**という意見もあるでしょう。その一つとして、「たとえ心神喪失者であろうと、人を殺しているのに無罪になるのはおかしい」というものが考えられます。

　たしかに、（正当防衛のように、むしろ殺された側にこそ非があるといえるような場合であればともかく）殺された側にはなんの落ち度もないという場合、殺した側が無罪になるというのでは、被害者やその家族などは気持ちが収まらないでしょう。それは心神喪失者の側に一方的に有利な、偏った考え方だと感じられるかもしれません。現に人を殺している以上、心神喪失者であっても処罰を受けるべきだという意見には、なかなか説得力があるように感じられます。

（2）検討

　（a）結果責任という考え方　　こうした意見の背後には、「現に悪い結果（たとえば、「何の落ち度もない人が死んでしまった」ということ）を引き起こしてしまった以上、それについては責任を負うべきだ」という考え方があります。ここではそれを**結果責任**の考え方と呼ぶことにしましょう。

　結果責任の考え方に共感したというあなたは、CASE②について考えてみてください。

> **CASE②**　医師であるCは、患者Dの手術をすることになった。その手術は非常にむずかしいもので、少しでもメスの操作を誤れば大出血を起こして患者を死なせてしまうようなものだったが、Dの生命を救うにはその手術をするしかないという状況であった。手術が始まり、いよいよCが患部にメスを入れようとした瞬間、誰も予測しないような大地震が起こり、Cは手元を狂わせて、Dを死なせてしまった。

　この場合、Cは自分の手でDを死なせてしまっています。そして、もちろんDにはなんの落ち度もありません。しかし、おそらくあなたは、Dを死なせたことについてCを処罰すべきだとは思わないでしょう。

　では、次のCASE③はどうでしょうか。

> **CASE③**　Eは、車の運転中、いきなり意識を失った。気づいたときにはEの車は歩道に乗り上げ、近くのビルの壁にぶつかって止まっていた。すぐそばには、歩道を歩いていたとき突然突っ込んできたEの車にはねられて即死した歩行者Fが倒れていた。医師の診断の結果、Eは運転中に原因不明の発作を起こしたものと推測されたが、Eはまだ若く健康で、それまでそのような症状が出たことはないし、勤め先の健康診断等でもそうした兆候はまったく見られなかった。

　やはり、Eは自分の手でFを死なせてしまっています。そして、車道を走っていた車がいきなり歩道に向かって減速もせず突っ込んでくるなどということは予測がつきませんから、歩道を歩いていたFに落ち度があるとはいえないでしょう。この場合、EはFを死なせたことについて処罰されるべきでしょうか。

　もしかすると、あなたは、CASE②のCは処罰すべきではないけれど、CASE③のEは処罰すべきだと思ったかもしれません。仮にそうだとしたら、それはなぜでしょうか。CASE②のCがDを死なせたのは大地震という自然現象が原因だけれど、CASE③のEがFを死なせたのは原因不明の発作という自分の身体の問題が原因だからですか。

　でも、ちょっと考えてみてください。あなたがCASE③でEを処罰すべきでないと考えたとしたら、それは、原因が大地震という自然現象だったからではなく、原因が大地震という自然現象であり、それは予測がつかない——そして、手術中にそれが起きてしまったとき、手元を狂わせずにメスを操作することなどほとんど不可能である——ようなものだったから、つまり、Cにとって、その状況でDの死という悪い結果を避けることはできなかったからではないでしょうか。そこには、おそらく、たしかにDの死という悪い結果を引き起こしてしまってはいるが、それは避けようとしても避けられない事態だったのだから、Cを非難するのは酷だという価値判断があるのだと思います。

　そうだとすれば、ここでの問題の本質は、悪い結果を引き起こした原因がどのようなものであるか——たとえば、自然現象か、自分の身体の異常か——ということそれ自体ではなく、**その状況下で悪い結果が起きてしまうのを避けることができたかどうか**ということであるように思われます。

　このように考えると、CASE③のEについても、事情は同じではないでしょうか。Eは若く健康で、過去にこのような発作が起きたことはないし、その兆候すらなかったわけです。では、時計の針を巻き戻して、Eが今回の事故を避けようとすれば、いったいどうすればよかったのでしょうか。最も確実なのは、「そもそも車の運転をしない」ということです。しかし、はたしてそこまでEに要求できるでしょうか。Eにこういうことが起きたということは、誰にでも——あなたにも、私にも——こういうことが起きる可能性があるということです。「こういうこともあり得るのだから車の運転はするな」などと言い出しては、世の中に車の運転ができる人など誰一人として存在しなくなってしまいます。それでは困りますね。自分は車を運転したい（あるいは、誰かが運転する車に乗りたい）というのであれば、たまたま事故を起こしてしまったEに対してだけ「おまえは車の運転などすべきではなかった」と要求するのは不公平というものです（ほかにもいろいろと「こうすれば避けられた」という方法は考えられるかもしれませんが、はたしてそれをE以外の人にも——あなた自身も含めて——要求することができるかという観点から検討してみてください。おそらく、「それは無茶だ」ということになるのではないでしょうか）。もし、（Cの場合と同様に）Eを非難することも酷だと感じられるのであれば、EがFを死なせてしまったことを処罰することはできないことになるはずです。

　さて、本題に戻りましょう。

　最初に説明したように、心神喪失者というのは、物事の善悪が判断できないとか、（仮にその判断ができたとしても、それに従って）自分の行動をコントロールすることができないという人のことです。そういう人は、たとえば、「人を殺してはいけない」ということをきちんと理解することができません（たとえ表面的・形式的にはわかっていたとしても——おそらくあなたが感じるようなかたちでは——それを十分な重みをもってリアルに受け止めることができません）。あるいは、「人を殺してはいけない」とは思っていても、「だからそんなことはやめよう」と自分を制止することができません。だから人を殺してしまうのです。

　では、心神喪失者が人を殺したとき、はたして心神喪失者を非難することができるでしょうか。そもそも「人を殺す」ことが悪いことだときちんと理解できなければ、「悪いことだからやめておこう」という判断はできません。また、たとえ「人を殺す」ことが悪いことだとはわかっていても、「悪いことだからやめておこう」と自分にブレーキをかけることができないのであれば、最終的に「人を殺す」という選択を避けることはできません。要するに、**心神喪失者が人を殺してしまったとしても——CASE②のCやCASE③のEがそうであったように——心神喪失者を非難することはできないのです。**

　刑法39条1項が心神喪失者を処罰しないと定めているのは、こうした理由からです。

　（b）なぜ結果責任なのか　ここまで読んだあなたは、「一応の理屈はわかったが、やはりスッキリしない」という状態かもしれませんね。たしかに、結果責任という考え方は、私たちの心に訴えかけるなんらかの力をもっています。そもそも、このような考え方は、どこから出てくるのでしょうか。以下では、考えられるものをいくつかあげて検討してみましょう。

　1つめ。私たちは、ある事件（たとえば誰かが誰かを死なせたという事件）を知ったとき、おそらくほとんど**無意識のうちに、被害者側の立場でモノを考えています**。「被害者はきっと苦しかっただろう、悔しかっただろう」「家族はどんなに悲しいだろう、腹が立つだろう」というように。もちろんそれは自然な感情であり、けっして否定されるべきものではありません。しかし、その事件にかかわっているのは、被害者側の人間だけではありません。いうまでもないことですが、加害者側の人間も事件の当事者です。**ある問題について考えるとき、一方の当事者の言い分だけを聴くのは——たとえそれがどれほど切実なものであったとしても——やはり公平ではないでしょう。** 私たちがそういう考え方をしがちなのは、自分が被害者側になることはあっても加害者側になることはないという、実はまったく根拠のない思い込みによるところが大きいように思われます（CASE③のEの話を思い出してください。誰にとっても「明日はわが身」でしょう）。結果責任に強く

共感する人は、知らずしらずのうちに自分の視点が被害者側へ偏っていないか、ちょっと考えてみてください。

　2つめ。世の中でなにか悪いこと（たとえば、なんの落ち度もない人が生命を奪われたということ）が起きたとき、私たちは強いショックを受け、動揺します。動揺したままの不安定な状態ではいたくないので、なんとかして心の平穏を取り戻したいと考えます。それ自体は当然のことなのですが、問題はその方法です。私たちには、悪いことが起きたとき、そこに納得のいくストーリーをくっつけたいという欲求があるように思われます。「なぜだかわからない」などというのは最悪で、不安で仕方がないので、まず原因を究明しようとします。しかし、仮に原因がわかったとしても、それを「誰も悪くなかった。ただ、不幸な事故だった」といってすませることには、強い抵抗——「やるせなさ」といってもよいかもしれませんが——を感じます。「不幸な事故だった」ですませるよりは、「○○のせいだ」といって誰かを「犯人」にするようなストーリーをくっつけ、その誰かを集中的に非難するほうが、なんだかその事件にきちんとケリがついた気がして、より簡単にスッキリすることができるのですね。**結果責任の考え方の背後には、無意識のうちに、こうした「犯人探し」の心理が働いている可能性があります**。しかし、世の中でなにか悪いことが起きたとき、そのすべてに「犯人」がいるとは限りません。[*3]どれほどやるせなくても、神様や仏様をうらみたいような気持ちになっても、「不幸な事故だった」といわざるを得ないこともあるでしょう。たしかに誰かを「犯人」にすれば人々は心の平穏を取り戻すかもしれませんが、そのために特定の誰かを——運悪くたまたまそのタイミングでその場に居合わせ、事件の当事者になってしまったという人を——いわば「いけにえ」としてつるし上げることは、はたして許されるべきなのでしょうか。

　3つめ。ある人がなんの落ち度もないのに生命を奪われ、他方で、生命を奪った側がなんの責任も問われずにいるというのは、いかにも一方的で不公平だという感覚があるかもしれません。「心神喪失者を完全に無罪にしてしまうのではなく、少し軽めに処罰するのがちょうどよいのではないか」といった意見を目にすることがありますが、それはおそらくこうした感覚によるものでしょう。それは、加害者側の事情にも配慮しているという点で、1つめや2つめとして取り上げたものとは異なっています。たしかに、「××さんは落ち度もないのに殺されてしまいました。殺した○○さんは心神喪失者なので無罪です。したがって、○○さんはこれまでどおり生活することができます」という結論だけを見ると、なんだかものすごく偏っている（○○さんに一方的に有利である）ように思われるかもしれません。しかし、そもそもなぜこのような結論が導き出されるのでしょうか。

　それは、すでに述べたように、たとえ悪い結果を引き起こしてしまった人であっても、「そのような事態は避けられたではないか」という非難ができない場合に

\ここも/
CHECK

＊3　物事の原因は1つとは限らない（むしろ複数の原因がからみ合っていることがほとんどである）にもかかわらず、私たちには、物事の原因をなにか1つに決めてしまいたいという心理があるといわれる（「単一原因の誤謬」などと呼ばれる）。加えて、私たちは、他人を非難したいという潜在的な欲求をもっているともされる（たとえば、インターネット上でしばしば見かける「たたく」行為は、そうした欲求を満たす格好の方法である）。「犯人探し」は、こうした人間の性質にもとづくものといえるのかもしれない。

まで処罰をすべきではないと考えられているからです。そこでは、「処罰してほしい」という被害者側の声と「処罰されたくない」という加害者側の声の両方に配慮したうえ、「加害者側を非難できる場合には処罰するが、そうでない場合は処罰しない」というかたちで、あらかじめ調整が行われているのです（落としどころが設定されているといってもよいでしょう）。心神喪失者が処罰されないのは、このような調整を前提とした場合に処罰できないケースに分類されるからであり、けっして、被害者側の声をまったく無視しているからではありません。もちろん、このような調整のしかたそれ自体については賛否があるかもしれませんが、少なくとも、「被害者側の声をまったく無視したものだ」という批判はあたらないでしょう。むしろ、「落ち度もないのに殺された人やその遺族が気の毒だから、**やはり落ち度はない（＝非難できない）が結果的にその人を殺してしまった人を『犯人』として処罰すべきだ**」という意見こそ、加害者側の事情を無視した一方的なものになってはいないでしょうか。

　もしあなたが「被害者はこんなに苦しんでいるのだから、加害者も少しは苦しむべきだ。それが公平というものだ」と思ったなら、なぜ落ち度のない加害者が苦しまなければならないのか、その理由をよく考えてみてください。災害にあって苦しんでいる人がいるとき、そういう人がいるがゆえに、ほかの人——もちろん、その災害についてはなんの落ち度もありません——も同じように苦しむべきだ（たとえば、被災した人は家を失ったのだから、被災していない人も家でぬくぬくと暮らしていてはいけない）と思いますか。他人の苦しみを自分の苦しみとして共感し、できる限り寄り添うというのはとても尊いことでしょう。しかし、だからといって、「ほかの人も同じように苦しむべきだ」というのは行きすぎであるように思われます。本当にそれが「公平」なのか、また、仮に「公平」だとしてそうあるべきなのか考えてみる必要がありそうです。

　なお、「災害は誰のせいでもないが、殺人はほかならぬ加害者がしたことじゃないか。加害者自身が原因になったのだから、落ち度の有無なんて関係ない。この２つは全然違う話だ」という意見もあるかもしれません。その場合は、「落ち度がないことに配慮して軽い処罰にとどめる」という出発点と矛盾していないか、振り返ってみてください。落ち度はないけれども——その人自身にとっても不幸なことに——原因になってしまったという人は、原因になったというその一事をもって、ほかの多くの人たちのなかから被害者と同じように苦しむべき人として選び出されることになるのでしょうか。もしそうだとしたら、落ち度の有無を一切考慮せず、純粋に結果責任を問うのが理屈として徹底しています。しかし、すでに考えてきたように、それがはたして妥当なのかは疑問のあるところです。

3　疑問③——危険な存在の排除？

（1）疑問の内容

　先ほどまで取り組んできた疑問②は、たとえば「人を殺しておいて無罪なんておかしいじゃないか。殺された側の気持ちはどうなるんだ！」といった、「怒り」の感情に由来するものでした。ここまで読んできたあなたは、もしかすると、「なるほど、心神喪失者に対して怒りをぶつけるのはおかしいのかな……」と思い始めたかもしれません（あるいは、やはり怒りの感情は消えていないかもしれません。でも、ここまで述べてきたことについてよく考えてくれたうえでのことであれば、それはそれでよいと私は思います）。

　とはいえ、仮にそうだとしても、あなたは、心神喪失者を無罪にしてしまうことについて「不安」を感じてもいるのではないでしょうか。「心神喪失者というのは、物事の善悪が理解できないとか、善悪の判断に従って自分の行動をコントロールできないとかいった人だ。そうだとすると、心神喪失者がそのまま社会のなかで暮らしていれば、またいつか人を殺してしまったりするのではないか」と。

　たしかにその可能性は否定できません。**心神喪失者を非難できない理由は、同時に、心神喪失者が再び他人を傷つけるような行動をとるという危険性の根拠にもなり得るのです。**[*4]「怒り」の感情とは別の「不安」の感情にもとづくこうした意見には、多くの人が共感を覚えるのではないでしょうか。

（2）検討

　率直にいって、この意見に正面から効果的な反論をするのはむずかしいです。誰しも、自分の暮らす社会には平和なものであってほしい、それを脅かすような存在が同じ社会にいては困ると思うものですから。「少なくとも現になにか悪い結果を引き起こしてしまった心神喪失者をそのまま放置するわけにはいかない」というのは、いたって自然な感覚だといえるでしょう（それは、たとえば、「洪水が起きては困るから堤防をつくろう」というのと同じです。それが悪いという人はほとんどいないと思います）。

　しかし、そうだとすると、人を殺してしまった心神喪失者をどうすべきだということになるでしょうか。ここでの問題は、心神喪失者は周囲の人々にとって危険な存在だということでした。ならば心神喪失者を「無害化」することができればよいのであり、そのために最適の方法を考えると、それは——心神喪失者を殺してしまうことでしょう。殺してしまえば、再び他人に危害を加えることはあり得ないのですから。

　おそらく、あなたは、「えっ、さすがにそれはちょっと……」と、ためらいを覚えたことでしょう。いくらなんでも殺すのはあんまりだというのであれば、どうすればよいのでしょうか。一生どこかの施設に閉じ込めて、社会に出てこられないようにしますか。それはそれで一つの方法かもしれませんが、はたして生命

\ここも/
CHECK

＊4　いうまでもないことだが、精神に障害のある人全般がこのような危険性をもっているわけではない。精神の障害の影響により（法に触れるほど深刻なレベルで）他人を傷つけるような行動をとってしまう人はごく一部であるし、そのなかでも、心神喪失者と判断される人はわずかである。こうした問題について考えているとついそういうイメージをもってしまいがち（安易にレッテルを貼ってしまいがち）だが、そうならないよう十分に注意してほしい（参考：『令和4年版 犯罪白書』[特に第4編第10章]
https://www.moj.go.jp/content/001387336.pdf）。

を奪いさえしなければよいのでしょうか。社会から完全に切り離され、自由を奪われた状態で死ぬまで過ごすことは、想像を絶する苦痛ではないでしょうか（ちなみに、この方法に対し、「いや、施設をつくるにも運用するにもお金がかかるだろう。それは税金から出さなければならないからまずいのではないか」という理由で疑問を感じた人は、「それならさっさと殺してしまうのがベストではないか」という先ほどの問いに再び直面することになります）。あるいは、心神喪失者を治療して、心神喪失ではないようにしますか。これは一見すると穏便な解決法であるように思われます（もちろん、現代の医学では治療は不可能という場合も十分に考えられ、その場合にどうするのかという問題は残ります）。周りの人々は心神喪失者が無害化されて安心、心神喪失者も周りの人々に迷惑をかけることなく生活できるようになって安心、これですべて丸く収まる……と思う人もいるかもしれません。たしかにそういう側面もあるでしょう。しかし、ここでいう「治療」は、いうまでもなく強制的に行われるものです。そのために自由を奪ったり、苦痛を与えたりすることも必要になります。そして、なにより、「おまえは危険な存在であり、そのままでいてはならないのだ。だから、まともな人間になれ」といって、周りの人々にとって都合のよいように心神喪失者を「改造」するという側面があることから目を背けてはいけません（ちなみに、何が「まとも」で何が「まともではない」かは、時代により、社会の状況によって変わっていきます。あなたはたぶん今の社会で「まとも」グループに分類される人である——そして、自分でもそう認識している——と思うのですが、いつ、どのような理由で、あなたが「まともではない」危険な存在だといわれるようになるかわかりません。そのときあなたは社会の多数派の人たちの都合で「改造」の対象になるかもしれないのです）。「治療」という言葉を使うとなんだかマイルドな印象を与えますが、ケガを治すとか、（一般的な身体の）病気を治すとか、そういう場合とはだいぶ話が違うのです。

　要するに、心神喪失者を危険な存在とみなし、それを無害化するための措置をとろうとすることは、（非難をすることはできない）心神喪失者という存在のありようを否定したうえ、周りの人々が快適に過ごすために、心神喪失者に対してだけ、一方的に大きな負担を押しつけることにほかならないのです。はたしてあなたは、ためらうことなく、「それでかまわない」といえるでしょうか。

　この問いかけは、実は、社会のさまざまな場面で日常的に行われています（私たちがそのことを意識しているか否かは別として）。一般的・抽象的なかたちにすれば、「社会に、周りの多くの人たちとは（なんらかの意味で）ちょっと違う人がいる。その人が社会でふつうに過ごすには、周りの多くの人たちが（なんらかのかたちで）一定の負担を分かち合うことが必要になる。その場合、『周りの多くの人たち』の１人であるあなたは、その人が社会で過ごすことができるよう、その人のために一定の負担を分かち合うか。それとも、それはその人自身の問題（い

わば自己責任）であると考え、負担を分かち合うことを拒むか」ということになるでしょうか。

　たとえば、あなたが友達と楽しくゲームをしているとき、Xが「入れて」とやって来たとします。Xはそのゲームのことをほとんど知らないので、Xを入れるなら、あなたや友達はゲームのルールについてゼロからXに教えなければなりません。たとえXがルールを覚えても、Xは初心者ですから、少なくとも当分の間、上級者であるあなたや友達だけでプレイしているときのようには楽しめないでしょう（もしかするとXはずっとヘタなままかもしれません）。そのとき、あなたは、Xを入れてあげるでしょうか。それとも、断るでしょうか。もっと話の規模を大きくしてみましょう。たとえば、足が不自由で車イスを使う人たちがいます。その人たちがいろいろな施設をスムーズに利用できるようにするためには、段差をなくしてスロープをつけるとか、エレベーターを増やすとか、いわゆるバリアフリーの措置をとることが必要ですが、当然ながらそれにはお金がかかります。そのお金はどこから出てきますか。みんなが納める税金ですよね。あなたはそのための税金を納めることに賛成でしょうか。それとも反対でしょうか。

　もちろん、「多少面倒でも初心者の友達をゲームに入れてあげる」とか、「バリアフリーのために少し多めに税金を納める」とかいったことと、「もしかすると再び人を殺してしまうかもしれない心神喪失者を社会に受け入れる」ということとを比べてみると、周りの人が分かち合うことになる負担の程度は大きく異なっています。だから、最初にも書いたとおり、「心神喪失者は危険だから無害化すべきだ」という意見には、そう簡単には反論できないものが含まれています。

　しかし、程度の差こそありますが、問題の本質的な構造自体は同じです。私には、少なくとも、「危険だから無害化するのが当たり前だ」といってしまってよいようには思われません。たとえ最終的にそうした結論に至るとしても、その前に真剣に悩むべきことがたくさんあるのではないでしょうか。

？ 考えてみよう！

　2003（平成15）年、「心神喪失等の状態で重大な他害行為を行った者の医療及び観察等に関する法律」が制定されました。この法律では、心神喪失者が殺人等の一定の重大な他害行為を行い、無罪や不起訴となった場合について、通常の裁判とは異なる特別な手続きを経たうえで、強制的に入院させたり通院を義務づけたりする措置をとることが認められています[5]この法律は「医療」や「福祉」に関する法律だと説明されることが多いのですが、こうした措置をとることと刑罰を科すこととはどう違うのでしょうか。

＊5　参考として、厚生労働省ウェブサイト（https://www.mhlw.go.jp/stf/seisakunitsuite/bunya/hukushi_kaigo/shougaishahukushi/sinsin/index.html）。

3　刑法39条1項をめぐる「法的思考」

　刑法39条1項に対しては、さまざまな角度から強い反対意見が寄せられ、私たちの心を強く揺さぶります。それは、そうした反対意見のなかに——おそらくはこのトピックに限定されない——根本的な問題提起が含まれているからだと思います。

　しかし、そうした反対意見を一つずつ慎重に分析してみると、少なくともこれまで述べてきたような疑問が出てくることもまた事実です。

　きわめてシビアな問題ですが——むしろ、シビアな問題であるからこそ——ぜひ、「そんなことは当然だ」（たとえば、「人を殺したのだから処罰されるのが当然だ」「危険な存在は社会から排除する／社会に適合するよう改造するのが当然だ」）で終わらずに、「そもそもなぜ『当然だ』と思うのか」「本当にそれでよいのか」と悩んでみてください。その過程はきっと立派な「法的思考」だと思います。

演 習 問 題 ……………………………………………………………………

① なぜ「責任主義」という考え方がとられているのか、検討しなさい。
② 犯罪に対して刑罰を科す目的として、「応報」「一般予防」「特別予防」といったものがあげられる。それらの内容について調べ、メリット・デメリットを検討しなさい。

第3章 子どものしたことは親の責任？
――民法上の責任能力

　子どものころ友達と遊んでいて、友達のおもちゃを壊してしまったことはありませんか。そのとき、壊れたおもちゃを弁償したのは誰でしょうか。自分では覚えていなくても、おそらくお父さんやお母さんがお金を払ったのだろうと想像できますよね。

　では、おとなになった今、友達の持ちものを壊してしまったら、誰が弁償しますか。自分でしょうか。それとも、お父さんやお母さんでしょうか。そもそも、子どもがしたことに対して、親はいつまで責任を取るべきなのでしょうか。

1　民法の役割

　法律は、ルールの一つなので、それぞれにつくられる目的があります[*1]。たとえば、刑法は、犯罪と刑罰に関する法律です。どのような行為が犯罪に該当し、その犯罪行為に対してどのような刑罰が科せられるのかを定めるものです。これに対して民法は、私人間すなわち**個人と個人の法律関係**にかかわるルールを定めるものです。たとえば、契約をしたときに、契約の当事者の間にどのような権利・義務関係が生じるか、もし契約を守らなければどういう法律上の効果が発生するのかなどを定めています[*2]。

　ところが、世の中で起きる法律問題は、どの法律にかかわる問題であるかをわざわざ区別して起きるわけではありません。一つの事件が起きたときに、そこに刑法の問題と民法の問題（あるいはそのほかの法律問題）が同居していることはよくあることなのです。

＊1　本書の「Ⅰ法的思考を体験してみよう」（p.3）を参照。

ポイント

＊2　家族に関する法律関係も、私人間の法律関係であるため民法で規定されている。民法には、契約などの財産的な法律関係を規定する部分と、家族にかかわる法律関係を規定する部分がある。

❓ 考えてみよう！

　Aは自動車を運転中にうっかりわき見をしてしまい、信号機のない交差点で横断歩道を渡っていた歩行者Bをはねてしまいました。Bは20日間の治療を要するケガをし、治療費として100万円かかりました。AはBに対して治療費を支払いました。また、Aは警察に逮捕され、20万円の罰金を支払うこととなりました。このように、加害者であるAは、Bに対しての治療費100万円と罰金20万円を支払っています。この支払いの根拠となる法律は何でしょうか。

2　犯罪者の処罰と被害者の救済

1　事件の発生とその責任

　殺人事件や傷害事件が起きたときに、みなさんはどのような法律問題が潜んでいると考えるでしょうか。「法律問題」なんていわれるとむずかしいように思うでしょうが、少なくとも「犯人は刑法で処罰される」ということはイメージできるでしょう。刑法は、犯罪行為に対してどのような刑罰が科せられるかを定めた法律であることは前述しました。つまり、犯罪者（加害者）には、刑法にしたがって、なんらかの刑罰が科せられることになります。

　ところが、犯罪者が処罰されない場合もあります。人を殺した犯人が犯行時に責任能力がなかったとして無罪となる場合があることは、ニュースなどでよく耳にすると思います。本書でも第2章で**刑事責任能力**を取り上げ、刑法39条1項の**心神喪失者**について説明しました。なお、14歳未満の子どもの犯罪についても、心神喪失者と同様に犯罪として処罰されないということがよく知られています（刑法41条）。これも、14歳未満の子どもには責任能力がないことを意味しています。[*3]

　犯罪行為をした者がいても責任能力がなければ処罰されないということは、ここまでに一応理解したでしょう。でもまだ腑に落ちないのは、「被害者はどうなるの？」ということではないでしょうか。他人への侵害は、殺人という故意によるものであったとしても過失によるものであったとしても、犯罪として処罰するためには行為者に責任能力がなければなりません。「被害者の気持ちはどうなるんだ」というところです。しかし、ちょっと考えてみてください。加害者が処罰されたとして、被害者にどのような効果があるのでしょうか。

　ここで、<u>1</u>の「考えてみよう！」をもう一度見てください。Aは自らのわき見運転によってBにケガをさせました。刑法で説明すると「過失による傷害」ということになります。[*4]　このときAが支払った20万円の罰金は被害者のために支払われるのではありません。罰金は、被害者にケガをさせたこと（傷害）に対する刑事罰です。[*5]　加害者が刑事罰を受けたことで被害者の気持ちは多少なりとも慰められるかもしれませんが、被害者が病院に支払った治療費の足しになるものではありません。[*6]　しかし、故意による殺人であろうと過失による事故であろうと、被害者にはなんらかの損害が発生しています。[*7]

2　被害者の救済

　刑法では犯人を処罰しても、被害者の損害を賠償するという話は出てきません。刑法は犯罪者を処罰することを目的とした法律だからです。刑法の目的は、加害者（犯罪者）の処罰に向けられているのであって、被害者を救済すること自体を

CHECK
＊3　ただし、たんに責任能力の問題だけではない。この点については、第2章 (p.25) を参照してほしい。

ポイント
＊4　交通違反や交通事故を起こした場合、罰金などの刑事罰のほか、公安委員会が行う運転免許の効力の停止や取消しなどの行政処分を受ける場合がある。

ポイント
＊5　自動車の運転による傷害は、「自動車の運転により人を死傷させる行為等の処罰に関する法律」により処罰される。これは、自動車の運転によって人を死傷させた場合の処罰について、刑法から独立した法律で、刑法の特別法である。また、道路交通法上の罰則規定にもとづく刑事罰もある（道路交通法115条から123条の2に罰則規定があり、罰金だけではなく懲役に該当するものもある）。

CHECK
＊6　罰金は国庫に入れられ、国家予算として使われる。

CHECK
＊7　この場合の損害には、たとえば、ケガに対する治療費、仕事を休んだことで発生する休業損害、物を壊されたことによる物の価値の低下、痛い思い・つらい思いをした精神的苦痛などが考えられる。

主な目的とするものではありません。一方、民法は私人間、すなわち個人と個人の法律問題を規律するための法律です。加害者の行為によって被害者に損害が生じた場合、その損害を賠償するためのルールは、民法に規定されています。それは、民法709条以下に規定されている**不法行為**という制度です。不法行為とは、ある人が故意または過失によって他人の権利や法律上保護すべき利益を侵害した場合に、それによって他人に発生した損害を賠償するという、いわゆる**損害賠償**のためのルールです。被害者に生じた損害を加害者が賠償するという被害者救済のための制度となっており、原則として、損害賠償金を支払うことによって被害者に生じた損害を補填します。つまり、犯罪行為を国家が処罰するための法律と被害者の損害回復（**被害者の救済**）のための法律は、別々に用意されているのです。

　しかし、故意による加害行為（殺人や傷害）であろうと過失による事故であろうと、ある人間が他人の生命や身体に損傷を加えたために他人に損害を発生させたという事実に変わりはありません。したがって、故意または過失によって他人の権利や法律上保護すべき利益を侵害し、そのために他人（被害者）に損害を発生させた者（加害者）は、被害者の損害を賠償する法律上の責任を負います（民法709条——不法行為にもとづく責任・**損害賠償責任**）。

　そうすると、たとえば、殺人事件や傷害事件を起こした犯人に責任能力がないために刑法で処罰されない場合であっても、少なくとも民法でならば、被害者は加害者から損害賠償をしてもらえるということになるのでしょうか。

> **CASE①**　C（21歳）は、友人D（21歳）とささいなことからけんかになった。Dの言葉に怒ったCはDを殴ってケガをさせた。Dは治療費（10万円）の損害を受けている。[*8] このとき、Dに対して損害賠償を支払うのは誰か。

　CASE①では、刑法ならばC（加害者）にはD（被害者）に対する傷害罪が成立しそうですね。Dに生じた治療費10万円の支払いについても、CがDに対して損害賠償として支払うということで特に問題はなさそうです。しかし、CASE②のような場合はどうでしょうか。

> **CASE②**　E（5歳）は、友人F（5歳）とおもちゃの取り合いからけんかになり、Fを殴ってケガをさせた。Fは治療費（10万円）の損害を受けている。このとき、Fに対して損害賠償を支払うのは誰か。

　CASE②では、E（加害者）は5歳ですから刑事責任を負いません。では、Eは、F（被害者）に対して損害賠償を支払うのでしょうか。確かにFにケガをさせたのはEですが、Eは5歳児です。CASE①の場合には、加害者であるCは21歳だったので、10万円の損害賠償責任を負うことについて疑問をもたなかったでしょう。しかし、CASE②の5歳児に損害賠償責任を負わせるといえば首をかしげる人が

民法709条
故意又は過失によって他人の権利又は法律上保護される利益を侵害した者は、これによって生じた損害を賠償する責任を負う。

＊8　問題をわかりやすくするため損害を治療費に限定している。以下同様。

多いのではないでしょうか。「5歳児には10万円の損害賠償を支払うお金はないのではないか」とか「そもそも5歳の子どもに法的な責任を負わせることができるのだろうか」という疑問が出てきそうです。なかには、「ここには出てきていないけれど、Eには親がいるはずだ。子どもがしたことには親が責任をとるのが当たり前だから、Eの親がFに損害賠償を支払うはずだ」と考える人もいるのではないでしょうか。

CASE①とCASE②は何が違うのでしょうか。段階を追って考えてみましょう。

3　損害賠償の責任を負う根拠

1　過失責任主義

CASE②のような場合に、加害者が被害者に対して損害賠償を支払うのはなぜでしょうか。「他人に損害を与えたのだから損害賠償するのは当たり前だ」というかもしれませんが、法律では「当たり前」ということは理由にはなりません。なにか法律上の効果（法的な権利や義務）が発生するためには、そこには必ず**法的根拠**が必要です。たとえば、あなたが道を歩いていたときに、そばを歩いていたおばあさんを突き飛ばして、おばあさんがケガをしたとします。この事実だけを見ると、あなたはおばあさんに発生した損害を賠償しなければならないように思われますが、もしあなたがおばあさんを突き飛ばした原因が、突然地震が起きてよろけてしまったためであった場合はどうでしょうか。もし、自分が行動した結果、他人に損害が生じた場合はどんなときでも損害賠償をしなければならないとすると、個人の活動が阻害されるおそれもあります。

そこで、近代法は、加害者側に故意や過失がなければ損害賠償責任を負うことはないという原則（**過失責任主義**[*9]）を採用しました。したがって、人は自らの故意または過失ある行為によって他人に損害が生じた場合のみ、損害賠償責任を負います。これを定めているのが民法709条です。民法709条に定められた要件を満たせば、原則として不法行為が成立し、その効果として加害者に不法行為責任（損害賠償責任）が発生します。CASE①のCは故意にDを殴ってケガをさせているので、民法709条にもとづいて、Dに生じた損害を賠償する責任があるのです。

2　自己責任の原則

上で述べた「故意や過失による加害者の行為」は、原則として自分の行為でなければなりません。過失責任主義には、自己の行為についてのみ責任を負うという原則（**自己責任の原則**）が含まれます。自らがした故意または過失ある行為によって他人に損害が生じた場合に損害を賠償しなければならないのであって、他人がした行為についてまで責任を負う必要はありません。もし他人がした行為につい

用語解説

＊9　過失責任主義
　過失によって他人に損害を与えた場合にその損害を賠償する責任が生じるのであれば、故意に他人に損害を与えた場合も過失責任主義に含まれる。一方、ある人がした行為の結果他人に損害が生じている場合に、行為をした人に故意や過失がないのに損害賠償責任を負わせる場合を無過失責任という。近代法の原則は過失責任主義であるため、例外として無過失責任を認める場合には慎重にしなければならない。

民法715条
　ある事業のために他人を使用する者は、被用者がその事業の執行について第三者に加えた損害を賠償する責任を負う。ただし、使用者が被用者の選任及びその事業の監督について相当の注意をしたとき、又は相当の注意をしても損害が生ずべきであったときは、この限りでない。
　2　使用者に代わって事業を監督する者も、前項の責任を負う。
　3　前二項の規定は、使用者又は監督者から被用者に対する求償権の行使を妨げない。

ても責任を負わせたい場合には、必ず法律をつくらなければなりません。

　使用者責任（民法715条）がその例です。使用者責任とは、たとえば従業員が仕事に関連して人（被害者）に損害を与えた場合、使用者（雇い主）は、その損害を賠償する責任を負うという制度です。雇い主が直接損害を与えたわけではありませんが、その従業員を指揮監督して使用する者として責任を問われます。つまり、民法715条は、他人である従業員の不法行為について、使用者（雇い主）が責任を負う特別規定なのです。

3　責任能力

　他者を害する上記の「行為」について、行為をした人に**不法行為責任**（損害賠償責任）を負わせるためには、行為をした人が自分のした行為の結果なんらかの法的責任が生じるということを認識できなければなりません。自分の行為の結果を認識できない人には、行為の責任を負わせられないのです。このあたりは、刑法の考え方と重なる部分もありますね。たとえば、1歳の子どもが同じ1歳の子どもとおもちゃの取り合いをして相手をたたき、ケガをさせたとします。1歳の子どもに損害賠償責任を負わせられるでしょうか。1歳の子どもには、自分の行為の結果、なんらかの法的責任が生じることを認識できるだけの能力（民事における「責任能力」）がありません。

　このような責任能力のない人のことを、**責任無能力者**と呼びます。[*10] 責任無能力者が他人に損害を与えた場合、責任無能力者には不法行為責任（損害賠償責任）を負わせることができません（民法712条・713条）。したがって、責任無能力者は損害を賠償しなくてよいことになります。

　では、責任能力とは、具体的にどの程度の知的能力があれば備わっていると考えられるのでしょうか。刑法では14歳未満と決まっていますが（刑法41条）、民法では年齢で画一的に定まっているわけではありません。民法712条には、「未成年者は、他人に損害を加えた場合において、自己の行為の責任を弁識するに足りる知能を備えていなかったときは、その行為について賠償の責任を負わない」と規定しています。[*11] つまり、一定の年齢で画一的に決めるのではなく、責任を認識する能力が備わっているかどうかを事案に応じて加害未成年者ごとに判断することになります。しかし、少なくとも、（論者によって若干の違いはありますが）12歳ぐらいになれば責任能力が備わると考えられています。[*12] CASE②でいうと、Eは5歳なので責任能力がなく、不法行為責任（損害賠償責任）を負いません。つまり、Eは加害者でありながら、被害者に対して損害賠償をしなくてよいのです。

☑ \ここも/ **CHECK**

＊10　「責任能力」も「責任無能力者」も民法と刑法で同じ用語が使われているが、責任の内容（刑事責任と民事責任）が異なるため、まったく同じ内容ではないことに注意する。

⚖ **民法712条**
未成年者は、他人に損害を加えた場合において、自己の行為の責任を弁識するに足りる知能を備えていなかったときは、その行為について賠償の責任を負わない。

⚖ **民法713条**
精神上の障害により自己の行為の責任を弁識する能力を欠く状態にある間に他人に損害を加えた者は、その賠償の責任を負わない。（後略）

☑ \ここも/ **CHECK**

＊11　心神喪失者（精神上の障害を理由とする責任無能力者）については同様に、民法713条で「精神上の障害により自己の行為の責任を弁識する能力を欠く状態にある間に他人に損害を加えた者は、その賠償の責任を負わない」と規定されている。

☑ \ここも/ **CHECK**

＊12　不法行為における責任能力の備わる年齢について、12歳と画一的に定められているわけではないことに注意する。加害行為の内容や本人の発達の程度などに照らして、個別に判断するのが原則であるが、少なくとも裁判例における責任能力の基準年齢としては12歳あたりにあると考えられる。

4　責任無能力者とその監督義務者

民法714条1項
　前二条の規定により責任無能力者がその責任を負わない場合において、その責任無能力者を監督する法定の義務を負う者は、その責任無能力者が第三者に加えた損害を賠償する責任を負う。(後略)

ポイント

＊13　この点がまさに、刑罰を目的とする刑法と大きく異なる点である。刑法において責任能力がない場合には、犯罪者(加害者)を処罰しないという結論でよいが、民法に規定されている不法行為(民法709条)の目的が、被害者の救済であるため、加害者本人が損害賠償責任を負わないという結論になると、被害者に対する救済がされなくなる。このような結論は、法律の目的(民法の不法行為という制度の目的)を考えると、可能な限り避けられなければならない。

ポイント

＊14　一般に、未成年者の場合に監督義務者となるのは、親である。親、すなわち親権者は、子を監護・教育する義務があるからである(民法820条「親権を行う者は、子の利益のために子の監護及び教育をする権利を有し、義務を負う」)。また親権者以外にも、親権代行者(民法833条・867条)、未成年者後見人(民法857条)が監督義務者にあたる場合もある。

＊15　第9章(p.103)を参照。最三小判平成28・3・1。

では、CASE②の場合に、被害者は泣き寝入りしなければならないのでしょうか。この場合には、責任無能力者を監督すべき立場の人が損害賠償責任を負うという法律があります(民法714条1項本文)。これも使用者責任と同じく、自己責任の原則の例外規定です。つまり、不法行為を行った加害者は責任無能力者ですが、その責任(損害賠償責任)は別の人(**責任無能力者の監督義務者**)が負うとする特別規定です。この法律があるので、責任無能力者を監督すべき立場の人は、他人(責任無能力者)のした行為について損害賠償責任を負います。そして、なぜこのような規定が特別に置かれているのかといえば、それは民法の不法行為という制度(民法709条)が、被害者の救済のためにあるからです。[13]

したがって、CASE②のE本人は不法行為責任(損害賠償責任)を負いませんが、Eの両親は民法714条1項にもとづいて、責任無能力者の監督者としてFに対する損害賠償責任を負うことになります。[14]

では、次のCASE③はどう考えるべきでしょうか。

> **CASE③**　G(16歳)は、友人H(16歳)とけんかになり、Hを殴ってケガをさせた。Hは治療費(10万円)の損害を受けている。このとき、Gの両親は、Hに対して損害(治療費)を賠償しなければならないだろうか。

責任能力が認められれば、未成年者であっても加害者本人が不法行為責任(損害賠償責任)を負います。つまり未成年者のなかに、**責任能力のない未成年者**と**責任能力のある未成年者**がいるということになります。

CASE②のEは5歳であり責任能力がないため、民法714条1項本文によって、責任無能力者を監督すべき法律上の義務を負っている者、すなわちEの両親が被害者に対する損害賠償責任を負うという結論でした。ところがCASE③では、Gは未成年者ですが、16歳という年齢からすれば責任能力が認められるでしょう。したがって、G自身がHに対して損害賠償をする必要があるということになります。このとき、原則として、Gの両親はHに対して損害賠償責任を負いません。

Column　大人は必ず自分のしたことに責任を負うのか

　本章では、責任能力のない未成年者に対する監督義務者の責任を取り上げました。では、大人(成年)の責任無能力者はというと、精神上の障害を理由とする者が該当します(民法713条)。たとえば、認知症の高齢者などです。認知症などにより責任を認識するに足りる能力をもたない状態の人が他人に損害を与える行為(不法行為に該当する行為)をした場合は、加害者本人は不法行為責任(損害賠償責任)を負いません(民法713条)。したがって、法定の監督義務者が損害賠償責任を負うことになります(民法714条1項)。しかし、この法定監督義務者が誰にあたるかは、現在非常に難しい問題があります。第9章でも紹介されている最高裁判決においては、介護家族(配偶者・息子)はこの法定監督義務者に該当しないとされて[15]

います。つまり、この場合も、「介護している家族が、認知症高齢者の行為に対して損害賠償責任を負担するのは当たり前」ではないということです。

　確かに被害者の救済ということを考えれば、家族を法定の監督義務者とする規定をつくって損害賠償責任を負担させるほうがよいでしょう。しかし、「介護」の問題は、すべて家庭で担うべき問題でしょうか。この最高裁判決は、2007（平成19）年に愛知県大府市で起きた事件に対する判決です。この事件をきっかけとして、大府市は、2018（平成30）年6月から「おおぶ・あったか見守りネットワーク」として認知症高齢者などの見守りおよび個人賠償責任保険事業を立ち上げ、この問題に取り組んでいます。精神の障害を理由とする責任無能力者が他人に損害を与えた場合に被害者をどう救済するかは、さまざま視点から考えるべき問題です。[*16]

*16　大府市ウェブサイト（https://www.city.obu.aichi.jp/kenko/koureishashien/ninchisho/1004905.html）。

5　監督義務者が責任を負わない場合

　CASE③をみると、未成年者が他人に損害を与えた場合でも、その未成年に責任能力があれば、未成年者本人が不法行為責任(損害賠償責任)を負うといえます。では、その未成年者に責任能力がなければ、どのような場合でも親が責任を負うといってよいでしょうか。

CASE④　Ｉ（9歳）は、放課後、友人らとともに小学校の校庭でサッカーボールを用いてフリーキックの練習をしていた。小学校の校庭は放課後は児童らのために開放されており、児童らは放課後、サッカーなどのボール遊びを日常的に行っており、サッカーのゴールは日ごろから使用可能な状態で設置されていた。ところがその日、Ｉがゴールに向けてボールを蹴ったところ、ボールが校庭から門を越えて道路上に出てしまった。折から自動二輪車を運転して道路を通りかかったＪ（80歳）は、そのボールを避けようとして転倒した。Ｊはこの事故により治療費(10万円)の損害を受けた。このとき、Ｉの両親は、Ｊに対して損害（治療費）を賠償しなければならないか。[*17]

*17　最判平成27・4・9民集69巻3号455頁をもとにした事例である。

　CASE④では、責任能力が備わるのが大体12歳ぐらいとすると、9歳であるＩには責任能力がないと判断され、一見するとCASE②と同じ結論になりそうです。しかし、CASE②とCASE④の大きな違いは、事故のときの子どもの行動です。CASE②では、加害未成年者は「けんか」という、通常許されることのない他人に危害を与える行為をしています。これに対してCASE④では、加害未成年者はサッカーの練習が許されている場所でフリーキックの練習をしていたというものです。フリーキックの練習自体は通常許される行為であり、他人に危険を及ぼすものではありません。このような場合にたまたま生じた事故に対しても、監督義務者である親は損害賠償責任を負わなければならないのでしょうか。

　民法714条1項ただし書には、「ただし、監督義務者がその義務を怠らなかったとき、又はその義務を怠らなくても損害が生ずべきであったときは、この限りでない」という規定があります。つまり、親が自分の子どもが他人に損害を与える

民法714条1項　（前略）ただし、監督義務者がその義務を怠らなかったとき、又はその義務を怠らなくても損害が生ずべきであったときは、この限りでない。

ような行為をしないようにきちんと指導監督していたにもかかわらず不法行為が発生した（子どもが他人に損害を与えた）場合は、親はその損害賠償責任を負わないということです。しかし、親の監督義務は、具体的な危険の防止に向けたものだけではなく、もっと広い範囲にわたる抽象的な内容であると理解されてきました。つまり、子どもの生活全般にわたって監督し、他人に損害を与えるような行為をしないようにしつけをしなければならないということです。そのため、民法714条1項ただし書の監督義務者の免責は、親権者に対してはほとんど認められることはなく、実質的に親の監督者責任は**無過失責任**に近い厳格な責任であると考えられています。[18]

　ただし、監督義務者の免責が認められた裁判例がいくつかあります。それが、CASE④のベースとなった事例です。CASE④では、9歳のIが「通常は他人に危害を及ぼさない行為」をしていて、たまたまJにけがをさせてしまっています。このような加害未成年者の行為に対する親権者の監督者責任について、最高裁は下記のように述べました。

「責任能力のない未成年者の親権者は、その直接的な監視下にない子の行動について、人身に危険が及ばないよう注意して行動するよう日頃から指導監督する義務があると解されるが、本件ゴールに向けたフリーキックの練習は、上記各事実に照らすと、通常は人身に危険が及ぶような行為であるとはいえない。また、親権者の直接的な監視下にない子の行動についての日頃の指導監督は、ある程度一般的なものとならざるを得ないから、通常は人身に危険が及ぶものとはみられない行為によってたまたま人身に損害を生じさせた場合は、当該行為について具体的に予見可能であるなど特別の事情が認められない限り、子に対する監督義務を尽くしていなかったとすべきではない。」

　加害未成年者の両親は、危険な行為に及ばないよう日頃から子どもに通常のしつけをしていたこと、今回の事故における子どもの行為について、具体的に予見可能であったなどの特別の事情があったこともうかがわれないことなどから、加害未成年者の両親は、監督義務者としての義務を怠らなかったと判断されたのです。そのため加害未成年者（CASE④のI）の両親は、被害者に対する損害賠償責任を負わないとされました。[19] 被害者（CASE④のJ）は、自らが損害（治療費）を負担することになります。

調べてみよう！

　未成年者に対する親としての監督義務は、未成年者が成人（大人）になればなくなります。親権が終了するためです。さて、「大人」になるのは何歳でしょうか。そしてそれは、どの法律の何条に規定されているでしょうか。

6　責任能力のある未成年者の親の責任

　加害未成年者に責任能力があるときには、その本人が被害者に損害賠償を支払うことになり、被害者は加害未成年者の親に損害賠償を請求することができませんでしたよね。たとえば、CASE③のような場合です。しかし、加害未成年者本人には十分な資力がないのが普通です。そうすると、加害者に損害賠償を支払うだけのお金がないということになりますから、いくら「損害賠償責任がある」とはいっても、被害者は事実上、十分な損害賠償を得ることができないでしょう。

　そこで、判例・学説は、責任能力のある未成年者の親に対して、親自身の監督上の過失を根拠にして、監督上の過失と被害者への侵害に原因と結果の関係（因果関係）が認められれば、親自身の行為によって損害が発生したものとして、親に損害賠償責任を負わせることができると考えています。つまり、親が監督やしつけをしっかりと行わなかったことが原因で、子どもが他人に暴力などをふるって損害を与えたと考えるのです。

　そうすれば、親の過失によって、他人の権利や法律上保護すべき利益が侵害された結果損害が発生したとして、親自身に不法行為（民法709条）が成立します。そして、親自身を加害者として、被害者に対する不法行為責任（損害賠償責任）が生じることになります。なお、この場合は、加害未成年者にも責任能力があるため、不法行為（民法709条）にもとづく損害賠償責任が認められます。したがって、加害未成年者本人も、親と連帯して損害を賠償する責任を負うことになります。

＊20　この場合の親の子に対する監督義務の根拠も、民法820条である（＊14を参照）。

演 習 問 題

　本章で学んできたことをふまえ、次の事例問題に挑戦してみましょう。

【事例】

　K（15歳）は、日頃から素行が悪く、万引きやけんかなどで補導歴もある。Kの父は酒乱で、酒に酔うとわけもなくKを殴り、小遣いなどはほとんど渡さないでいた。Kの母はKを甘やかすばかりで、Kが補導されたときにも、特にKを強く叱ることはかった。そのためにKは手のつけられない不良になってしまっていた。ある日、Kは遊ぶ金の欲しさにL（16歳）を襲撃して現金を奪った。LはKによる襲撃によってケガをして治療費（100万円）の損害を受け、現金20万円も奪われている。このとき、Lに対して損害（治療費と奪われた現金）を賠償するのは誰か。

【問い】

　上記の事例の場合、親は責任を負うでしょうか。考えてみましょう。

第4章　戦争中でも守るべき「人の道」

1　戦争とルール

1　戦争にもルールがある

　「恋愛と戦争においては何をしても許される（All is fair in love and war）」という英語のことわざがあります。しかし、恋愛はともかくとして、戦争において何をしても許される（＝合法）としてしまってよいでしょうか。きっとみなさんの多くは、いくら戦争といってもやってよいことと悪いことがあるのではないかと答えることでしょう。人類は、有史以来、数え切れないほどの戦争を乗り越えてきました。そうしたなかで、戦争のもたらす残酷さや悲惨さをどうにかして軽減することができないかを模索し続け、その結果、本章で学ぶことになる「戦争中のルール」をつくり出すに至ったのです。

2　武力紛争法

　「戦争中のルール」のことを**武力紛争法**と呼びます。本章では、武力紛争法の基本的な考え方（＝法的思考）と具体的なルールの内容について、いくつかの事例を通して解説していきます。本章を読み終えたみなさんは、現代においてもなお生じる戦争（武力紛争）の惨害に関し、法的な視点から思考をめぐらし、自分の意見を述べることができるようになるでしょう。

2　「戦争中のルール」は平等？

1　戦争開始における違法な側と合法な側

　それでは、早速、次のCASE①について考えてみましょう。

> **CASE①**　A国とB国は、国境を接して隣り合う国家であり、国際連合憲章の当事国である。あるとき突然、A国は、B国を服従させるため、A国軍をB国領内に侵入させ、B国に対して武力攻撃を開始した。そこで、B国は、自衛のためにA国に対して武力による反撃を行った。
> 　このとき、B国政府は次のように主張した。
> 　「A国は国際連合憲章によって禁止される違法な侵略行為を開始した。これに対し、B国は国際連合憲章によって認められる自衛権の行使として反撃を行ったのである。つまり、A国の武力攻撃は違法となり、B国の武力による反撃は合法となる。したがって、合法な側であるB国は、戦争中

のルールである武力紛争法上の義務にしばられることなく反撃行為を行う
ことができるべきだ。武力紛争法上の義務を守らなければならないのは違
法な側であるA国だけである。」
　このようなB国の主張は認められるだろうか。B国の主張が認められる
とどのような結果となるか想像しながら考えてみよう。

　A国もB国も国際連合憲章の当事国です。**国際連合憲章**は、国際連合という国際
組織のルールブックであり、当事国であるA国もB国も国際連合憲章に定められて
いるすべてのルールに従わなければなりません。この国際連合憲章の2条4項に
は、武力の行使を禁止する**武力行使禁止原則**が定められているため、A国の武力
攻撃は、国際連合憲章2条4項に違反していることになります。したがって、「A
国の武力攻撃は違法」であるというB国の主張は認められることになるでしょう。

　そして、国際法上、違法な武力攻撃を受けた被害国には、自国を守るために反
撃を行う権利が確保されています。この被害国による自国を守るため（＝自衛）
の権利を**自衛権**といい、国際連合憲章51条においてすべての国際連合加盟国に認
められているものです。したがって、国際連合憲章において認められた「自衛権
の行使として」の「武力による反撃は合法」であるというB国の主張も認められ
ることになります。すなわち、戦争の開始について、B国が「合法な側」でA国
が「違法な側」であるという整理は正しいといえるでしょう。

2　違法な側と合法な側は平等なのか

　それでは、「合法に反撃する側」（B国）は「武力紛争法上の義務にしばられる
ことなく反撃行為を行うことができるべきだ」という主張は認められるべきで
しょうか。被害を受けた「合法に反撃する側」（B国）と加害行為をした「違法に
戦争を開始した側」（A国）がまったく同じ義務を負担するのはおかしいのでは
ないかと考える人もいるでしょう。国際連合憲章に違反している「違法に戦争を
開始した側」（A国）は罰としてより重い義務を課されるのが当然で、逆に、国
際連合憲章で認められた自衛権を行使している「合法に反撃する側」（B国）は義
務にしばられずに反撃できるようにしてあげるべきだという意見をもつ人もいる
かもしれません。

　しかし、このような考え方を受け入れることはできません。「戦争のルール」
である武力紛争法は、「違法に戦争を開始した側」にも「合法に反撃する側」に
も平等に適用され、したがって、戦争（武力紛争）のすべての当事者（国）が「武
力紛争法」上の義務を守る必要があると考えるべきなのです。なぜだと思います
か。ここでは、一般的に重要な法的思考方法の一つとして、法の目的から考えて
みましょう。

🕊**国際連合憲章**
　51条
　この憲章のいかなる
規定も、国際連合加盟
国に対して武力攻撃が
発生した場合には、安
全保障理事会が国際の
平和及び安全の維持に
必要な措置をとるまで
の間、個別的又は集団
的自衛の固有の権利を
害するものではない。
　（後略）

3　　武力紛争法の目的

　武力紛争法の目的の一つは、戦争の残酷さ、悲惨さ、惨害を軽減することにありました。後で詳しく学びますが、この目的のために、武力紛争法は、戦争中の攻撃方法や武器についてのルールを定めているのです。戦争の残酷さや悲惨さを少しでも軽くするためには、武力紛争法を戦争のすべての当事者（国）に守ってもらう必要があります。もし仮に、武力紛争法の定めるルールに「合法に反撃する側」が従わなくてもよいと考えるとすると、「合法に反撃する側」は、「違法に戦争を開始した側」を打ち負かすためにありとあらゆる攻撃方法や武器を用いることになりかねません。そうすると、結局、「合法に反撃する側」のせいで戦争の残酷さや悲惨さが増大し、武力紛争法の目的に反する結果となってしまうのです。

　戦争の残酷さ、悲惨さを軽減するという武力紛争法の目的を達成するためには、武力紛争法が、戦争の開始について合法であったか違法であったか（「合法に反撃する側」なのか「違法に戦争を開始した側」なのか）を問わず、戦争に参加する全員に同じように適用されなければならないことになります。戦争を行うすべての国は、平等に、武力紛争法上の義務を守らなければならないのです。

3　武力紛争法の最も大切な考え方

1　武力紛争法における法的思考

　それでは、武力紛争法に特有の法的思考とはどのようなものでしょうか。武力紛争法には、2つの相対する根本理念があり、そのバランスをとるかたちでさまざまなルールが存在しています。したがって、この2つの根本理念を常に念頭に置いて考えることが、武力紛争法における法的思考ということになるのです。では、武力紛争法の2つの根本理念について学んでいきましょう。

2　戦争に勝つために必要なこと

　1つめの根本理念は、**軍事的必要性**です。軍事的必要性とは、「戦争に勝つために軍隊が行う必要のあること」と言い換えることができます。それはいったい何でしょうか。何をしたら戦争に勝ったことになるか考えてみてください。戦争している相手の軍隊を降参させれば勝ちですよね。つまり、「戦争に勝つために軍隊が行う必要のあること」とは、交戦相手の軍隊を弱らせてゲームオーバーに持ち込むことなのです。こうして、軍事的必要性とは、**交戦相手の軍隊の弱体化**と定義されることになります。[*1]この軍事的必要性が武力紛争法の根本理念ということは、交戦相手の軍隊の弱体化に適した攻撃方法や兵器使用は認められるが、交戦相手の軍隊の弱体化に関係のない攻撃方法や兵器使用は禁止されるべきという発想につながっていくのです。

3　戦争中でも守るべき「人の道」

　2つめの根本理念は、**人道性**です。戦争においても守るべき「人の道」ということです。戦争中であっても、**他者の生命・身体・財産を尊重**することは理性ある人間の歩むべき「人の道」でしょう。むしろ、他国や他者に対する憎しみが増長しやすい戦争中だからこそ、他者の生命・身体・財産を尊重するという「人の道」が強調されなければなりません。戦争というものは、あくまでも国家が自国の政治的主張を叶えるために行っているものであって、なにも人を殺したい・傷つけたい・物を壊したいとだけ思って莫大な費用をかけて戦争を開始する国家はいないはずです。たしかに、戦争は殺傷や破壊を伴うものですが、殺傷や破壊そのものが戦争の目的ではない以上、これらは必要最小限に留め、他者の生命・身体・財産の尊重という「人の道」を厳守しなければなりません。この人道性が武力紛争法の根本理念ということは、他者の生命・身体・財産の尊重にそぐわない残忍かつ非道な殺傷・破壊を行う攻撃方法や兵器使用は禁止されるべきという発想につながります。

4　2つの根本理念のバランス

　軍事的必要性と人道性という**2つの根本理念のバランス**をとるように武力紛争法のルールがつくられています。このバランスのとり方は、たとえば、ある兵器を禁止するルールが存在する理由について、その兵器は、交戦相手を弱体化するための攻撃力がある程度認められる（軍事的必要性が中程度）けれども、非常に残忍に殺傷を行う（人道性がまったく認められない）ようなものであるため禁止されるといったかたちで表現されるのです。このように、武力紛争法の個々のルールの趣旨は、**軍事的必要性と人道性のバランス**によって説明できるわけですから、みなさんは、武力紛争法の法的思考を学ぶにあたり、この2つの根本理念を常に意識していなければなりません。

　なお、現在においては、この2つの根本理念のうち、人道性がより重視される傾向にあります。そのため、武力紛争法は、**国際人道法**とも呼ばれる場合があることを覚えておいてください。

　それでは、武力紛争法の具体的ルールについて、軍事的必要性と人道性のバランスをふまえながら、一緒に法的思考をめぐらしてみましょう。

🔍 調べてみよう！

　国際人道法（武力紛争法）の守護者と呼ばれている赤十字国際委員会（ICRC）という国際人道支援組織があります。どのような活動を行っている組織なのか調べてみましょう。

4　戦闘方法に関するルール

1　攻撃のやり方についての法的思考

次のCASE②について考えてみてください。

> **CASE ②**
>
> 　あるとき突然、A国は、B国を服従させるため、A国軍をB国領内に侵入させ、B国に対して武力攻撃を開始した。これに対し、B国は、自衛のために武力による反撃を行い、A国とB国は戦争状態となった。
> 　B国は、A国を降伏させるべく、軍用施設が存在しないA国の大都市を爆撃した。その結果、多数のA国民間人の死傷者が出た。
> 　A国の大都市に対するB国の爆撃は合法といえるだろうか。「軍事的必要性」と「人道性」の観点から考えてみよう。

　みなさんのなかには、戦争を描いたドラマや映画などにおいて、街が空襲され、民間人が逃げまどうといったようなシーンを見たことがある人がいるかもしれません。そういったシーンと同じ事態が、CASE②のB国によってもたらされているわけです。B国が行ったような多数の民間人が暮らす大都市を爆撃する行為は、感情的にも許されるものではないですし、武力紛争法上も違法であるとされることになります。それはなぜか、一緒に法的思考を行ってみましょう。

　武力紛争法の２つの根本理念は、**軍事的必要性**（＝交戦相手の軍隊の弱体化）と**人道性**（＝生命・身体・財産の尊重）でした。多数の民間人が暮らす大都市への爆撃は、民間人や民用物（民間人の財産や民間人が利用する物・場所等）への意図的な攻撃とも考えられますが、戦争中に戦闘員ではない民間人を傷つけたり、民間人が住む家などの民用物を破壊したりすることは、武力紛争法の根本理念に照らし、どのように評価できるでしょうか。まず、民間人の殺傷や民用物の破壊は、民間人が戦闘員ではない以上、交戦相手の「軍隊」の弱体化とまったく関係ありません。したがって、民間人・民用物への攻撃について、軍事的必要性はまったく認められないということになります。さらに、武器をとって戦闘に参加するわけでもなく、なんらの脅威にもならない無辜の民間人やその財産を攻撃することは、残忍・非道な行いであるといえ、他者の生命・身体・財産への尊重を欠く行為でしょう。こうして、民間人・民用物への攻撃について、人道性も否定されるわけです。

　以上のように、民間人・民用物への攻撃は、軍事的必要性がまったく認められず、かつ、人道性も否定されるため、武力紛争法において厳格に禁止されることになります。他方、戦闘員や戦闘機・戦車などの軍事目標への攻撃は、交戦相手の軍隊の弱体化に直接関係することから軍事的必要性も認められ、武器をとって戦闘に参加している者同士の殺傷について人道性を欠くともいえないため、合法とされるのです。

2　禁止されている攻撃のやり方

　このように、武力紛争法では、民間人・民用物への攻撃は違法、戦闘員・軍事目標への攻撃は合法と整理されます。このことから、第一に、「民間人・民用物」と「戦闘員・軍事目標」とをしっかりと区別しなければならないというルールが導き出されます。このルールを**区別原則**といい、武力紛争法における最重要ルールの一つです。第二に、交戦者（国）は、「戦闘員・軍事目標」のみを攻撃対象としなければならず、「民間人・民用物」を攻撃対象としてはならないというルールが導き出されます。このルールを**軍事目標主義**といいます（1949年ジュネーヴ条約第一追加議定書52条2項）。区別原則も軍事目標主義も、戦闘方法について、いわゆる**無差別攻撃を禁じるもの**であるといい換えられるでしょう。

　CASE②のB国は、軍用施設が存在せず多数の民間人が住むA国の大都市を爆撃しているわけですから、民間人を巻き込む無差別攻撃を行ったといえ、武力紛争法上の区別原則や軍事目標主義に反する違法な行為に及んでいると評価できます。みなさんがドラマや映画で見るような大空襲のシーンも、武力紛争法に反する攻撃方法を描いてしまっていたわけです。

> **1949年ジュネーヴ条約第一追加議定書52条2項**
> 攻撃は、厳格に軍事目標に対するものに限定する。軍事目標は、物については、その性質、位置、用途又は使用が軍事活動に効果的に資する物であってその全面的又は部分的な破壊、奪取又は無効化がその時点における状況において明確な軍事的利益をもたらすものに限る。

Column　軍事目標

　軍事目標とは、軍事活動に役立つものであり、交戦相手がこれを攻撃して破壊することで明らかな軍事的な利益を得ることができるものであるとされています。たとえば、軍隊が駐留する基地や戦車などは軍事目標です。A国の基地や戦車は、A国の軍事活動に役立つものであり、交戦相手であるB国は、A国の基地や戦車を攻撃して破壊することによって明らかな軍事的利益を得ることができるからです。

　それでは、戦車が通行する道路は、軍事目標といえるでしょうか。たしかに、道路は、戦車の通行という軍事活動に役立つものであり、交戦相手は道路を破壊することによって敵の戦車を動けなくするという軍事的利益を得ることができるため、軍事目標と考えてもよさそうです。しかし、道路は、戦車だけでなく、民間人が乗る自動車が通行できる場所でもあります。このように考えると、道路は民間人が利用する民用物であるとして、攻撃対象にはできないようにも思えます。

　こうした場合、どのように考えればよいでしょうか。ここでは、区別原則や軍事目標主義というルールを実際に用いる（適用）する具体的場面ごとに判断することになります。個々の事例の内容を丁寧に把握し、ルールを適用すべきかどうか決断することも法的思考の重要なポイントです。

　道路の場合について考えてみると、その道路が基地内のものであったり、民間人の自動車等が出入りできないようになっていて軍隊しか用いていないことが誰の目から見ても明らかなものであったりする場合は、軍事目標と考えてよいことになります。他方、民間人が利用している可能性が少しでもある道路については、軍事目標とはいえないことになります（軍事活動に役立つかどうか疑いがある場合は、軍事目標ではないと推定されるというルールがあります［1949年ジュネーヴ条約第一追加議定書52条3項］）。

5　戦闘手段に関するルール

1　攻撃に用いる兵器についての法的思考

では、次のCASE③について考えてみましょう。

> **CASE ③**
>
> 　あるとき突然、A国は、B国を服従させるため、A国軍をB国領内に侵入させ、B国に対して武力攻撃を開始した。これに対し、B国は、自衛のために武力による反撃を行い、A国とB国は戦争状態となった。
> 　B国軍は、A国の軍隊と戦闘する際、より強力な武器を用いて圧倒したいと考え、通常の銃弾の代わりに人体に触れると爆発する銃弾を使用して攻撃を行った。
> 　B国軍による爆発する銃弾を用いた攻撃は合法といえるだろうか。「軍事的必要性」と「人道性」の観点から考えてみよう。

　より強力な武器を用いて敵の戦闘員を攻撃することは、攻撃しあっている相手の軍隊を効率的に弱体化できるため、軍事的必要性も人道性も認められ、武力紛争法に反しない合法な行為なのではと考えた人もいるかもしれません。しかし、CASE③のB国軍による爆発する銃弾を用いた攻撃は違法と考えられます。まず、軍事的必要性について踏み込んで考えてみましょう。

　軍事的必要性とは「交戦相手の軍隊の弱体化」でしたが、戦闘手段（兵器）に関しては、軍事的必要性の程度について、**ある兵器と他の兵器との比較の見地から検討すべき**と考えられます。言い換えると、ある兵器によって同じ効果（敵の弱体化）が得られるのであれば、あえてより強力な苦痛を与える兵器を用いる必要がない（＝軍事的必要性が高くない）ということになるのです。

　CASE③に則して具体的に考えてみましょう。人体に触れると爆発する銃弾を小銃（ライフル）に装填して攻撃を行う場合でも、あくまでも銃弾にすぎないため（爆弾ではないため）、交戦相手の戦闘員1人を殺傷して戦闘不能にする効果をもつにすぎません。一方、通常の（爆発しない）銃弾を小銃に装填して攻撃を行う場合、やはり交戦相手の戦闘員1人を殺傷して戦闘不能にする効果をもつわけです。つまり、爆発する銃弾だろうがそうでない通常の銃弾だろうが、交戦相手の戦闘員1人を戦闘不能にするという同じ効果が得られることになります。ということは、通常の銃弾を用いることで十分であり、あえてより強力な苦痛を与える爆発する銃弾という戦闘手段（兵器）を用いる軍事的必要性は高くないということができるのです。

　そして、CASE③の爆発する銃弾は、**人道性**を欠く兵器でもあります。同じ戦闘不能という効果を得るために通常の銃弾を用いれば足りるところを、あえて大ケガを負わせるような爆発する銃弾を用いることは、生命・身体への尊重を欠き、残忍・非道に殺傷をもたらすものであるといえ、人道性が否定されることになるのです。

2　使用が禁止されている兵器①

　CASE③の爆発する銃弾のように、過度の傷害や無用の苦痛を与える兵器（不必要な苦痛を与える兵器）は、そうではない兵器で同じ効果を得ることができるものと比較して軍事的必要性も高くなく、人道性にも欠けるため、一般的に武力紛争法において禁止されています。この過度の傷害を与えるような兵器を禁止するルールは、**不必要な苦痛を与える兵器の使用禁止原則**と呼ばれており、非常に重要な武力紛争法のルールとされています（1949年ジュネーヴ条約第一追加議定書35条2項）。CASE③の爆発する銃弾も、この「不必要な苦痛を与える兵器の使用禁止原則」の一環として武力紛争法を構成する条約のなかで禁止されているのです（サンクト・ペテルブルク宣言）。

　このように、「不必要な苦痛を与える兵器の使用禁止原則」は、過度の傷害・無用の苦痛を与えるとされる特定の兵器を禁止するルールの趣旨となっているといえます。たとえば、毒ガスなどの**化学兵器**は、たとえそれが交戦相手の軍隊の戦闘員に対して使用されるものであっても、そうした戦闘員に戦後に至っても苦しむような後遺症を負わせてしまうため、過度の傷害・無用の苦痛を与えるものとして、その使用が禁止されているのです（化学兵器禁止条約1条1項）。そのほか、人体内に入ったときにエックス線で検出できない兵器（特定通常兵器使用禁止制限条約議定書I）や永久に失明をもたらすレーザー兵器（特定通常兵器使用禁止制限条約議定書IV1条）についても、「不必要な苦痛を与える兵器の使用禁止原則」があてはまるとして、条約において禁止されています。

3　使用が禁止されている兵器②

　戦闘手段（兵器）に関するルールについて、もう1つCASEをみてみましょう。

CASE④
　あるとき突然、A国は、B国を服従させるため、A国軍をB国領内に侵入させ、B国に対して武力攻撃を開始した。これに対し、B国は、自衛のために武力による反撃を行い、A国とB国は戦争状態となった。
　A国軍は、B国の軍隊の移動速度を低下させるため、B国領内のいたるところに人が接触すると爆発する地雷（対人地雷）を設置した。
　A国軍による対人地雷の使用は合法といえるだろうか。「軍事的必要性」と「人道性」の観点から考えてみよう。

　本章④「戦闘方法に関するルール」において、「民間人・民用物」と「戦闘員・軍事目標」とをしっかりと区別しなければならないという**区別原則**を学んだことを覚えているでしょうか。人が接触すると爆発する地雷である対人地雷の使用が合法かどうかについて、この区別原則との関係で考えていきましょう。

　対人地雷という兵器は、多くの場合、地中にうめられていて、地表に出ている部分を人が踏むことで起動し爆発するという仕組みになっています。対人地雷

1949年ジュネーヴ条約第一追加議定書35条2項
　過度の傷害又は無用の苦痛を与える兵器、投射物及び物質並びに戦闘の方法を用いることは、禁止する。

サンクト・ペテルブルク宣言
　締約国は、その相互の間の戦争の場合に、重量400グラム未満の発射物であって炸裂性のもの又は爆発性の物質を充填したものを、その陸軍又は空軍が使用することを相互に放棄することを約束する。

化学兵器禁止条約1条1項
　締約国は、いかなる場合にも、次のことを行わないことを約束する。(a) 化学兵器を開発し、生産その他の方法によって取得し、貯蔵し若しくは保有し又はいずれかの者に対して直接若しくは間接に移譲すること。(b) 化学兵器を使用すること。（後略）

特定通常兵器使用禁止制限条約議定書I
　人体内に入った場合にエックス線で検出することができないような破片によって傷害を与えることを第一義的な効果とするいかなる兵器の使用も、禁止する。

特定通常兵器使用禁止制限条約議定書IV1条
　その唯一の戦闘のための機能又は戦闘のための機能の一つとして、視力の強化されていない眼（中略）に永久に失明をもたらすように特に設計されたレーザー兵器を使用することは、禁止する。締約国は、当該兵器をいかなる国又は国以外の主体に対しても移譲してはならない。

は、これを踏んだ交戦相手の戦闘員を殺傷するのみならず、これが設置された場所を軍隊が通行することを困難にし、どこにうめられているのかわからない恐怖から軍隊の士気を下げることができる兵器とされてきました。その意味では、交戦相手の軍隊を弱体化させる軍事的必要性が高い兵器とも思えるでしょう。

しかし、対人地雷は、「人」が接触すると爆発するものですから、当然、「戦闘員」以外の「人」である「民間人」が踏んでも爆発してしまうわけです。言い換えれば、対人地雷は、「戦闘員」と「民間人」を区別して攻撃できる兵器ではないということになります。いわば、**無差別殺傷兵器**ということです。そうすると、対人地雷は、交戦相手の軍隊以外の無辜の民間人まで殺傷する兵器として軍事的必要性が高いとはいいがたく、人道性に欠けるといわざるを得ません。こうして、対人地雷という兵器は、区別原則に反し、軍事的必要性も人道性も認められないと考えられるため、その使用が禁止されるということになるのです（対人地雷禁止条約1条1項）。

対人地雷と同様、区別原則に反する兵器として禁止されるものに、**クラスター弾**があります（クラスター弾に関する条約1条1項）。クラスター弾とは、容器となっている大型の親爆弾のなかに数百個あまりの子爆弾が入っていて、これを爆撃機（爆弾を落とす軍用航空機）から投下することで、空中で子爆弾がばらまかれ、非常に広範囲を爆撃することができる兵器です。「非常に広範囲を爆撃する」ということは、「戦闘員」と「民間人」を区別して攻撃できないということになりますので、区別原則に反するわけです。また、クラスター弾の子爆弾は不発弾（クラスター弾残存物）となることが非常に多く、これに触れた民間人が死傷するという被害が絶えません。こうした残存物による影響もまた、「民間人」に対する攻撃ととらえられ、区別原則に反するとされています。

（左側欄外）

対人地雷禁止条約1条1項
　締約国は、いかなる場合にも、次のことを行わないことを約束する。(a) 対人地雷を使用すること。(b) 対人地雷を開発し、生産し、生産その他の方法によって取得し、貯蔵若しくは保有し又はいずれかの者に対して直接若しくは間接に移譲すること。(後略)

クラスター弾に関する条約1条1項
　締約国は、いかなる場合にも、次のことを行わないことを約束する。(a) クラスター弾を使用すること。(b) クラスター弾を開発し、生産し、生産以外の方法によって取得し、貯蔵し若しくは保有し、又はいずれかの者に対して直接若しくは間接に移譲すること。(後略)

6　戦争における弱者の保護に関するルール

1　負傷した戦闘員等の保護

次のCASE⑤について考えてみましょう。

> **CASE⑤**
>
> あるとき突然、A国は、B国を服従させるため、A国軍をB国領内に侵入させ、B国に対して武力攻撃を開始した。これに対し、B国は、自衛のために武力による反撃を行い、A国とB国は戦争状態となった。
>
> B国軍は、負傷したA国軍戦闘員を捕らえたが、敵兵であることを理由に治療せず放置した。
>
> 負傷したA国軍戦闘員に対するB国軍の処置は合法といえるだろうか。「軍事的必要性」と「人道性」の観点から考えてみよう。

　みなさんの多くは、こうしたB国軍の処置は違法であるに違いないと考えたのではないでしょうか。そのとおり、違法です。それはなぜか、ここでも軍事的必要性と人道性を用いて法的思考を行っていきましょう。

　負傷したA国軍戦闘員は、すでに戦闘に参加することはできず、いわば、戦闘不能・ゲームオーバーの状態となっています。軍事的必要性とは、交戦相手の軍隊の弱体化であり、それは、交戦相手の戦闘員をより多く戦闘不能にすることを意味しているわけです。そうすると、すでに**戦闘不能となっている負傷した戦闘員**は、もはや「弱体化」が完了されておりなんらの軍事的脅威にもならない人ですから、こうした戦闘員に対して殺傷するなどの非道な扱いを行うことは、なんら「弱体化」をもたらすものではありません。つまり、戦闘不能となった戦闘員を攻撃したり苦痛を与えたりすることの軍事的必要性はまったく認められないことになります。

　さらに、負傷して苦しんでいる戦闘員を攻撃したり治療せずに放置したりするなどの残忍・非道な扱いを行うことは、明らかに人道性に欠けているといえます。むしろ、たとえ交戦相手の戦闘員であっても、負傷して苦しんでいる人を助けることこそが他者の生命・身体を尊重する「人の道」でしょう。

　このように、負傷した戦闘員に対する非道な処置は、軍事的必要性もなく人道性も欠落しているため違法であり、こうした戦闘員に対しては**人道的な待遇**が義務づけられているのです（1949年ジュネーヴ第一条約12条）。

2　敵に捕らえられた戦闘員の保護

　同じ要領で、次のCASE⑥についても考えてみてください。

> **CASE⑥**
> 　あるとき突然、A国は、B国を服従させるため、A国軍をB国領内に侵入させ、B国に対して武力攻撃を開始した。これに対し、B国は、自衛のために武力による反撃を行い、A国とB国は戦争状態となった。
> 　A国軍は、降参したB国軍戦闘員を捕らえて捕虜とし、強制的に危険な労働に従事させた。
> 　B国軍戦闘員（捕虜）に対するA国軍の処置は合法といえるだろうか。「軍事的必要性」と「人道性」の観点から考えてみよう。

　降参するなどして交戦相手（敵国）の権力内に陥った戦闘員のことを捕虜といいます（1949年ジュネーヴ条約第一追加議定書44条1項）。捕虜は、武器を捨てて降参し、交戦相手に捕らえられているわけですから、負傷したりしていなくても、すでに戦闘不能状態ということになります。したがって、戦闘に参加することもできずなんら軍事的脅威にならない捕虜については、これ以上「弱体化」する必要はまったくなく、捕虜に対する攻撃等の非道な取り扱いを行う軍事的必要性はありません。また、かつては交戦相手の戦闘員だったとはいえ、すでに降参している人を

1949年ジュネーヴ第一条約（傷病者保護条約）12条
　（前略）軍隊の構成員及びその他の者で、傷者又は病者であるものは、すべての場合において、尊重し、且つ、保護しなければならない。（中略）それらの者を性別、人種、国籍、宗教、政治的意見又はその他類似の基準による差別をしないで人道的に待遇し、且つ、看護しなければならない。（後略）

1949年ジュネーヴ条約第一追加議定書44条1項
　（前略）戦闘員であって敵対する紛争当事者の権力内に陥ったものは、捕虜とする。

残忍に苦しめることは、明らかに人道性に欠けます。かつて敵兵だったからこそ、復讐心などが芽生えやすく非道な取り扱いをしがちなため、捕虜に対する人道的な待遇がしっかりと義務づけられているわけです（1949年ジュネーヴ第三条約13条）。

　捕虜に対する人道的な待遇の一環として、心も身体も元気な状態にしておく目的で、捕虜に労働をしてもらうこともできます（1949年ジュネーヴ第三条約49条）。しかし、捕虜に対して強制的に危険な労働等を行わせることは、非道・残忍な取り扱いとなるため、禁止されています(1949年ジュネーヴ第三条約52条)。したがって、CASE⑥のA国軍による捕虜に対する処置は違法となるのです。

❓ 考えてみよう！

　2022年2月に始まったロシア・ウクライナ戦争では、戦闘方法や戦闘手段、弱者の保護に関するルールに違反する行為があったといえるでしょうか。
　メディア報道で示された事実関係を調べてよく整理したうえで、本章を通じて学んだ法的思考にもとづいて考えてみましょう。

章 末 問 題 ⋯⋯⋯⋯⋯⋯⋯⋯⋯⋯⋯⋯⋯⋯⋯⋯⋯⋯⋯⋯⋯⋯⋯⋯⋯⋯⋯⋯⋯⋯⋯⋯

　本章で学んできたことをふまえ、次の事例問題に挑戦してみましょう。

【事例】
　あるとき突然、X国は、Y国を服従させるため、X国軍をY国領内に侵入させ、Y国に対して武力攻撃を開始した。これに対し、Y国は、自衛のために武力による反撃を行い、X国とY国は戦争状態となった。
　X国軍の猛攻を受け、Y国領内の大部分がX国に占領され、Y国は国家存続の危機に陥った。そこで、Y国軍は、核弾頭を取りつけたミサイル（核兵器・戦略兵器）をX国の首都に向けて発射し、戦局を有利なものにしようと考えている。

【問い】
　Y国軍のように自衛のために核兵器を使用することが、武力紛争法に照らして違法となるか答えなさい。その際、核兵器という兵器の特性や核兵器使用という攻撃方法のもたらす結果についてよく調べ、軍事的必要性と人道性の観点から考えること。

1949年ジュネーヴ第三条約（捕虜待遇条約）13条
　捕虜は、常に人道的に待遇しなければならない。抑留国の不法の作為又は不作為で、抑留している捕虜を死に至らしめ、又はその健康に重大な危険を及ぼすものは、禁止し、且つ、この条約の重大な違反と認める。（中略）捕虜は、常に保護しなければならず、特に、暴行又は脅迫並びに侮辱及び公衆の好奇心から保護しなければならない。捕虜に対する報復措置は、禁止する。

1949年ジュネーヴ第三条約（捕虜待遇条約）49条
　抑留国は、特に捕虜の身体的及び精神的健康状態を良好にして置くため、捕虜の年令、性別、階級及び身体的適性を考慮して、健康な捕虜を労働者として使用することができる。（後略）

1949年ジュネーヴ第三条約（捕虜待遇条約）52条
　捕虜は、自ら希望しない限り、不健康又は危険な労働に使用してはならない。（後略）

第 編

身近な問題を法的思考で見直そう

本編では、日常生活で起こりうるトピックから
法的思考することを学びましょう。

第
5
章

それってセクハラ？
——ハラスメントの法理と課題

　日本では、**ハラスメント**という言葉が、さまざまな場面で使われるようになりました。しかしながら、いかなる行為がハラスメントに該当し、法的責任を負うのかについては、不明確な部分が残されています。職場での事例を通じて、一緒に考えてみましょう。

1 職場でのセクハラ

1 セクシュアル・ハラスメントとは

　雇用における**セクシュアル・ハラスメント**（以下、「セクハラ」という）には、職務上の地位を利用して性的な関係を強要する**対価型**（ホテルでの性交渉に応じないと解雇すると脅すなど）と、性的に不快な環境を与えるという**環境型**（猥褻な言葉を投げかけるなど）の２つの概念があります。なんとなく環境型の罪が軽いように誤解されがちですが、環境型セクハラを行った労働者に対する重い懲戒処分が有効とされた最高裁判決もあることから[*1]、いずれも重大な違法行為であることに変わりはありません。

＊1　K水族館事件（最一小判平成27・2・26労判1109号5頁）。

　女性が被害者となるセクハラ行為自体は、女性が工場で働くようになったときから存在していました。『女工哀史』という古典的なルポルタージュ（現場報告）の名前を耳にしたことはありませんか。1925（大正14）年に出版された同書には、退屈まぎれに上司が女工を呼びつけ強姦のような行為を行ったが、会社は関知しなかったとの記載があります[*2]。また、第二次世界大戦後の1960年代頃でも、バス会社内で観光バスガイド（女性）と運転手（男性）では、運転手のほうが仕事上は優位となりやすく宿泊を伴う勤務があることから、性的関係の強要がなされることが問題視されました。これらは、セクハラというだけではなく、刑法上の不同意性交等罪（刑法177条、かつての強姦罪）に該当しかねない行為でした。

＊2　細井和喜蔵『女工哀史』282頁（岩波書店、2009年）。文庫版として改版後のもの。

2 初めてのセクハラ裁判

　1992年の福岡セクハラ事件が、日本で初めての本格的なセクハラ訴訟となりました[*3]。出版社で働いていた女性が上司から異性関係や性生活について流言され、退職に追い込まれることになりました。この女性を救うため、地元の研究者や弁護士らがアメリカのSexual Harassment概念を訴訟に取り入れ、新たな理論で武装して闘ったのです。アメリカではすでに1970年代から裁判例が蓄積しており、

　⚖ 刑法177条
……同意しない意思を形成し、表明し若しくは全うすることが困難な状態にさせ又はその状態にあることに乗じて、……性交等……をした者は、婚姻関係の有無にかかわらず、5年以上の有期拘禁刑に処する。

＊3　福岡地判平成4・4・16労判607号6頁。

1980年には行政機関がセクハラのガイドラインを制定し、さらには1986年の連邦最高裁判決で無形の労働環境に関する差別も違法であると判示して、環境型のセクハラを認定するようになっていました。[*4]

　福岡セクハラ事件は、職場や関連する場における個人的な性生活などについての発言は、被害者の働きやすい職場環境のなかで働く利益を害するとして、加害者と使用者の責任を認めました。同判決以降、数多くのセクハラ訴訟が提起されるようになりました。

　そこで、CASE①について考えてみることにしましょう。

＊4　Meritor Sav. Bank, FSB v. Vinson, 477 U.S. 57 (1986).

CASE①　大手配送会社Y2では、猛暑で配達員が汗だくになるため、休憩時間や業務終了後にシャワーを浴びることを推奨し、男女別の浴室を備えていた。X（男性）は、通常であれば午後1時頃に休憩するところ業務が忙しかったため、当日は午後3時から1時間の休憩へと変更の申請をしたうえで、シャワーを浴びていた。課長であるY1（女性）は、会社内の巡回中、勤務時間中に部下が入浴しているのではないかと疑い、更衣室の扉を開けた。そして、Xを見つけると「ねぇねぇ、何してるの」「なんでお風呂に入っているの」などと声をかけた。Xは、更衣室の扉を開けられたうえに異性の上司から心外なことを言われ、セクハラではないかと会社に訴えた。Y1は、勤務時間中の入浴を疑ったことは謝罪したが、更衣室の扉を開けたことはたいした問題ではないと考えている。

　現在では、雇用機会均等法[*5]により事業主に**セクハラ防止義務**が課されており（11条1項）、雇用におけるセクハラは違法との法理が確立しています。防止義務の内容については、ガイドラインの策定や研修などの啓発活動、苦情処理制度の設置や担当者の配置、迅速かつ適正な加害者の処分および被害者の救済、当事者のプライバシーの保護など、指針に詳しく定められています。[*6]

❓ 考えてみよう！

　みなさんは、CASE①がセクハラになると思いますか。もし、セクハラになるとしたら、どれぐらいの金額の請求が認められるべきでしょうか。あるいは、もしセクハラにならないとしたら、なぜでしょうか。上記の条文やガイドラインを確認したうえで、考えてみましょう。

2　女性から男性へのセクハラ

1　「逆」セクハラ？

　CASE①は、実際の事件をもとにしており、女性上司が男性部下にセクハラを行った数少ない事例の一つです。[*7] 地裁判決はセクハラが成立すると認めたのですが、[*8] この高裁判決は「Y1の行動は、職務として浴室内を確認し、通常の勤務

✔ \ここも/ **CHECK**

＊5　正式名称は、「雇用の分野における男女の均等な機会及び待遇の確保等に関する法律」。

⚖ **雇用機会均等法11条1項**
事業主は、職場において行われる性的な言動に対するその雇用する労働者の対応により当該労働者がその労働条件につき不利益を受け、又は当該性的な言動により当該労働者の就業環境が害されることのないよう、当該労働者からの相談に応じ、適切に対応するために必要な体制の整備その他の雇用管理上必要な措置を講じなければならない。

＊6　平成18年厚労告615号「事業主が職場における性的な言動に起因する問題に関して雇用管理上講ずべき措置等についての指針」。

＊7　日本郵政公社（セクハラ）事件（大阪高判平成17・6・7労判908号72頁）。

＊8　日本郵政公社（セクハラ）事件（大阪地判平成16・9・3労判884号56頁）。

時間中に浴室内にいたXの勤務時間を確認しようとしたという観点で、一貫した行動をとっていると評価することができる」として、結論としては**セクハラとは認めません**でした。

　この結論について、講義で学生に意見を聞いてみたところ、マナーの問題としてはともかく、違法なセクハラとまではいえないと考える学生が過半数ぐらいでした。あるいは、「逆セクハラ」として違法性を認めてはどうかという意見も出たりしました。みなさんは、どのように考えるでしょうか。

2　ジェンダーと法

　CASE①のXとY１の性別を入れ替えてみると、どのようになるでしょうか。

> **CASE②**　……個人向け荷物の配達業務に従事するX（女性）は、……シャワーを浴び、更衣室で下着姿のまま扇風機を浴びていた。同社総務課の課長であるY１（男性）は、会社内の巡回中、女性用浴室が使用中になっていることに気がつき、勤務時間中に入浴しているのではないかと疑い、更衣室の扉を開けた。

　CASE②がセクハラとなるかどうか、同じように学生のみなさんに意見を聞いてみましょう。おそらく100％近くの学生が、「それは違法だ、間違いない。セクハラそのものだ」と答えるのではないでしょうか。実際の裁判になったとしても、セクハラとして不法行為が認定される結果となるでしょう。

　そこで改めて検討してほしいのが、先の高裁判決の判断基準と結論は正しかったのかという点です。なぜ男女の性別が入れ替わるだけで、同じ行為を行ってもセクハラの成否が異なるのでしょうか。同事件の評釈でも、「はたして女性が男性に同等のセクハラを受けた場合にも同じ判断となったか否かはかなり微妙であるように思われる」との批判的な見解がみられ、論理的な説明を行うことが困難です[9]。

　こうした結論の違いに影響を与えている可能性の一つが、**ジェンダー**です。ジェンダーとは、**社会的・文化的に形成される性別**のことであり、いわばつくられた男らしさや女らしさのことです。このジェンダーにもとづく偏見（たとえば、男性であれば女性に下着姿や裸を見られても、さほど恥ずかしくないだろうなど）によって、法的に不合理あるいは不平等な結果が導かれることがあります[10]。こうしたジェンダー概念と法との関係（**ジェンダー法**）についてもさまざまなテーマで研究がなされています[11]。

　さて、それでもなお、性別の違いを理由としてセクハラの判断基準を変えるというのであれば、次のような問題について、いかに対処すべきでしょうか。

＊9　野川忍「郵政公社における女性管理職のセクハラ行為とこれに対する上司の対応策の違法性」ジュリ1305号146頁（2006年）。

\ここも/
CHECK

＊10　CASE①でセクハラが成立しないとの結論が、常に不平等であるとの趣旨ではない。ジェンダーの観点を踏まえても、なお結論は変わらないとの考えも成り立ちうるであろう。

＊11　ジェンダー法に興味をもったら、章末の参考文献などを手に取ってみよう。

3　同性間のセクハラ

1　男性同士のセクハラ

> **CASE ③**
> 　石油を掘削する会社Y２で、XとY１は、海に浮かぶプラットフォーム
> の甲板作業員として働いていた。ここで働く労働者はすべて男性であり、
> ２週間の交代制でプラットフォームに乗り込み、海上生活をともにして
> いる。Y１は、他の同僚らとともに、入浴中のXの臀部に石けんを塗ったり、
> 食堂で「レイプされないよう気をつけろ」などの言葉をXに投げかけたり
> した。Xはこれらの行為に耐えられなくなり、シフトの交代が終わると退
> 職するとともに、これらのセクハラについてY１とY２を訴えた。

　CASE③は、アメリカの1998年の最高裁判決をもとにしたもので、結論として
同性間でのセクハラ成立を認めました。[12]日本では、同性間セクハラを争った著
名な裁判例はありませんが、指針・前掲においては「職場におけるセクシュアル
ハラスメントには、同性に対するものも含まれるものである」と明示しています。
さらに続けて、被害者の「性的指向又は性自認にかかわらず、当該者に対する職
場におけるセクシュアルハラスメント」も対象になるとして、LGBTQ＋といっ[13]
た性的マイノリティに対するセクハラも成立することを確認しています。

　職場におけるセクハラは、「性を理由とする」差別、嫌がらせ、環境等を対象
とするのですから、それが同性間であれ性的マイノリティの被害者であれ、セク
ハラが成立する場合があることは当然なのです。女性から男性に対するセクハラ
を「逆セクハラ」と呼ぶ人もいますが、そのような呼び方（逆という言葉）が適
当かどうかも再考してみるとよいでしょう。

2　性的マイノリティに対するハラスメント

　カミングアウトとは、自らの性的指向や性自認を、自らの意思で他者に明らか
にすることです。これに対して、当事者の了解を得ずに、性的マイノリティであ
る本人が公にしていない性的指向や性自認についての情報を暴露することを**アウ
ティング**といいます。アウティングをされた当事者は、自身がLGBTQ＋である
ことが広まる悪影響を案じ、休職や退職に至ったり、自殺に追い込まれたりする
場合もあります。[14]「パワハラ防止指針」（令和２年１月15日厚労告５号）でも、「労働
者の性的指向・性自認や病歴、不妊治療等の機微な個人情報について、当該労働
者の了解を得ずに他の労働者に暴露すること」として、このアウティングもパワ
ハラの一環として防止を図っています。

　また、性自認を侮辱することは、SOGIハラスメントとも呼ばれます。[15]職場で行
われると、労働災害として認定されることもあります。[16]

＊12　Oncale v. Sundowner Offshore Services, Inc., 510 U.S. 17 (1993).

＊13　LGBTQ＋については、第15章（P.160）を参照。

\ここも/
CHECK
＊14　この点は、大学などの教育機関においても同様である。たとえば「このクラスにLGBTQ＋の人がいるんだけど、差別しないようにしましょう」という匿名でのアウティングであっても、やはり当事者に大きな不安を抱かせることになる。

＊15　SOGIEについては、第15章（p.160）を参照。職場におけるトランスジェンダー労働者が職場施設の利用制限を争った最高裁判決として、国・人事院（経産省職員）事件（最三小判令和5・7・11LEX／DB25572932）がある。

＊16　「性自認を侮辱、労災認定」2022年11月11日朝日新聞1頁。

4　セクハラの責任を負うのは誰？

1　行為者の責任

過去に恋愛関係にあった者同士でも、別れた後に職場での地位を利用して執拗に復縁を迫る行為は、**ストーカー規制法**[*17]の問題であるとともに、セクハラに該当するかもしれません。セクハラを行った加害者に対して、被害者は**不法行為責任**（民法709条）[*18]を追及することができます。このこと自体は、学校であっても私的なサークルであっても公共の場であっても、なんら変わることはありません。

2　使用者の責任

職場のセクハラについては、加害者にセクハラの責任があることを前提として、さらに使用者が責任を負うかどうかが問題となります。最初に取り上げた福岡セクハラ事件でも、加害者は不法行為責任を負うことはもとより、さらに被害者を退職させようと試みた使用者も責任を負うとされました。これは使用者責任（民法715条）と呼ばれるもので、加害者が使用者のために仕事をしていたという点をとらえ、加害者自身とは別に使用者の責任も問うことができます[*19]。

また、セクハラを放置した使用者に対しては、**債務不履行責任**（民法415条）が問われることもあります。債務不履行とは、なんらかの債務を負う者が、その債務を負うことによって当然期待される履行をしないことです。使用者である病院が十分なセクハラ防止策をとらなかったことにより、看護師が深夜の休憩時間中に繰り返しわいせつ行為を受けた事件では、**労働契約上の職場環境整備義務**に違反する（＝職場環境を整備する**債務**を履行しなかった）として、債務不履行責任が認められました[*20]。

3　親会社の責任

さらにはハラスメントの相談窓口が親会社にしかない場合、**親会社の責任**が追及されることもあります。これらの複雑な法的関係を整理するために、CASE④をみてみましょう。

＊17　正式名称は、「ストーカー行為等の規制等に関する法律」（平成12年法律第81号）。

民法709条
　故意又は過失によって他人の権利又は法律上保護される利益を侵害した者は、これによって生じた損害を賠償する責任を負う。

＊18　不法行為責任については、第3章（p.39）を参照。

民法715条
　ある事業のために他人を使用する者は、被用者がその事業の執行について第三者に加えた損害を賠償する責任を負う。
　2　使用者に代わって事業を監督する者も、前項の責任を負う。
　3　前二項の規定は、使用者又は監督者から被用者に対する求償権の行使を妨げない。

＊19　使用者責任については、第3章（p.41）を参照。

民法415条
　債務者がその債務の本旨に従った履行をしないとき又は債務の履行が不能であるときは、債権者は、これによって生じた損害の賠償を請求することができる。（後略）

＊20　津地判平成9・11・5労判729号54頁。

> **CASE④**
> 　Xは、Y3社の有期契約労働者として採用され、グループ内の親会社であるY4社の工場で建材加工作業に従事していた。Y1は、別の子会社であるY2社の課長職で、Xと同じ工場内で就労していた。Y1からXに対する金銭の貸借を契機に、Y1はXと恋愛関係にあると認識していたが（Xは交際していないと認識）、他方でXはY1と距離を置くようになった。以降、Y1により、就労中のXに復縁を求めたり、Xの自宅に押しかけたりするなど、ストーカー的な行為が続いた。Xは上司に相談しても対応してもらえず、心身の不調により退職した。Xは元同僚を経由してY4に設置されたグループ全体の相談窓口に申し出を行ったが、セクハラの事実は存在しな

いとの回答であった。Xは、Y１に対してセクハラによる不法行為責任、
Y２に対して使用者責任、Y３に対して安全配慮義務違反、Y４に対して
親会社としての措置義務などを理由に、損害賠償を請求した。

　CASE④は、最高裁判決であるイビデン事件をもとにしています。[21]①加害者は
自由恋愛の範囲だと認識していたこと、②加害者と被害者は異なる会社ではある
が同じグループ会社の一員であったこと、③職場外でストーカー的な行為がなさ
れたこと、④相談窓口が親会社にしかなかったこと、などの点で事実関係に特徴
があります。①③については、地裁判決がセクハラの成立を否定しましたが、高
裁判決はセクハラであると認定しました。

　最高裁で争われたのは、親会社であるY４の法的責任（④）についてです（②
の問題も関係します）。同事件の判旨は、Y４がグループ会社の事業場内で就労す
る者からの相談窓口制度を設置したことに照らし、「法令等違反行為によって被
害を受けた従業員等が、本件相談窓口に対しその旨の相談の申出をすれば、Y４
は、相応の対応をするよう努めることが想定されていた」と述べました。そのう
えで「相談の内容等に応じて適切に対応すべき**信義則上の義務**[22]を負う場合があ
ると解される」として、一般論としてはY４が責任を負う場合があることを示し
ました。結論としては、本件ではXとの関係において義務が生じない、あるいは、
同義務に対して「適切」な対応を行っていることから該当しないと結論づけまし
た。

　いずれにしても、今後はグループ会社内でのセクハラ関係の事案については、
通報窓口の適切な設置や被害者への慎重な事実確認、さらには海外子会社との関
係など、**内部通報制度**（公益通報者保護法11条）の再点検が求められます。子会社
で生じたセクハラであっても、親会社は無関係とはいえない場合があるのです。

＊21　最一小判平成
30・2・15労判1181
号5頁。

用語解説

＊22　信義則上の義務
　民法1条2項に掲げ
られている原則で、相
手方の正当な期待に沿
うように一方の行為者
が行動することを意味
する（民法1条2項「権
利の行使及び義務の履行
は、信義に従い誠実に行
わなければならない」）。

❓ 考えてみよう！

　職場外で生じた同僚同士のストーカー行為についてまで、会社が責任を負わなけ
ればならないのでしょうか。ストーカー行為ではなく、職場の人間関係を理由とす
る殺人未遂の場合でも、会社は責任を負うのでしょうか。

5　さまざまなハラスメントや「いじめ」

1　パワーハラスメント

CASE ⑤　英会話教材を販売する会社で働いているX１は、上司であるY１から、
売り上げ目標を達成できないことを理由に、「お荷物」「給料泥棒」「会社
にとってガン」などの叱責を毎日のように受けた。さらには、「お前にやっ
てもらう仕事はない。自分で仕事を考えろ！」と言われて、新規事業開拓

部というⅩ1だけの部署に配置され、同僚との交流もできなくなった。Ⅹ1は、精神的に追い込まれ、心療内科に通院するようになった。

> **CASE ⑥**
> 自動販売機の飲料を補充するＹ社で働いているⅩ2は、長時間労働や残業代の不払いなど、職場の問題を解決しようと社外の労働組合に加入し、Ｙと団体交渉を行った。その結果、労働時間が短くなり、残業代も支払われるようになった。ところが、ほどなく職場で、業務連絡用のLINEグループから外されたり、同僚から話しかけられなくなったり、仲間外れにされたりするようになった。さらに、賞味期限切れのジュースを家に持って帰って消費したことを理由として、Ｙから懲戒解雇処分がなされた。同様の行為は同僚も行っているのに、自分だけが処分されるのは納得がいかない。

　パワーハラスメント（以下、「パワハラ」という）とは、「職場において行われる優越的な関係を背景とした言動であつて、業務上必要かつ相当な範囲を超えたものによりその雇用する労働者の就業環境が害されること」であり、事業主にはパワハラを防止するために必要な措置を講じることが義務づけられます。指揮命令関係が前提となっているところが、職場のいじめとの違いですが、両者が同時に成立することもあるでしょう。CASE⑤は、パワハラに該当する行為です。

＊23　労働施策推進法30条の2第1項。

2　職場における「いじめ」

＊24　誠昇会北本共済病院事件（さいたま地判平成16・9・24労判883号38頁）。

＊25　ただし、「自殺」の予見可能性はないとして、あくまで「いじめ」に対する責任のみを認めた。

＊26　佃運輸事件（神戸地姫路支判平成23・3・11労判1024号5頁）。

　パワハラだけでなく、職場のいじめも、行為者はもとより使用者も責任を負うという意味で労働法分野の問題といえます。無理な飲酒の強要や暴力などのいじめを繰り返したことにより被害労働者を自殺に至らしめた裁判例では、加害者の責任は当然ながら認められました。その法的根拠として、使用者は、いじめ行為を防止して、労働者の生命および身体を危険から保護する安全配慮義務を負担しており、いじめを認識することが可能であったにもかかわらず、いじめを防止する措置を採らなかったからです。

　他方で、職場で生じた暴力沙汰については、「小中学校ではあるまいし、〔会社が〕一般的な従業員間の暴力抑止義務のようなものを負っているとは認めがたい」として、使用者の安全配慮義務を否定しています。

　なお、労働組合に加入したことを理由とするいじめや不利益取扱いは、**不当労働行為**として違法となります（労働組合法7条）。不当労働行為は、労使間のルール違反行為の規制を目的の一つとしているからです。CASE⑥も、労働組合への加入や団体交渉への報復、他の労働者が労働組合に加入しないように牽制するといった明らかな意図がみえるので、不当労働行為が成立するでしょう。

⚖ 労働組合法7条
使用者は、次の各号に掲げる行為をしてはならない。
一　労働者が労働組合の組合員であること、労働組合に加入し、若しくはこれを結成しようとしたこと若しくは労働組合の正当な行為をしたことの故をもつて、その労働者を解雇し、その他これに対して不利益な取扱いをすること（後略）

6　出産・子育てにかかわるハラスメント

1　マタニティー・ハラスメント

> **CASE ⑦**　Y（病院）のリハビリ業務で副主任の地位にあった X（女性）は、妊娠を契機として負担が少なくなるよう、しぶしぶながら副主任のポジションを外れたところ、育児休業後も副主任に戻れなかった。Y としては、副主任には X の後輩が就いているのだから、今さら外すわけにもいかず、これは仕方がないことだと考えている。

　雇用機会均等法は、妊娠や出産等を理由とする不利益取扱いを禁止しています（9 条 1 項）。さらに、2014（平成26）年の最高裁判決は、復職後に元の役職に戻さないことは、労働者の真の同意がある場合や使用者の業務上の必要性がある場合という 2 つの例外に該当しなければ、雇用機会均等法に違反するとの判断基準を示しました。

　同判決を受けて、妊娠・出産等を理由とする嫌がらせについても、セクハラと同様の防止措置義務や指針が定められました。いわゆる**マタニティー・ハラスメント**と呼ばれるものです（以下、「**マタハラ**」という）。同指針では、マタハラを「職場における妊娠、出産等に関するハラスメント」と位置づけたうえで、マタハラ防止のための周知・啓発（例：ポスターの作製）、相談体制の整備（例：社内外での相談窓口の設置）、紛争処理（事後の迅速かつ適切な対応）などを求めています。マタハラには、妊娠や出産を理由とする解雇や退職といった雇用差別にかかわるもの、妊娠期の労働者に対して必要な配慮を行わないことで妊婦が抑圧を受けること、上司や同僚から「職場に妊婦がいるのは迷惑」などの心ない言葉を投げかけられる精神的な嫌がらせなど、さまざまな類型が想定されます。

2　父親に対する嫌がらせ──パタニティー・ハラスメント

　育児休業を取得した父親への嫌がらせは、**パタニティー・ハラスメント**（以下、「**パタハラ**」という）と呼ばれます。3 か月以上の育児休業を取得した父親に対して、翌年度の職能給を昇給させないという取り扱いを行った事件では、不法行為が認められました。[*27] 育児休業取得を理由とする嫌がらせについても、現在ではマタハラと同様の防止措置義務や指針が定められています。

　また、父親の育児休業を促進する観点から、2022（令和 4）年 4 月より、子の出生日から起算して 8 週間が経過する日の翌日までに 4 週間以内の期間で 2 回に分割して取得できる**出生前育児休業**が施行されています。一部メディアでは、男性産休というセンセーショナルな見出しも使われました。このような政策を実効化するためにも、パタハラの防止を徹底する必要があるでしょう。

雇用機会均等法 9条1項
事業主は、女性労働者が婚姻し、妊娠し、又は出産したことを退職理由として予定する定めをしてはならない。

＊27　医療法人稲門会事件（大阪高判平成26・7・18労判1104号71頁）。

7　ハラスメント法理の課題

1　リモハラ

　コロナ禍の影響でテレワーク（リモートワーク）が急速に拡大しました。しかし、たとえ物理的な接触がなくとも、ハラスメントやいじめの問題は生じます。具体的には、化粧や服装について指摘される、無理にオンライン飲み会に誘われる、接続している場所について執拗な説明を求められるなどです。これらを総称して、**リモハラ**と呼ぶこともあるようです。

　厚生労働省のガイドラインでも、テレワークにおいて、「オフィスに出勤する働き方の場合と同様に、ハラスメントを行ってはならない旨を労働者に周知啓発する等、ハラスメントの防止対策を十分に講じる必要があります」と示しています。

2　ハラスメント法理の広がり

　ハラスメントの防止は、職場における多様性を維持し、「個人の尊重」（憲法13条）を体現するためにも重要です。ハラスメントに関する日本の法律は、差別禁止の一環として理解されるアメリカなどとは異なり、領域ごと（セクハラ、マタハラ、パワハラなど）に独自の判例法理により発展してきました。そして、それぞれの事象をハラスメントと位置づけたり、法律で防止措置を課したりすることで、社会問題として広く認識されるようになった意義は大きいでしょう。

　その反面、さまざまな行為をハラスメントと位置づけてしまうことになり、差別禁止とは無関係な分野にまで用いられることも少なくありません。そうすると、かえってハラスメントがインフレ化してしまう（＝価値が低くなる、軽くみられてしまう）のではないかという危惧も出てきています。ハラスメント法理のみに過剰に依存してしまうと、差別禁止といったほかの重要な法規範が見えづらくなる危険があることも認識しておくべきです。これらをふまえたうえで、今後は、古典的な「同じ会社内」という枠組みだけではなく、多様な会社同士が入り乱れるような「ネットワーク空間」や、より広い意味での雇用の「場」におけるハラスメントの防止策と法的救済について、検討する必要があるでしょう。

憲法13条
すべて国民は、個人として尊重される。生命、自由及び幸福追求に対する国民の権利については、公共の福祉に反しない限り、立法その他の国政の上で、最大の尊重を必要とする。

🔍 調べてみよう！

　ネットワーク空間でのハラスメントには、上記にあげたもののほか、どのような形態や事例が生じているのか調べてみましょう。これまでのハラスメントとは、どのような違いがあるでしょうか。職場のテレワークと大学の遠隔授業の場合とでは、ハラスメントの形態や認定基準に違いが出てくるのでしょうか。

＊28　東京高判平成29・10・18労判1179号47頁。

Column	職場のエイジハラスメント

　本章で扱わなかったハラスメント形態の一つに、エイジハラスメントがあります。その名のとおり、「年齢」を理由とするハラスメントのことです。かつて「エイジハラスメント」というテレビドラマが放映されました（テレビ朝日系、2015年）。原作は内舘牧子の『エイジハラスメント』（幻冬舎、2008年）というフィクション小説で、ドラマでは「女性」の私生活に焦点が当てられ、ジェンダーハラスメントという側面が強い作品内容でした。

　もっとも、現実の裁判では、エイジハラスメントにかかわる言動が問題となった事案があります。会社の代表者による「人間57、58になれば、自分の考えなんて変わらない、男も女も」「50歳代の社員は会社にとって有用でない」「若いのを入れてこき使ったほうがいい」といった労働者個人に対する発言は、年齢のみによって労働者の能力を低くみるもので、不法行為にあたると認定されました。[*28] そして、直接的には被害を受けなかった労働者も、これらの言葉を受けて退職する先輩らの様子を目の当たりにし、いずれ自分たちも歳をとると同じような対応を受けると考えて退職してしまいました。同事件では、これら直接の被害を受けなかった労働者についても、「間接的に退職を強いる」ものであるとして、慰謝料や会社都合での退職金を認めています。

　エイジハラスメントという問題についても、そろそろ議論の俎上（そじょう）に載せるべきではないでしょうか。

演 習 問 題 ‥‥‥‥‥‥‥‥‥‥‥‥‥‥‥‥‥‥‥‥‥‥‥‥‥‥‥‥‥‥‥‥‥‥‥‥‥

　本章で学んできたことをふまえ、次の事例問題に挑戦してみましょう。

【事例】

　Ｘ（女性）は、従業員数30名ほどの予備校Ｙにおいて、事務を行う正社員として、期間の定めのない労働契約を結んで働いていた。Ｘは、出産のために産前産後休暇および育児休業を取得した。育児休業明けに、保育所が見つからなかったこともあり、Ｘはフルタイムで正社員として働くことはむずかしいとも考えるようになった。そこでＸは、Ｙ代表者らと面談し、契約期間が「期間の定めあり」とされる契約社員にすると記載された「雇用契約書」に署名し、Ｙに交付した。

　その後、ＸはＹに対し、子を預ける保育所が見つかったとして正社員に戻すように求め、何度か交渉をしたが、Ｙはこれに応じなかった。さらに、Ｙは、Ｘの有期労働契約の雇止めを通知した。そこで、Ｘは東京地方裁判所に正社員としての地位確認請求を行う訴訟を提起し、「Ｙでマタハラを受けた」とする記者会見を行った。Ｙは、マタハラに該当するような事実はなく、むしろＸの記者会見が名誉棄損に該当するとして、訴訟を提起した。

【問い】

　ＸとＹの双方の言い分について、どのような法的根拠が考えられるでしょうか。あなたの法的な考察を、1000字程度で論述してください。その際には、関連する条文や裁判例もあげてください。

【参考文献】

・浅倉むつ子『新しい労働世界とジェンダー平等』かもがわ出版、2022年
・加藤秀一『はじめてのジェンダー論』有斐閣、2017年
・第一東京弁護士会ほか編『詳解LGBT企業法務』青林書院、2021年
・野田進ほか編『判例労働法入門［第7版］』有斐閣、2021年
・春野まゆみ『さらば、原告A子』海鳥社、2001年
・三成美保ほか『ジェンダー法学入門』法律文化社、2011年

第6章

保育・子育ては誰が担ってきたのだろう?
——少子時代の保育サービス

みなさんが小学校に入学した頃を思い出してみてください。同じ小学校に、同じ幼稚園・保育所だった人はどのくらいいましたか。幼稚園・保育所それぞれに、なにか違いはあったでしょうか。同じように、自分の名前をひらがなで書き、一緒に歌をうたい、お絵かきをしましたね。あまり違わないように思える幼稚園と保育所ですが、法律上、どのような違いがあるのでしょうか。

1 幼稚園と保育所は似て非なるもの

1 幼稚園

法律的にいえば、幼稚園と保育所はまったく別の施設です（表6-1）。幼稚園は学校教育法にもとづく「学校」であり（学校教育法1条）、法律的には大学と同じ「学校」です（大学も学校教育法1条にもとづく学校です）。学校を設置することができるのは、国、地方公共団体、**学校法人**（私立学校法3条に規定する学校法人）の3つです（学校教育法2条）。

幼稚園は、小学校・中学校（義務教育）とその後の教育の基礎となる機関として位置づけられており、幼児をケアしたり、心と体の発達を手助けしたりする施設で（学校教育法22条）、満3歳から小学校就学前まで入園することができます（学校教育法26条）。そして、幼稚園は幼稚園設置基準（昭和31年文部省令第32号）を満たして設置しなければなりません。この設置基準には、1学級35人以下の幼児数であること（3条）、園・教諭等の配置（5条）、園舎は原則2階建て以下であること（8条）、いわゆる教室である保育室や遊びの部屋である少し大きめの遊戯室、水遊び場などの備えなければならない設備（9条〜11条）などが詳細に定められています。全国の幼稚園は、見た目は違っていても、原則的には同じ設備で同じ人員になるようにしているのです。

2 保育所

保育所は、児童福祉法にもとづく**児童福祉施設**です（児童福祉法7条）。保育所は、保護者が働いていたり病気になったりなどの理由によって家庭で保育ができない場合など（児童福祉法24条1項）、家庭以外での保育が必要な場合に、乳児・幼児を預かる施設です（児童福祉法39条1項）。保育所は**第2種社会福祉事業**ですが（社会福祉法2条3項2号）、第2種社会福祉事業は、運営する主体に対する規制がなく、

⚖ **学校教育法22条**
幼稚園は、義務教育及びその後の教育の基礎を培うものとして、幼児を保育し、幼児の健やかな成長のために適当な環境を与えて、その心身の発達を助長することを目的とする。

⚖ **児童福祉法24条1項**
市町村は、この法律及び子ども・子育て支援法の定めるところにより、保護者の労働又は疾病その他の事由により、その監護すべき乳児、幼児その他の児童について保育を必要とする場合において、次項に定めるところによるほか、当該児童を保育所……において保育しなければならない。

⚖ **児童福祉法39条1項**
保育所は、保育を必要とする乳児・幼児を日々保護者の下から通わせて保育を行うことを目的とする施設（利用定員が20人以上であるものに限り、幼保連携型認定こども園を除く。）とする。
2　保育所は、前項の規定にかかわらず、特に必要があるときは、保育を必要とするその他の児童を日々保護者の下から通わせて保育することができる。

 用語解説

＊1　乳児
乳児とは0歳児、幼児とは1歳から小学校就学前の子どもを指す（児童福祉法4条）。

表6-1　幼稚園と保育所の違い

	幼稚園	保育所
管轄	文部科学省	厚生労働省
設置根拠	学校教育法上の教育機関	児童福祉法上の福祉施設
設置できる者	国、地方公共団体、学校法人	規制なし（第2種社会福祉事業のため）
設置基準	幼稚園設置基準	児童福祉施設の設備及び運営に関する基準

出典：各種法令に基づき筆者作成

\ここも/
CHECK

＊2　第2種社会福祉事業とは、福祉サービスが提供される場所へ通ったり（通所サービス）、在宅で福祉サービスを受けられるようなサービス（居宅サービス）を提供する事業を指し、都道府県知事に届け出れば事業を営める（社会福祉法69条）。

社会福祉法人や株式会社、NPO法人、学校法人などさまざまな主体が運営することができます。保育所にも幼稚園と同様に、「児童福祉施設の設備及び運営に関する基準」があり、保育所の設備（32条）、保育士・嘱託医・調理を配置すること（33条1項）、預かる子どもの年齢別の必要な保育士数（33条2項）[*3]、1日8時間を原則とする保育時間（34条）などが定められています。

　このようにみると、幼稚園と保育所は同じような施設にみえますが、入ることができる年齢の違いや運営主体、施設の設備や配置する職員などが大きく異なっていることがわかりますね。

ポイント

＊3　0歳児3人につき保育士1人以上、満1歳以上満3歳に満たない幼児おおむね6人につき1人以上、満3歳以上満4歳に満たない幼児おおむね20人につき1人以上、満4歳以上の幼児おおむね30人につき1人以上という定めがある。

調べてみよう！

　現在、日本にはどれくらいの幼稚園、保育所があるのか調べてみましょう。
　過去から現在に至るまでの数の推移をみてみるのもいいですね。

2 幼稚園・保育所への入園・入所

1 入園・入所の申請と市町村の認定

CASE
①
　A、B、Cは、大学時代に同じサークルに所属していた仲良し3人組である。大学卒業後、違う会社に就職し、それぞれ結婚し、子どもを産んだ。同じくらいの時期に出産して、子どもに関する悩みがある。
　A：私は来月から職場に復帰するの。未満児さん向けの保育所が見つかって、よかった。
　B：私は、会社の再雇用制度を使って、いったん退職したの。子どもが3歳になって幼稚園に入ってから、再雇用で職場に復帰するわ。
　C：私は保育所が見つからなくて……。しばらく育児休暇を継続するわ。
　AさんやBさんのように、幼稚園や保育所への入園・入所を希望する場合、子どもやその保護者が自由に園を選んで、何歳からどの幼稚園や保育所に入るかを決めることができるだろうか。

用語解説

＊4　こども・子育て関連3法
　こども・子育て支援法、認定こども園法の一部改正法、子ども・子育て支援法及び認定こども園法の一部改正法の施行に伴う関係法律の整備等に関する法律を指す。

　2011（平成23）年から始まった**社会保障と税の一体改革**を通じ、子育てしにくい社会の脱却を目指して、2012（平成24）年に子ども・子育て関連3法[*4]にもとづく子ども・子育て支援新制度が成立し、2015（平成27）年4月から施行され、制

ポイント

＊5　法令上は、「保護者の労働又は疾病その他の内閣府令で定める事由により家庭において必要な保育を受けることが困難であるもの」（子ども・子育て支援法19条）となっている。したがって、保護者の仕事や病気のほか、「内閣府令で定める事由」がある場合が、保育を必要とする事由となる。内閣府で定める事由には、妊娠・出産のほか、同居または長期入院等している親族の介護・看護、災害復旧、求職活動（起業準備を含む）、虐待やDVのおそれがあること、育児休業を取得中に、すでに保育を利用している子どもがいて継続利用が必要であることなどが含まれている（子ども・子育て支援法施行規則1条の5）。

ポイント

＊6　満3歳未満の子どもで保育を必要とする事由がある場合には「3号認定」となる。保育所への申込みの流れは2号認定と同じである。

**＼ここも／
CHECK**

＊7　次に述べる「待機児童・入所保留児童」が発生するような市町村では、第7希望まで記入できる場合もある。

度がスタートしました。

　この子ども・子育て支援新制度にもとづき、幼稚園や保育所へ子どもを入園・入所させたい保護者は、まず市町村に対して申請し、教育・保育に関するサービスを利用する資格があることと「子どもの区分」の認定を受ける必要があります（子ども・子育て支援法20条1項）。「子どもの区分」の認定について、申請を受けた市町村は、その子どもが満3歳以上小学校就学前である場合、保護者にとって、**保育を必要とする事由**[＊5]があるかどうかを確認したうえで、事由があると判断すると「2号認定」、事由がないと判断すると「1号認定」の認定をします（子ども・子育て支援法19条）[＊6]。2号認定の場合には、原則として保育所に入所することとなります。あわせて、どのくらいの時間、保育が必要であるか（**保育必要量**）の認定も行います（子ども・子育て支援法20条3項）。保護者がフルタイムで働いており、長時間の保育が必要となる場合には最長11時間（**保育標準時間**）、パートタイムでそれほど長時間でなくてもよい場合には、最長8時間（**保育短時間**）の保育が受けられます（子ども・子育て支援法施行規則4条）。1号認定の場合には、原則として幼稚園に入園することとなります。

2　市町村の「利用調整」

　どの幼稚園・どの保育所に入園・入所するかについては、幼稚園・保育所の空き（欠員）の有無によって、希望が通るか通らないかが決まります。1号・2号認定ともに、入園・入所を希望する施設に対して入園もしくは入所申込書を提出します。

　1号認定になる場合で人気のある幼稚園に入園したいときには抽選になることがあり、抽選にもれたときには別の幼稚園に申込みをする必要があります。2号認定になる場合には、入所申込書に第1希望から第5希望くらいまで園を記入し[＊7]、市町村に提出します。また、入所申込書には、希望がかなわない場合に、市町村がほかの保育所を紹介する**利用調整**を希望するかどうかのチェック欄があることが一般的です。利用調整は、保育所入所へのニーズが高く、保育所等の不足が発生する可能性が高い市町村において行われます（児童福祉法24条3項）。

　幼稚園も保育所も、希望するところに必ずしも入園・入所できるわけではないところは同じなのですね。

？　考えてみよう！

　日本は少子化が進んで、子どもの数は減っているのに、希望する幼稚園や保育所に入れるわけではないというのは、とても不思議な話です。なぜそのような状況になっているのか、考えてみましょう。

3　保育所が足りない！　待機児童問題

CASE ②　CASE①のCさんの家庭では、夫は正社員・フルタイムで働いており、Cさん自身は現在育児休暇を取っているが、週35時間のパートタイム労働をしている。子どもが1歳になったら職場に復帰し、社内の試験を受けて正社員・フルタイムの勤務に転換しようと思っていたが、1歳児から入ることができる保育所をなかなか見つけることができない。

　世の中では待機児童は少なくなったといわれているけれど、Cさんが住んでいる地域では、1歳児・2歳児はまだまだ保育所への入所がむずかしいようである。どうしてこのようなことが起こるのだろうか。

1　待機児童を生む要因

　実際は、幼稚園については、希望の有無を問わなければ、ほとんどの人がどこかの園に入園できています。一方、保育所については、Cさんのように入所を希望しても入所できない子どもが生じ、これらの子どもを**待機児童**あるいは**入所保留児童**と呼んでいます。ある女性が2016（平成28）年2月に書いたブログ「保育園落ちた日本死ね！」で知っている人も多いかもしれません。幼稚園と保育所でこのような格差が生じるのは、大きく分けて3つの理由が考えられます。

　1つめは、1990（平成2）年から1997（平成9）年にかけて、専業主婦世帯数と共働き世帯数が逆転したことによる影響です。従来のような**男性稼ぎ主モデル**[*8]で前提とされたような女性・妻の姿はあまり見られなくなり、夫も妻も働くことが当たり前となってきています。それにともない、家庭以外の人に育児を担ってもらう育児の外部化がはかられ、特に仕事と子どもをもつ夫婦にとって、保育所は仕事を続けるための命綱になっているともいえます。

　2つめは、保育所に入所したいという需要（ニーズ）に対して、保育所の定員（供給）が追いついていない、需給のミスマッチが考えられます。前出のブログが書かれた2016（平成28）年4月時点での待機児童・入所保留児童数は2万3,553人でした。そのうち74.3%が都市部（首都圏〈埼玉・千葉・東京・神奈川〉、近畿圏〈京都・大阪・兵庫〉の7都府県〈政令指定都市・中核市含む〉とその他の政令指定都市・中核市）に集中しています。また、子どもが最大1歳6か月になるまで育児休業を取得していた労働者（男性でも女性でも取得可能）が、仕事復帰のために保育所に入所したいと希望し、当該年齢の総人口のうち41.1%が入所を希望している一方で、対応できる保育所はそう多くありません。それは3つめの理由とも関係があります。

　3つめは、保育所を開設したくても、保育士が確保できないことがあげられます。前述した保育所の人員基準によると、保育士1人で対応できる1歳児・2歳児の数は6人まで、3歳児になると保育士1人で20人の子どもに対応することが

用語解説

＊8　男性稼ぎ主モデル（male bread-winner）
　男性・夫がサラリーマンとして一家を支え、女性・妻が育児・家事・介護を担いつつ家計補助的に働き、子どもがいるという家庭をいう。

できます。1歳児・2歳児の子どもを預かる保育所を開設しようとすると、20人の定員で保育士を4人確保しなければなりません。3歳児の子どもであれば、20人の定員とすると保育士1人でよいことになります。

2　深刻化する保育士不足

　保育士になるには、学校教育法で認める大学を卒業して受験資格を得て、試験に合格する必要があります。しかし、保育士試験に合格し、保育士資格を有していても、実際に保育士になるとは限りません。

　その要因は、保育士の労働環境にあります。保育士の平均月収は30万3,000円で、全職種平均41万7,000円を大きく下回っています。月収が低い一因は、保育施設の95.8％が女性職員であり、全体の54.8％の施設が女性職員のみで構成されているうえに、女性の賃金がそもそも男性より低い日本の雇用構造にあるとも考えられています。[*9] 一方の性のみに偏った職場の人間関係は必ずしもよいものとはいえず、最も多くあげられる退職理由が「職場の人間関係」であることも保育士の特徴です。保育士確保のために政府は処遇改善のためのさまざまな施策を展開していますが、今のところ保育士不足は解消しない状況にあります。この点で、1歳児・2歳児の保育所への入所は、かなりの激戦になってしまいます。

4　保育所への多様な主体の参入

1　保育所不足を解消するための政策

> **CASE ③**　少子化であるにもかかわらず、特に1歳児・2歳児が入所できる保育所は不足している。この事態に対応するために、政府はどのような方策をとればよいだろうか。
> ① 父母ともに共働きが原因なので、共働きせず、かつ、入園・入所がしやすいように、父母ともに子どもが3歳になるまでに育児休業の取得を義務化する。
> ② 1歳児・2歳児の保育所数を増やすため、保育所の設備や人員の基準を緩和する。
> ③ 1歳児・2歳児の保育所のみならず、保育所そのものを増やすため、市町村のみならず、多様な経営主体による保育所経営への参入を認める。

　政府が実施したのは、②と③のプラン、すなわち、保育所を設置できる主体を企業に拡大する企業主導型保育事業の実施、幼稚園と保育所の統合（**認定こども園**の設置）のほか、1歳児・2歳児のための保育施設について、設置基準を緩和して、園数を増やすという政策でした。①もいいプランではありますが、政府は、親の働きたいという気持ちを尊重するとともに（裏返しでいえば、経営側とし

ポイント
*9　女性の賃金の低さ
2022（令和4）年7月に女性活躍推進法を改正し、常時雇用する労働者が301人以上の一般事業主に対して、「男女の賃金の差異」の公表を義務づけている。厚生労働省「賃金構造基本統計調査」によると、男性の賃金を100とした場合、女性の賃金は、2021（令和3）年で75.2、正規労働者に限っても77.6と格差があることが指摘されている。

用語解説
*10　認定こども園
　認定こども園とは、幼稚園の教育と保育所における保育を一緒に行う施設で、導入時は幼保連携型、幼稚園型、保育所型などさまざまな形態があったが、現在はほとんど幼保連携型と一部保育所型となっている。幼保連携型認定こども園は、3歳以上が入園する施設で（認定こども園法2条7項）、保護者の就労の有無を問わず入所可能である。

ては労働力を失わせない）、育児を親に強制しない道を選びました。

　政府は、これらのプランを実施するために、2013（平成25）年から2017（平成29）年にかけて「待機児童解消加速化プラン」を策定し、待機児童の早急な解消を目指しました。2018（平成30）年から2020（令和２）年にかけて「子育て安心プラン」を策定し、待機児童問題を解消し、女性の就業率８割に対応できるような保育の受け皿整備を市町村に課しました。2021（令和３）年から2024（令和６）年にかけて「新子育て安心プラン」を策定し、この政策に引き続き取り組んでいます。最初の「待機児童解消加速化プラン」では保育所が大幅に増加し、続く２つのプランでは１歳児・２歳児のための施設である小規模保育事業[*11]、家庭的保育事業[*12]（子ども子育て支援法７条５項に定める「地域型保育」）が大幅に増えました。

2　市町村のがんばり

　保育所を増設するためにがんばってきたのは、主に市町村です。というのも、児童福祉法上、市町村は、「基礎的な地方公共団体として」児童の身近な場所における児童の福祉の支援に関する業務を適切に行わなければならないことが定められているからです（同法３条の３第１項）。かつては、市町村（その委譲・委託先である社会福祉法人）自身が保育所を設置・運営していたのですが、1990年代末からの**社会福祉基礎構造改革**[*13]により、保育所の運営は先に述べたように第２種社会福祉事業となり、株式会社やNPO法人、学校法人なども保育所を運営できるようになりました。[*14]

　これらの多様な主体が保育事業に参入することのコントロールを担ってきたのが、都道府県による**認可**と市町村による**子ども・子育て支援事業計画**の策定です。認可は、先に述べた「児童福祉施設の設備及び運営に関する基準」を満たした施設かどうかを、都道府県が審査する制度です（児童福祉法35条５項）。子ども・子育て支援事業計画は、市町村が策定する計画です（子ども・子育て支援法61条）。市町村は、アンケート調査などを通じて、子育て家庭がどのようなニーズを有しているかを把握します。その結果にもとづいてどれだけ保育のニーズがあるかを予測するとともに人口の予測等とを組み合わせて、保育所の整備目標を設定します。そしてその目標に達するまで、その地域の保育供給を増やし続けるというものです。このような地方自治体によるコントロールのもと多くの保育所の参入がかない、2020（令和２）年以降は待機児童・入所保留児童の数は減少しています。

3　不適切保育──保育の質の確保

　待機児童は、そもそも保育所が足りないという保育の「量」に着目した議論ですが、近年、保育所における虐待のほか、乱暴な言葉で接する、大きな声で怒鳴るなどの不適切保育の問題が明らかになっています。こうした保育の「質」にか

 用語解説

＊11　小規模保育事業
　小規模保育事業とは、３歳未満の子どもが入所できる施設で、利用定員が６人以上19人以下の施設で保育を行う事業のこと（児童福祉法６条の３第10項）。

 用語解説

＊12　家庭的保育事業
　家庭的保育事業とは、市町村が行う研修を受けた家庭的保育者（いわゆる保育ママ）が、自身の自宅などで、定員５人以下で３歳未満の子どもの保育を行う事業のこと（児童福祉法６条の３第９項）。そのほか、地域型保育には、障害のある子どもなどで、集団保育がふさわしくない子どもであって、保育士が家庭に訪問し、家庭で保育を行う居宅訪問型保育事業（児童福祉法６条の３第11項）や、使用者が当該会社で働く労働者の子どものために、会社内に設けた保育施設で保育を行う事業所内保育所事業（児童福祉法６条の３第12項）もある。

＊13　詳しくは、コラム（P.74）を参照。

 ＼ここも／
CHECK

＊14　2000年３月30日児発295号「保育所の設置認可等について」。ただし、地方自治体によっては、株式会社の参入を認めないところもあったことが、公正取引委員会によって指摘されている（公正取引委員会「保育分野に関する調査報告書（平成26年６月）」97-98頁）。

かわる議論は、1970〜80年代からすでに行われていました。当時は、特別な支援が必要な子どもや経済的な問題を抱えた家庭の子どもなどを対象としたものでしたが、1990年代以降は、すべての子どもの成長と発達にとってよい影響をもたらす保育とはどういったものかという研究がさかんになされてきました。

　保育所の保育については、厚生労働省が発出している保育所保育指針にもとづいて実施されています。同指針では、「子どもが安心感と信頼感をもって活動できるよう、子どもの主体としての思いや願いを受け止めること」など、子どもが健やかに、安心して育つことができるような保育を、保育士が行うことが定められています。また、「児童福祉施設の設備及び運営に関する基準」5条には、入所者の人権に十分配慮し、一人ひとりの人格を尊重することがうたわれています。

　こうした指針や基準を定めても、前項で述べたような深刻化する保育士不足やそれにともなう保育士の労働環境の悪さなどを原因として、それらが守られていない事例が後を絶たない現状があり、抜本的な改革が望まれています。

Column　　社会福祉基礎構造改革

　2000（平成12）年、これまで社会福祉サービスを提供する事業者を規制していた「社会福祉事業法」が、事業者規制ではなく、消費者である社会福祉サービスの利用者の保護も組み込まれた「社会福祉法」に改正されました。

　社会福祉法は、利用者と事業者との対等な関係にもとづき、行政が行政処分によって社会福祉サービスを決定する措置制度から社会福祉サービスを選択する利用者選択制度（契約）へと、社会福祉サービスの利用に関して、大きな変更を行いました。ここに含まれる社会福祉サービスとは、保育のほか、介護や障害者福祉などで、事業者よりも立場の弱い、脆弱な（vulnerable）人たちに選択権を委ねることになったのです。この点で、利用者にとってよい選択ができるよう、事業者に対して情報提供の義務（社会福祉法75条1項）や誇大広告の禁止（同79条）などの制約を課すとともに、利用者の権利擁護（advocacy）の必要性が唱えられるようになりました。

5　保育サービスは誰が担うべきだろう？

1　保育所の民営化

CASE ④

　甲山市は、近年若い共働きの子育て世代の支持を受け、急速に人口を伸ばしている。しかし、それにともなって保育所不足が深刻になっている。サービス業で働く女性も多いため、土曜・日曜・祝日の保育や平日21時までの延長保育に対して、住民の高いニーズがある。

　これについて市の保育所は、市だけでは対応できないため、株式会社乙海サービスが展開する民間保育所を設置することと、これを機に市の保育所を乙海サービスの保育所に転換する、いわゆる民営化を図ろうとしている。一方、市の保育所に子どもを預けている保護者からは、乙海サービスによって保育所経営に効率化がはかられ、今までのような手厚い保育が受けられなくなるのではないかと心配の声があがっている。

　市の保育所と株式会社の保育所では、それぞれどのようなメリット・デメリットがあるだろうか。

すでに述べたように、もともと保育所は、市町村（委譲・委託される社会福祉法人）によって設置・運営されるものでした（児童福祉法35条3項・4項）。このように保育サービスの運営主体が限定されていたのは、1963（昭和38）年に厚生省（当時）によって出された通知に由来します。[*15] この通知では、「私人の行う保育所の設置運営は社会福祉法人の行なうものであることとし、保育事業の公共性、純粋性及び永続性を確保し事業の健全なる進展を図るものとすること」とされていました。

これは先に掲げた2000（平成12）年の通知で廃止されていますが、保育サービスに求められる公共性や純粋性、永続性の確保というのは、長らく保育サービスへの株式会社などの営利企業の参入を阻む壁になっていたとも指摘されています。この指摘は、公立保育所が廃止され民営化されることとなった結果、保育所の入所時に予定されていた保育の期間を終える前にほかの公立保育所や民間保育所への転所を強いられた子どもの保護者が、それを実施した市町村を相手取り、保育所の廃止処分の取消しや国家賠償を求めたさまざまの裁判（横浜市、高石市、大東市、神戸市など）にもよく現れています。[*16] たとえば、保護者の主張の一つに、民間の保育所では設置基準どおりの人員（保育士）しか配置されないのに対して、公立の保育所ではクラスの担任保育士以外にも障害児担当や地域事業担当、フリー担当などの保育士が、市の正規の職員として配置されていることがあります（大東市の訴訟）。一方で、市側の主張として、保育所にまつわる支出を削減したいこと、地域にある多様なニーズ（たとえば延長保育や休日保育など）に応答したいことなどがあげられています（横浜市の訴訟）。

2　多様な主体が参入するメリット・デメリット

こうした訴訟を経て、保育サービスは現在、多様な主体の参入を認めるようになりました。多様な主体が参入することのメリット・デメリットはどういったものがあるでしょうか。

メリットとしては、第1に、保育の供給量が増え、待機児童や入所保留児童の数が減りました。第2に、利用者の選択がかなうようになりました。場所・立地なども多様なところが増えたため、職場に近い、駅に近いといった利便性の高い保育所や、保育方針が保護者自身の考えに近い保育所などを選ぶことができるようになりました。第3に、行政としても、多様な主体が参入することで競争が生まれ、保育の質の向上とともに、財源を有効に活用できるようになりました。

デメリットとしては、第1に、保育の供給量を増やすために保育士などの資格者の配置や設備の面積要件を緩和したため、保育の質が低下したのではないかという懸念があります。第2に、利用者に対しても働こうとする保育士に対しても、保育所を選ぶための情報が提供されていないことがあげられます。このことは、

*15　昭和38年3月19日児発第271号「保育所の設置認可等について」。

*16　横浜市（横浜地判平成18・5・22判タ1262号137頁判自284号42頁）、高石市（大阪地判平成16・5・12判自283号44頁／大阪高判平成18・1・20判自283号35頁）、大東市（大阪地判平成17・1・18判自282号74頁／大阪高判平成18・4・20判自282号55頁）、神戸市（神戸地判平成20・12・16賃社1516号25頁）。

検索サイトに保育所の名称を入力して出た検索結果をみると明らかです。第3に、法律上保育所を監督しているはずの市町村が**監督責任**を果たすことができない場面があることがあげられます。たとえば、保育中に子どもに事故などが生じた場合を考えてみましょう。このとき、保育所を運営している主体に事故の責任を問うことになります。運営している主体が市町村であれば国家賠償として賠償責任を果たすことが可能でしょうが、資金が潤沢ではない民間企業の場合、賠償責任を果たすことができるでしょうか。また、監督しているはずの市町村に責任は問いうるでしょうか。裁判例では、民間保育所の保育士による保育は、**公権力の行使**[17]にはあたらないとして市町村の責任を否定したものと、子ども・子育て支援法施行以前の家庭的保育事業での虐待について区の責任を肯定したものとがあり、判断が分かれています。[18]第4に、株式会社やNPO法人などの場合、事業撤退や倒産の可能性があることがあげられます。特に都道府県によって「認可」をされていない認可外の施設では、閉園が相次ぎ、2019（令和元）年に世田谷区と千葉市の保育所が経営難を理由に突然閉所しました。川崎市の認可外の幼稚園でも同様に閉園が報じられています。

*17　詳しくは、本章コラム (p.76) を参照。

*18　市町村の責任を否定したものとして浦和地熊谷支判平成2・10・29、区の責任を肯定したものとして東京地判平成19・11・27がある。

❓ 考えてみよう！

　メリットとデメリットをふまえたうえで、保育所に多様な主体が参入することについて、あなたは賛成ですか。反対ですか。それはどうしてでしょうか。児童福祉法や子どもの権利条約などを手がかりに考えてみましょう。

Column　公権力の行使

　行政が行うこと（行政行為）には、権力的行為と非権力的行為があるとされています。権力的行為とは、課税のように、権力の相手方である国民の同意を得ることなく、一方的に義務を課したり権利を制限したり、身体や財産に強制を加える行為のことをいいます。非権力的行為とは、契約の締結などがその典型例ですが、行政と民間団体との契約のように権力的ではない行為のことを指します。

　公権力の行使が問題となる場面は、国家賠償法1条1項に定める「国又は公共団体の公権力の行使に当る公務員が、その職務を行うについて、……他人に損害を加えたとき」です。公権力の行使は権力的行為にあたるのですが（狭義説）、非権力的行為であってもあたるとされる場合もあり（広義説）、どのような行為だと公権力の行使にあたるのかは、それぞれの裁判例によって異なっています。

演 習 問 題 ……………………………………………………………………………………

　児童福祉法 2 条 2 項では、子育てに関する第一義的責任は保護者にあることが定められています。そして、国や地方自治体は、「児童の保護者とともに、児童を心身ともに健やかに育成する責任を負う」とされています（同法 2 条 3 項）。

　このような規定を見ると、子育ての責任は親が負い、国や地方自治体はそれを支えるという構図であるようにみえます。国や地方自治体の努力で、現在でこそ待機児童・入所保留児童が解消される状況に至っていますが、子育てをする家庭にとっては、小学 1 年生の壁や子育て家庭の孤立、教育費の増大など別の問題も生じています。こうした育児の負担の増大、第一義的責任の負担（自己責任化）が少子化を招いているのではないかとの指摘もあります。まるで子育てが罰ゲームのようだという指摘です。

　こうしたなかで、みなさんは、そもそも「子育て」は誰が担うべきだと思いますか。

【参考文献】
・一般社団法人全国保育士養成協議会「保育士試験を受ける方へ」
　　（https://www.hoyokyo.or.jp/exam/index.html）
・稲毛文恵「保育の質から見た保育所の現状と課題」立法と調査345号（2013年）
・井上従子「子ども・子育て支援新制度をめぐる課題と展望——主に保育供給体制とその法的課題に関する考察」横浜
　　法学25巻 2 号（2016年）
・大日向雅美「少子化問題を考える——少子化問題の哲学的・社会政策的考察」医療と社会27巻 1 号（2017年）
・衣笠葉子「公立保育所の民営化」近畿大学法学56巻 1 号（2007年）
・厚生労働省「保育所等関連状況取りまとめ（平成28年 4 月 1 日）及び『待機児童解消加速化プラン』集計結果を公表」
　　（https://www.mhlw.go.jp/stf/houdou/0000135392.html）
・厚生労働省「保育所等関連状況取りまとめ（平成30年 4 月 1 日）及び「待機児童解消加速化プラン」と「子育て安心
　　プラン」集計結果を公表（平成30年 9 月 7 日公表）」
　　（https://www.mhlw.go.jp/stf/houdou/0000176137_00002.html）
・厚生労働省「保育の現場・職業の魅力向上検討会（第 5 回）：保育士の現状と主な取組」
　　（https://www.mhlw.go.jp/content/11907000/000661531.pdf）
・厚生労働省「保育士試験の実施状況（令和 3 年度）」
　　（https://www.mhlw.go.jp/content/000656128.pdf）
・厚生労働省「『不適切保育に関する対応についての調査研究』について」
　　（https://www.mhlw.go.jp/stf/seisakunitsuite/bunya/0000135739_00005.html）
・今野晴貴「世田谷の保育園が「即日閉鎖」から「自主営業」へ「一斉退職」しなかった保育士たち（2019年12月 1 日
　　配信記事）」
　　（https://news.yahoo.co.jp/byline/konnoharuki/20191201-00153211）
・芝池義一『行政法読本［第 4 版］』有斐閣、2016年
・内閣府「よくわかる『子ども・子育て支援新制度』」
　　（https://www 8 .cao.go.jp/shoushi/shinseido/sukusuku.html）
・名島利喜「保育分野への株式会社の参入問題に関する覚書——株式会社に対する嫌悪の思想」三重大学法経論叢32巻
　　2 号（2015年）
・日本労働政策研究・研修機構「図12　専業主婦世帯と共働き世帯」
　　（https://www.jil.go.jp/kokunai/statistics/timeseries/html/g0212.html）
・東野充成「保育所民営化をめぐる紛争と論理」九州工業大学研究報告人文・社会科学61号（2013年）
・本沢巳代子・新田秀樹『トピック社会保障法［第16版］』不磨書房／信山社、2022年
・WAMNET「子ども子育て関連 3 法と子ども子育て支援新制度の概要」
　　（https://www.wam.go.jp/content/wamnet/pcpub/top/appContents/wamnet_jidou_explain.html）

<table>
<tr><td>第
7
章</td><td># 血のつながりのない親子
——生殖補助医療と親子関係</td></tr>
</table>

　みなさんは、「法律上の」親子関係はどのようにして決まるか、知っていますか。「当たり前じゃない、父の精子と母の卵子で子どもが生まれるんだから、親子関係は生物学的に決まるでしょう」という返事が来ることが予想されますが、実はそうではないのです。わざわざ「法律上の」とカギかっこをつけましたが、実は、法律上の親子関係は、血のつながりとは別に存在する場合もあるのです。

1　現代における親子の問題

　法律上の親子関係が認められるということは、その者たちの間に親子関係が存在することによる法的な効果が生じるということです。たとえば、親は子に対する**親権**をもち、子を**扶養する義務**を負います。また、親が亡くなったときには子が相続人となります。さらに、未成年の子どもに責任能力がない場合には、親は子どもが他人に与えた損害を賠償する責任があることも勉強しましたね。生物学的なつながりがあったとしても法律上の親子関係が認められない場合には、親子間での法的な効力は認められませんし、逆に、生物学的なつながりがなくても法律上の親子関係が認められれば、このような法的な効力が認められることになります。

＊1　詳しくは、民法の不法行為を解説した第3章 (p.39) を参照。

　そもそも、法律上の親子関係はどのようにして決まるのか、基本的な規定を確認しましょう。近年、離婚・再婚が増加したり、授かり婚が増えたりしています。このような、社会や結婚に対する考え方の変化や科学の発達にともなって、法律上の親子関係もさまざまな問題に直面しています。社会や人々の考え方の変化が法律上の親子関係にどのような影響を与えているか、考えてみましょう。

2　法律上の親子関係——結婚を基盤とした父の決定

CASE①　A女はB男と結婚し、その後、子（C）を妊娠して出産した。このとき、Cの父母は誰か。

A女 ——— B男

C　　===…法律婚

まずは、法律上の親子関係の基本を確認しましょう。民法は、生物学的な関係を基盤とした法律上の親子関係を規定しています。そこでは母子関係を基軸として父子関係を考えるという態度です。つまり、お母さんは子どもを妊娠（法律用語では懐胎といいます）し出産した人だから母親であることは明らかであるため、お父さんを決める方法を定めておけばよいということです。

1　嫡出子

（1）嫡出推定制度

親子関係を決める基本規定は、民法772条です。772条１項によれば、女性が結婚している間に懐胎した場合には、その子どもの父親は女性の夫と推定するというのが親子関係の原則です。この条文は、お父さんとお母さんが結婚しているということを前提とした条文です。もちろんこの場合の「結婚」とは法律婚、すなわち婚姻届を市役所の戸籍係に届出した結婚のことです。婚姻届は出さないけれど夫婦として生活しているという、いわゆる「事実婚」は含みません。

このように、婚姻届を出した結婚（法律婚）をしている男女間でできた子どものことを嫡出子と呼びます。現在では、嫡出子とは、法律上の婚姻関係にある男女の間で懐胎され、出生した子という意味です。ですから、CASE①のCの親は、B男が父親、A女が母親ということになります。

ここまでのところで、「やっぱり、生物学的なつながりで親子関係を決めているんじゃないの」と思ったでしょうか。しかし、民法772条１項の条文をよく見てください。夫の子と**推定する**と規定されていますよね。「推定」という用語の法的な意味はひとまず置くとしても、一般的には「ある事実が明確ではない場合に、一応そういうことにしておく」という意味です。つまり、「本当は夫の子であるかどうか明確ではないが、そういうことにして法的効果を発生させる」ので、本当は夫の子ではない（生物学的なつながりがない）場合であっても、母の夫との間で親子関係（父子関係）を生じさせるという規定です。なぜこのような規定があるのでしょうか。

実際に子どもを懐胎して出産する母親とは違い、父親が本当にその子の生物学上の父親かどうかはDNA鑑定をしなければわかりません。では、DNA鑑定をして父親であるという事実を確認してから、生まれてきた子どもの法律上の父子関係を確定するのはどうでしょうか。父親にとってはそのほうが自分の子であるかどうかが確実にわかるのでよいのかもしれませんが、その間、生まれてきた子どもは父のいない状態となります。一般に、婚姻関係にある男女間で妻が懐胎した場合は、夫がその子の父であることがほとんどであることを考えれば、子の利益のためには、母の夫を父と定めて、父親のいない状態をつくらないということのほうが大切です。この規定は、子と父との遺伝的なつながりの有無をいちいち確

ポイント

＊2　2022（令和4）年12月10日、嫡出推定・嫡出否認等の規定が改正され、同月16日に公布された。改正された民法は同日から起算して1年6か月を超えない範囲内において政令で定める日から施行されるが、本稿は改正後の法律に従って説明している。

⚖ 民法772条１項
妻が婚姻中に懐胎した子は、当該婚姻における夫の子と推定する。女が婚姻前に懐胎した子であって、婚姻が成立した後に生まれたものも、同様とする。

✓ ＼ここも／
CHECK
＊3　現在、「結婚」も実に多様である。事実婚も増えており、事実婚に対して、一定の場合に法律婚と同様の効果を認める場合もある。また、同性婚も地方自治体レベルで、婚姻に準じる効果を認めるパートナーシップ制度が認められてきている。今後、男女が婚姻届を出すという伝統的な法律婚形態が変更されることも十分考えられる。

認しないで早期に父子関係を確定し、子の地位の安定を図ろうとする規定なのです。

（2）　嫡出推定の効果

では、次のCASE②の場合はどうなるでしょうか。

CASE②　A女はB男と結婚し、その後、子（C）を懐胎して出産した。ところがA女はB男との結婚後、D男と浮気をしており、Cの実の父親はD男であった。このとき、Cの法律上の父母は誰か。

D男　　　　A女　＝＝＝　B男　　＝＝＝…法律婚
　　　　　　　　　　　　　　　　──…法律婚ではない関係
　　　　　C

実はこの場合も、民法772条1項によれば、Cの父はB男となります。民法772条1項の規定では、「妻（A女）が婚姻中に懐胎した子（C）は夫（B男）の子」と推定されるからです。しかし、この規定を朽子定規に適用すると、法律上の父子関係と生物学上の父子関係との間に不一致が生じます。規定上も**推定する**となっていますので、異なる事実が出てきた場合には、この推定は覆ることになります。

ただし、嫡出推定を覆すためには、**嫡出否認の訴え**という訴訟を起こして、嫡出性を否定しなければなりません。CASE②でいえば、A女とB男の婚姻関係から生まれた子どもであることを否定する手続きをしなければなりません。[*4]

なお、民法改正により、嫡出子であることの否認権は夫だけでなく子やその母にも与えられることになり、訴えを起こせる期間も3年間に延長されました。[*5]

2　婚外子

CASE③　E男とF女は、夫婦として暮らしたいと思っていたが、現在の婚姻制度に対しては懐疑的であったため事実婚を選択し、周囲からも夫婦と認められて生活をしている。E男とF女との間に子ども（G）が生まれた場合、Gの父母は誰か。

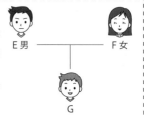

E男　　　　F女
　　　G

事実婚が増えているという話もしましたが、結婚していない男女間で子どもができた場合には、親子関係はどのようにして決めるのでしょうか。民法772条は、法律婚をしている男女間で子どもができた場合の規定ですので、772条を使うこ

ポイント

＊4　2022（令和4）年12月の民法改正前には、夫だけに嫡出否認の訴えを起こす権利（否認権）が与えられており、夫が子の出生を知ったときから1年が過ぎると、法律上の父子関係を覆すことができなかった。CASE②のA女がB男と離婚してCを連れてD男と再婚した場合、B男が嫡出否認の訴えをしない（または訴えができなくなった）とき、Cの法律上の父はB男に確定する。この場合、D男とCが法律上の親子関係を構築する方法は養子縁組しかない。

ポイント

＊5　期間の起算点は、否認権を有する者が誰であるかによって異なる。父の場合には子の出生を知ったときから、子と母は子の出生のときから、それぞれ3年間である。

民法779条
嫡出でない子は、その父又は母がこれを認知することができる。

✓ ここも CHECK

＊6　最二小判昭和37・4・27民集16巻7号1247頁。Aと不倫関係で子Yを妊娠した女性Xが、YをB夫妻の子として虚偽の出生届を出したうえYを養子にした。Aに実子ができなかったことからAもYを養子として迎えたが、YがXとの母子関係を否定したため、XがYとの親子関係の存在を確認するよう求めた裁判である。この裁判で、婚外子の母子関係は民法779条の認知ではなく、出産の事実によって定まるとされた。よって、民法779条における母の認知は死文となっている。

とはできません。したがって、CASE③の場合、母はGを懐胎・出産したF女となりますが、法律上の父は**認知**という手続きによって定められます（民法779条）。

民法779条には、「嫡出でない子は、その父又は母がこれを認知することができる」とありますので、母も認知しなければ母子関係が発生しないようにも読めます。明治民法の起草過程では、まさしく婚姻外の親子関係を成立させるには、母も認知しなければ母子関係が成立しないとしていたのですが、最高裁判決によって、母子関係は原則として子を出産したという事実から当然に発生することが認められました。以後、母子関係の成立は出産の事実によるとされています。

認知とは、婚姻外で生まれた子と父との間に法律上の父子関係を成立させるものです。父が婚外子を自らの意思で自分の子どもと承認し、その届出をすることによって父子関係が成立する**任意認知**と、父が任意に認知しない場合に、子やその法定代理人などから父に対して認知の訴えを提起し、裁判所が判決によって父と婚外子との間に法律上の父子関係を成立させる**強制認知**とがあります。いずれにせよ、認知の手続きがされるまで子どもの父親がいない状態となり、認知がされない場合には、子と生物学的な父親には法的な親子関係は存在しないことになるので、父が子を扶養する義務などもないことになります。

CASE③の場合は、E男もF女やGと家族関係が成立することを望んでいるでしょうから、任意認知がされることになるでしょう。なお、認知された場合には、認知の日から父子関係が生じるのではなく、生まれたときから父子関係があったものとして扱われます（民法784条）。

Column　　結婚後の夫婦の名字

現在、夫婦別姓を選択するために、婚姻届を提出せずに事実婚を選ぶ夫婦も増えています。みなさんは、夫婦は同じ名字（姓・氏ともいいます）でなければならないと思いますか。

実は、夫婦同姓の歴史は、意外に浅いのです。昔は、農民・町民には名字（氏）の使用は許されていませんでした。農民や町民が名字の使用を許されるようになったのは明治以降です。1872（明治3）年の太政官布告により、平民に氏の使用が許されることとなりました。その後、1876（明治9）年には、妻の氏は「所生ノ氏」（＝実家の氏）を用いることとする太政官指令が出されています（つまり、夫婦別姓）。そして、夫婦同姓が法律に定められたのは、1898（明治31）年になってからです。

世界的に見ても、夫婦同姓を強制する国は日本のみのようで、ほとんどの国は別姓も選べるようです。また、国連の女性差別撤廃委員会は、夫婦同姓を強制する規定を差別的と批判し、法改正を繰り返し勧告しています。誤解のないように書いておきますが、夫婦同姓がよくないのではなく、別姓を選択する自由が完全に奪われていることが問題なのです。

たとえば、ある夫婦が夫の姓を選んだ場合に、「夫婦でどちらを選ぶか決めたのだから、姓を選択する自由は奪われていない」と考える人がいるようです。もちろん妻自身が本当に夫の姓にしたいと思って選んでいるのであれば、まったく問題はありません。しかし、妻が自己の姓を選びたいと思っているのに、結婚するために夫の姓を選ばざるを得なかったとしたらどうでしょうか。これは、妻の姓を選択した場合の夫にもあてはまります。片方しか選べないということは、もう一方を選択する自由が奪われているということになるのです。

姓の問題は、将来結婚するときには避けて通れない問題です。あなたならどうしたいですか。パートナーが自分の姓を選択したいと言ったとき、あなたはどうしますか。いろいろな角度から考えてみましょう。

＊7　婚外子は、「非嫡出子」ともいう。

 用語解説

＊8　**法定代理人**
民法において代理とは、本人と一定の関係にある他人（代理人）が、本人のために意思表示をすることによって、その効果を直接本人に帰属させる制度である。本人が自ら代理人を選ぶ場合を任意代理と呼ぶ。これに対して、法律の規定によって代理権が与えられて代理人となることを法定代理と呼ぶ。典型的なものが未成年者に対する親権者である。親権者は父母であり、父母が婚姻中は父母が共同して親権を行使することから、父母ともに法定代理人となる。しかし父が認知していない状態では法律上の父はいないことになるため、親権者（法定代理人）は母のみの状態となる。

民法784条
認知は、出生の時にさかのぼってその効力を生ずる。ただし、第三者が既に取得した権利を害することはできない。

＊9　「第166回国会衆議院内閣委員会議録」第2号（2007年2月21日）小宮山洋子委員発言、小沢春希「国内外における夫婦の氏に関する制度と選択の状況」レファレンスNo.848（2021年8月）を参照。

\ここも/
CHECK

＊10　民法750条によれば、条文上は夫または妻のいずれかの氏を選べばよいこととなっているが、現実には日本の夫婦の約96％が夫の氏を夫婦の氏としている。厚生労働省「2022年人口動態調査」によれば、妻の氏を選択した夫婦は、4.6％程度である。

3　人工授精子

　生物学的な親子関係と法律上の父子関係の成立は、一致しない場合があるということがわかったでしょう。では、次のCASE④の場合はどうでしょうか。

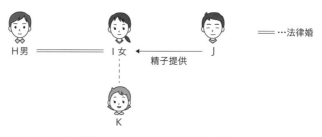

CASE④　H男とⅠ女の夫婦は、結婚後子どもができずにいた。そこで産婦人科で不妊治療をしたところ、H男は無精子症でH男自身の子を得る見込みはないことが判明した。落胆する２人はいろいろと調べ悩んだ結果、産婦人科医に対して、非配偶者間人工授精（以後、「AID」という）[*11] の実施を依頼した。匿名の精子提供者Jからの精子提供を受けて、人工的にⅠ女の体内に送り込むものである。Ⅰ女はこれによって懐胎し、子（K）が生まれた。このとき、Kの父は誰か。

用語解説

＊11　非配偶者間人工授精（AID）
　男性（夫）の生殖能力に問題がある場合に、器具を使って人工的に精子を女性（妻）の体内に送り込む不妊治療をいう。配偶者（夫）の精子を使って行う場合を配偶者間人工授精（AIH）といい、配偶者（夫）以外の男性から精子の提供を受けて行われる人工授精を非配偶者間人工授精（AID）という。

＊12　これについては、後述(p.83)を参照。

　CASE④の場合、Kの生物学的な父は明らかにJです。しかも、H男には生殖能力がなく、Kの父親になることは不可能です。この場合のKの「法律上の」父親は誰でしょうか。

　ここで、民法772条１項を思い出してください。民法772条１項は、本当は夫の子ではないとしても、妻が婚姻中に懐胎した子は夫の子と推定する規定です。現在はAIDを利用した場合の父子関係については別の法律が制定されていますが、実はAIDは1948（昭和23）年から行われており [*12]、その当時は、親子関係の成立については民法の規定によるしかありませんでした。民法772条１項の内容は、2022（令和４）年の改正前と改正後の条文に少し違いはありますが、基本的な考えは同じです。AIDを希望する夫婦は、民法772条１項によって、本来は父となるはずのない夫を子の法律上の父として、夫婦の子をもつことができるのです。したがって、CASE④では、Kの法律上の父はH男となります。

　しかし、血縁上の父がJであってH男ではないというのは、CASE②と異なりません。CASE④ではH男は病院で無精子症であることがわかっていますから、Kとの間に生物学的な父子関係が存在しないことは明らかです。では、H男はAIDで生まれたKについて、**嫡出否認の訴え**ができるのでしょうか。

　もしこのような場合にKがH男の嫡出子であることを否定することができるとすると、H男は、Ⅰ女とともに自ら望んで（民法772条１項という法律の効果によって)H男をKの父とする選択をしたことを自分で否定することになります。実際に、夫婦が離婚する際にAIDで生まれた子の親権が争われた事件で、裁判所が、夫の

同意を得てAIDが行われた場合には、生まれた子は嫡出推定の及ぶ嫡出子であると解するのが相当であるとして、妻も夫と子どもとの間に親子関係が存在しない旨の主張をすることは許されないと判断したものがあります。[*13]

　また、生殖補助医療を利用した場合の親子関係について、2020（令和2）年に、「生殖補助医療の提供等及びこれにより出生した子の親子関係に関する民法の特例に関する法律」（以下、「生殖補助医療法」という）が制定されました。この法律の10条によれば、妻が夫の同意を得て、夫以外の男性の精子を用いた生殖補助医療により懐胎した子については、夫は、その子が嫡出であることを否認することができない（つまり、自分の子であることを否定することができない）とされています。[*14]

＊13　東京高判平成10・9・16判タ1014号245頁。なお、さまざまな事情を考慮して、子の親権者は母とされた。

\ここも/
☑ CHECK

＊14　民法の改正（否認権者の拡大）にともない、生殖補助医療法10条も改正され、「夫、子又は妻は、民法第774条第1項及び第3項の規定にかかわらず、その子が嫡出であることを否認することができない」となっている。

4　代理出産と母子関係

　では、次のCASE⑤の場合はどうでしょうか。

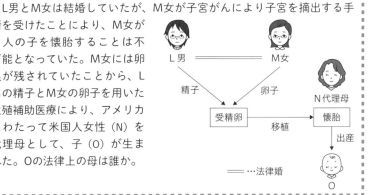

CASE ⑤　L男とM女は結婚していたが、M女が子宮がんにより子宮を摘出する手術を受けたことにより、M女が2人の子を懐胎することは不可能となっていた。M女には卵巣が残されていたことから、L男の精子とM女の卵子を用いた生殖補助医療により、アメリカにわたって米国人女性（N）を代理母として、子（O）が生まれた。Oの法律上の母は誰か。

L男 ＝＝＝＝ M女
精子　　　　　卵子
　　　　　　　　　　　N代理母
受精卵　→　懐胎
　　　移植　　　出産
＝＝＝…法律婚
　　　　　　　　　O

　CASE⑤の場合は、生物学的な母はM女です。しかし、懐胎・出産したのは代理母であるNです。民法772条の規定は、結婚している夫婦の妻が懐胎・出産することを前提として規定されています。代理出産の場合には、妻は懐胎・出産していません。

　アメリカで代理母によって出生した子を、代理出産を依頼した女性を母とする出生届を提出したところ出生届が受理されなかったため、出生届を受理するように求めた有名な裁判があります。[*15]最高裁は、「我が国の民法上、母とその嫡出子との間の母子関係の成立について直接明記した規定はないが、民法は、懐胎し出産した女性が出生した子の母であり、母子関係は懐胎、出産という客観的な事実により当然に成立することを前提とした規定を設けている（民法772条1項参照）。また、母とその非嫡出子との間の母子関係についても、同様に、母子関係は出産という客観的な事実により当然に成立すると解されてきた」として、日本民法の解釈上、代理出産で生まれた子と依頼した女性には母子関係は認められないとし

＊15　最二小判平成19・3・23民集61巻2号619頁。

ました。

判例のなかで最高裁は、この問題については立法による対応を求めています。つまり、今ある法律では問題を解決するのがむずかしいため、新しい法律をつくってこの問題を解決してほしいということです。

では、新しい法律はできたのでしょうか。たとえば、生殖補助医療法9条は、「女性が自己以外の女性の卵子……を用いた生殖補助医療により子を懐胎し、出産したときは、その出産をした女性をその子の母とする」としました。代理母による出産も、これにあてはまりそうですね。この規定によれば、CASE⑤では、Oを出産したNがOの法律上の母となるように思えますが、実は問題はそう簡単ではありません。この9条は、代理出産のみを念頭に置いた規定ではないということです。一般に女性が自分以外の女性の卵子を用いた生殖補助医療により子を懐胎し出産した場合の母子関係について、民法には規定がありません。そこで、9条では、法律の解釈として、出生した子を懐胎し出産した女性がその子の母と解されてきたことを法律に明記して、母子関係を安定的に成立させようとしており、ここには代理出産以外の場面も含まれています。[16]

そもそも、現在の日本では、代理出産自体が認められるかどうかについてさまざまな議論があり、日本産婦人科学会も代理出産の実施を認めていません。[17]そのため、代理出産の場合の母子関係について明確な規定を設けなかったようです。今後、代理出産の是非も含めて議論される際に、その母子関係について特例を設けることも含めて検討する予定であるとのことです。[18]

? **考えてみよう！**

あなたは代理出産（代理懐胎）を認めるべきであると思いますか。認めるにしても認めないにしても、今ある法律でどう考えればよいでしょうか。それとも新しい法律をつくるべきでしょうか。みんなで、話し合ってみましょう。

3　生殖補助医療の発達と親子問題

このように、生殖補助医療の発達にともなって、これまでは考えられなかったような親子関係の問題が発生しています。

1　同性婚と人工授精子

同性婚は、日本ではまだ認められていません。しかし、「性同一性障害者の性別の取扱いの特例に関する法律」（以下、「特例法」という）4条1項には、「性別の取扱いの変更の審判を受けた者は、民法その他の法令の規定の適用については、法律に別段の定めがある場合を除き、その性別につき他の性別に変わったものとみなす」ことが規定されています。つまり、女性が男性への性別変更の審判を受

＊16　水江真人「生殖補助医療法の制定——基本理念を法定化し、生殖補助医療により生まれた子の親子関係を規定」時の法令2021号37頁以下を参照。

＊17　日本産婦人科学会「代理懐胎に関する見解」(http://fa.kyorin.co.jp/jsog/readPDF.php?file=74/7/074070749.pdf#page=47)。

＊18　「第203回国会参議院法務委員会議事録（令和2年11月19日）」3頁において、塩村あやか議員からの同法9条について「代理懐胎を認める」ものかという質問に対する秋野公蔵参議院議員による答弁を参照 (https://kokkai.ndl.go.jp/#/detailPDF?minId=120315206X00320201119&page=3&spkNum=19&current=16)。

けた場合には**法律上も男性**となるので、女性と結婚（法律上の結婚）できるというものです。では、次のCASE⑥の場合はどう考えるべきでしょうか。

> **CASE⑥**　　P女は女性として出生したが、性同一性障害であると診断され、特例法にもとづき、男性への性別の取り扱いの変更の審判を受けた。同年P女（「P男」と改名）は、女性Q女と婚姻し、Q女は、P男の同意のもとで、別の男性（R）の精子提供を受けて非配偶者間人工授精（AID）により懐胎し、子（S）を出産した。Sの法律上の父親は誰か。

\ここも/
CHECK

＊19　実際の事例は、区役所に子を嫡出子とする出生届を出したところ、区長は父親欄を空欄として子を妻の婚外子として戸籍に記載したため、夫婦が戸籍の訂正を求めたものである（最三小判平成25・12・10民集67巻9号1847頁）。

　CASE⑥では、P男には生殖能力がないことは明らかです。[19]この事案で最高裁は、以下のように示しました。

> 　特例法4条1項は、性別の取扱いの変更の審判を受けた者は、民法その他の法令の規定の適用については、法律に別段の定めがある場合を除き、その性別につき他の性別に変わったものとみなす旨を規定している。したがって、特例法3条1項の規定に基づき男性への性別の取扱いの変更の審判を受けた者は、以後、法令の規定の適用について男性とみなされるため、民法の規定に基づき夫として婚姻することができるのみならず、婚姻中にその妻が子を懐胎したときは、同法772条の規定により、当該子は当該夫の子と推定されるというべきである。

　この事例の場合の夫は生物学的に妻との間の性的関係によって子を設けることが想定できないという事実については、「一方でそのような者に婚姻することを認めながら、他方で、その主要な効果である同条による嫡出の推定についての規定の適用を、妻との性的関係の結果もうけた子であり得ないことを理由に認めないとすることは相当でないというべきである」として、生まれた子が夫婦の嫡出子（夫の子）であることを認めました。つまり、最高裁は、CASE⑥の場合は、Sの法律上の父は、民法772条1項によってP男であると判断したのです。

2　死後懐胎子

　生殖補助医療の発達は、精子や卵子を凍結保存して人工授精に用いることも可能にし、その結果、精子や卵子を保存しておいた本人が死亡したのちに、保存した精子や卵子で子が生まれることも可能にしました。では、そのような場合に、死んでしまった人と生まれた子との間に親子関係は成立するのでしょうか。

> **CASE⑦**　　T男とU女は夫婦である。T男は、婚姻前から、慢性骨髄性白血病の治療を受けており、婚姻から約半年後に骨髄移植手術を行うことが決まった。夫婦は結婚後より不妊治療を受けていたが、U女が懐胎するには至らなかった。T男が骨髄移植手術にともない大量の放射線照射を受けることで無精子症になることを危惧した夫婦は、T男の精子を冷凍保存した（以下、「保存精子」という）。
> 　T男は、骨髄移植手術を受ける前に、U女に対して、自分が死亡するようなことがあってもU女が再婚しないのであれば自分の子を生んでほしいと話した。その後、夫婦は保存精子を用いて体外受精を行うことになったが、T男はその実施に至る前に死亡した。

> 　そこでU女は、T男の両親と相談のうえ、保存精子を用いて体外受精を行うことを決意し、本件保存精子を用いた体外受精を行い、これにより懐胎した子（V）を出産した。VがT男の子であることは、法律上認められるだろうか。

　CASE⑦においては、生物学的にVの父はT男です。また、T男とVの母であるU女は結婚していました。この場合に、Vの法律上の父をT男と認めることはできるでしょうか。

　最高裁は、この問題について、民法は「少なくとも死後懐胎子と死亡した父との間の親子関係を想定していないことは、明らかである」として、VをT男の子とは認めませんでした[20]。その理由は、死後懐胎子については、その父は子の懐胎前に死亡しているため、①親権[21]に関しては、父が死後懐胎子の親権者になる余地はないこと、②扶養等に関しては、死後懐胎子が父から監護、養育、扶養を受けることはありえないこと、③相続に関しては、死後懐胎子は父の相続人になりえないものであること[22]などです。このように、死後懐胎子と死亡した父との関係は、民法が定める法律上の親子関係における基本的な法律関係が生ずる余地のないものであると判断しました。そして、このような父と子の法律上の親子関係の形成に関する問題は、さまざまなことを考慮したうえで法律をつくって解決すべき問題であるとし、そのような法律がない以上は死後懐胎子と死亡した父との法律上の親子関係の形成は認められないと結論づけました。

　時代も社会も人々の考え方もどんどん変わっていきます。結婚や親子についての考え方も時代とともに変化していきます。みなさんはこの問題についてどう考えるでしょうか。

調べてみよう！

　2022（令和4）年に嫡出推定制度についての規定が改正されました。嫡出推定制度は親子の根本を定める規定ですが、民法において今なぜこの規定が改正されることになったのでしょうか。調べてみましょう。

演習問題 ......

　CASE⑥の最高裁の結論は、研究者の間でも賛否両論です。これは、今後同性婚が法律で認められるようになったとしたら、さらに問題になるでしょう。たとえば、女性同士の法律婚が認められ、AIDによって片方が懐胎・出産した場合に、他方が「父親」として認められるのでしょうか。

　今ある法律で認めるか認めないか、あるいは認めるにしても認めないにしても、新しい法律をつくらなければならないかなど、考えてみましょう。

\ここも/ CHECK

＊20　最二小判平成18・9・4民集60巻7号2563頁。実際の事件では、子の母が死んだ夫と子について死後認知を求めた事件である。

用語解説

＊21　親権
　親権とは、父母またはその一方が、未成年である子を監護教育しその財産を管理する制度。かつては、「家父長権」ないし「父権」として、家または親のために行使されることも多く、女性が行使することはまれであった。しかし、現在の民法では、親権は子の福祉のために行使するものとされ、また父母が共同で行うものとされる。

ポイント

＊22　T男の財産を相続するためには、Vはすでに生まれているか、最低限U女のおなかに宿っている（胎児である）必要がある（民法3条1項・886条）。

上手な休み方──バカンスが欲しい！

外国から日本にやってくる観光客のなかには、丸１か月ほどの長期休暇を取って、家族で滞在を楽しんでいる人も見受けられます。みなさんも、仕事を続けながら、長期休暇を満喫してみたいと思いませんか。本章では、年休という制度を主な素材として、「休み方」についての法的な利益調整を考えてみましょう。

1 年休と利用目的

1 年休とは

日本国憲法27条２項は「休息」の権利を定めています。これを受けて、労働基準法39条は使用者に対して、１年単位で一定日数の有給での休暇（年次有給休暇、以下、「年休」という）を労働者に付与することを義務づけています。いわゆる正社員（フルタイム勤務）の場合、働き始めて最初に取得できる年休は、６か月間の継続勤務時点で、10日分となります。その後は、１年６か月で11日、２年６か月で12日となり、２年６か月を超えた後には１年ごとに２日ずつ加算した日数となります。そして、勤続６年６か月以降は、上限の20日となります（ 表8-1 ）。

いずれも、労働者が働くべき日について、８割以上「出勤」していることが前提です。一度でも出勤しているのならば、たとえ遅刻や早退をしたとしても、出勤になります[*1]。また、①業務上の負傷、疾病の療養のため休業した期間[*2]、②育児休業、介護休業をした期間、③産前産後休業については、出勤したものとみなされています。

年休（年次有給休暇）は、その名のとおり、休んでいるけれども、働いている日と同様に賃金が支払われます[*3]。遅くとも、年休取得後の最初の賃金支払日までには支払わなければなりません。労働者は、この年休制度により、賃金を得ながら、安心して労働から解放され、心身の疲労を回復させることができるのです

2 年休自由利用の原則

休暇をどのように利用するかは、使用者の干渉を許さない労働者の自由である

憲法27条2項
賃金、就業時間、休息その他の勤労条件に関する基準は、法律でこれを定める。

労働基準法39条
使用者は、その雇入れの日から起算して6箇月間継続勤務し全労働日の8割以上出勤した労働者に対して、継続し、又は分割した10労働日の有給休暇を与えなければならない。
　2　使用者は、1年6箇月以上継続勤務した労働者に対しては、……継続勤務年数1年ごとに、前項の日数に、〔表で定める〕労働日を加算した有給休暇を与えなければならない。
（後略）

ポイント
＊１　正当な理由のない遅刻や欠勤は、たとえ年休との関係では問題とならなくとも、繰り返すと懲戒処分となり、最終的には解雇にいたる場合もある。

ポイント
＊２　仕事が原因でケガをしたり、病気になったりした場合をいう。

**＼ここも／
CHECK**
＊３　原則として、その労働者の平均賃金または所定労働時間労働した場合に支払われる通常の賃金が支払われる。ただし、労使協定で、健康保険法99条１項に定める標準報酬日額に相当する金額とすることも可能である。

表8-1　年次有給休暇の付与日数

雇い入れ日からの継続勤務時間	６か月	１年６か月	３年６か月	５年６か月	６年６か月以上
付与日数	10日	11日	14日	18日	20日

とされます（**年休自由利用の原則**）。よって、年休が何のために必要なのかという理由は問われません。たんに「休みたいから休む」でもよいのです。

　先にみたように、年休は、労働者が6か月間継続勤務し、全労働日の8割以上出勤するという客観的要件を充足することによって、法律上当然に発生する権利なのです。あとは、実際に年休を取得するために、年休日を特定するための権利行使や手続きが必要となります[4]。

* **＊4**　これについては、本章(p.89)を参照。

3　年休の利用目的

> **CASE①**
>
> 　ワインの輸入を業とするY社で事務職員として働くXは、勤続2年目で、そろそろ年休を使おうかと考えていた。その矢先、Y社は、全従業員に対し、冠婚葬祭と医師の診断書がある病欠以外のために年休を取得することを認めず、それ以外は欠勤扱いにすると周知した。Xは登山旅行のために2日間の年休を取得しようと考えていたが、利用目的が制限されていることを知って、躊躇してしまった。

　なかなかブラックな会社だなと思ったかもしれませんが、この事例は、現実に裁判となった事案をもとにしています[5]。このような取得理由による制限が、年休自由利用の原則に反することは明らかです。

* **＊5**　出水商事事件(東京地判平成27・2・18労判1130号83頁)。

　判決では、年休の「取得理由を冠婚葬祭や病気休暇に限るとしたことは、〔当該労働者ら〕に対して、労基法上認められている年次有給休暇を取得することを萎縮させるものであり、労働契約上の債務不履行にあたる」と判断しました[6]。すなわち、労働基準法の規定にもとづいて労働者に年次有給休暇を取得する権利が発生した場合、使用者は、労働者が同権利を行使することを妨害してはならない義務を、労働契約上も負うと考えられます。

* **＊6**　民法415条の債務不履行について、第5章（p.62）を参照。

2　年休を取得できるのは誰？

1　アルバイトの年休問題

> **CASE②**
>
> 　大学生のXは、地元のスーパーY1で週4日のアルバイトを4年間続けており、卒業旅行に行くために年休を取りたいと考えた。そこで、スーパーの店長Y2に、翌月に4日間の年休を取得したいと告げた。これに対して、Y2は、「うちの会社は、アルバイトに年休は認めていないよ」との返答だった。Xの友人Aは別のスーパーで働いていて、ときどき年休を取っていると話していたのだが……。

　アルバイトをしている学生のみなさんも多いかと思いますが、CASE②のようなことをいわれたという経験はありませんか。実は、このセリフには2つの意味で誤りがあります。

2　労働者の権利としての年休

　1つめは、「うちの会社」という言い方で、年休が個々の会社の制度設計に委ねられていると勘違いしている点です。確かに、年休制度の申請方法などは、会社の就業規則（その職場でのルール）に委ねられています。しかしながら、年休は、労働基準法に明確に定められた労働者の権利なのです（**年休権**）。使用者は、年休を労働者の「請求する時季」に与えなければなりません（労働基準法39条5項）。これを、労働者の時季指定権といいます。ここでは「時季」という独特の漢字が使われていますが、これは「季節」と「具体的時期」の双方を含む概念だからです。ウィンタースポーツが好きだから、冬に5日間の年休を取りたいという「季節」での請求も可能です。

　他方で、会社側にも**時季変更権**という権利が認められています。たとえば、ケーキ屋さんで働いている労働者が、12月24日（クリスマス・イブ）という1年間で最も忙しい日に年休申請をした場合、会社側としては「その日だけは取らないでほしい。別の日にしてくれ」ということができるのです。使用者が、この時季変更権を適法に行使しない限り、当該日に労働義務の消滅（＝働かなくても賃金を得ることができる）という効果が発生します。

❓ 考えてみよう！

　常に人手不足の職場において、人手が足りないからという理由で、使用者に時季変更権が認められるでしょうか。また、シフトを組んでしまった後に、シフトに入っている日に年休を行使したいと言い出した労働者にも、年休を与えなければならないのでしょうか。

3　アルバイトの年休権

　2つめは、「アルバイト」を除外した点です。労働契約を結ぶという点においては、アルバイトや派遣やパートタイムで働く人（学生を含む）も、正社員とまったく同じなのです。ただ、正社員の場合には、長期的に会社を支えていく人材として、定年まで働いてもらうことを期待する**期間の定めのない労働契約**を締結することがほとんどです。新卒者も正社員になったら1つの会社で定年まで勤め続けることができそうだとの期待もあるでしょう。しかし、新卒者の多くがそのような労働契約を結ぶ慣行がみられるだけで、法律上の規制によるものではありません。アルバイトと呼ばれる働き方の多くは**有期労働契約**といって、期間の定めがある場合がほとんどです。もっとも、労働契約を結ぶ際に、期間を定めるか否かは当事者の自由なので、なかには期間の定めのない労働契約を結んでいるアルバイトもいるでしょう。ですから、正社員かアルバイトかという区別は、法律上は存在しないのです。

　また、有期労働契約の場合には、契約終了が間近に迫ることもあるでしょう。年休権取得後に契約終了や辞職等で退職することが明らかな労働者にも、当然ながら所定日数の年休を与えなければなりません。退職までの期間が短いことを理由に、付与する年休を削減することは許されないのです。

4　パートタイム労働者への適用

　アルバイトの多くは、同時に**パートタイム労働者**に該当する場合がほとんどです。「短時間労働者及び有期雇用労働者の雇用管理の改善等に関する法律」（パート有期労働法）2条によれば、短時間（パートタイム）労働者とは、通常の労働者（フルタイムの正社員）に比べて労働時間が短い労働者と定義しています。よって、学生アルバイトの多くは、パートタイム労働者でしょうし、そもそもフルタイムで働くと学業との両立が容易ではないはずです。同様に、仕事と家庭生活との両立（**ワーク・ライフ・バランス**）を重視する人も、パートタイムという働きかたを選ぶでしょうし、正社員が一時的にパートタイム労働へと働き方を変更することもあります。

　パートタイム労働者の場合は、所定労働日数に応じて年休が付与されます（表8-2）。週所定労働日数が1日未満となる場合のみ、年休が発生しません。よって、たとえアルバイトやパート労働者であっても、確かに正社員よりは少ない付与日数になるかもしれませんが、年休自体は、法律上当然に権利として発生することになります。

表8-2　パートタイム労働者の年休日数

◎ 週所定労働日数が4日または1年間の所定日数が169日から216日

継続勤務年数	0.5	1.5	2.5	3.5	4.5	5.5	6.5以上
付与日数	7	8	9	10	12	13	15

◎ 週所定労働日数が3日または1年間の所定日数が121日から168日

継続勤務年数	0.5	1.5	2.5	3.5	4.5	5.5	6.5以上
付与日数	5	6	6	8	9	10	11

◎ 週所定労働日数が2日または1年間の所定日数が73日から120日

継続勤務年数	0.5	1.5	2.5	3.5	4.5	5.5	6.5以上
付与日数	3	4	4	5	6	6	7

◎ 週所定労働日数が1日または1年間の所定日数が48日から72日

継続勤務年数	0.5	1.5	2.5	3.5	4.5以上
付与日数	1	2	2	2	3

出典：厚生労働省「有休休暇ハンドブック」

3 やっぱりバカンスが欲しい！

1 バカンス裁判

　年休がすべての労働者に認められる権利であることはわかりましたが、長期間にわたり連続して行使することはできるのでしょうか。バカンスとしての年休を取得しようとした次のCASE③をみてみましょう。

> **CASE③**　メディア通信社Y1の記者であるXは、8月20日から20日間の年休を取って、バカンスを兼ねた28日間のヨーロッパ取材旅行に行く旨を、上司であるY2に申し入れた。Y2は、Xが担当する科学技術分野の記者は1名のみであるから、半分の10日間（週休2日と合わせて連続14日間）にしてほしいと返答し、時季変更権を行使した。Xは、時季変更権の行使に納得ができず、そのまま予定どおり連続28日間のバカンスに出発した。これに対して、Y1は、時季変更権の行使部分（10日分）については無断欠勤に該当するとして、懲戒処分（譴責[*7]）を行った。Xは、この処分には納得がいかない。

用語解説
＊7　譴責（けんせき）
　譴責とは、懲戒処分のなかでも最も軽く、労働者に自己の非違行為について反省を求め将来を戒める処分であり、具体的には反省文などを書かされることになる。

2 ILO52号条約

　第一次世界大戦後、ヨーロッパ諸国では、年休制度が徐々に広がりつつありました。たとえば、1936年にフランスでは2週間の年次有給休暇制度が法制化され、それこそバカンス法と呼ばれました。この背景には、休暇制度に伴う内需拡大という政策意図もあったそうです。

　国際基準であるILO（国際労働機関）52号「年次有給休暇に関する条約」（1936年）は、1年間の継続勤務で、最低6労働日（16歳未満にあっては12労働日）の連続した年休付与を原則とし、この最短期間の年休を超える部分について分割付与を許容しています。つまり、本来の年休というのは、バカンスのような連続付与が大原則なのです。現に、コロナ禍の前には、多くの外国人観光客が年休を連続して使って日本に長期滞在していました。

3 年休制度の初期設計

　第二次世界大戦前の日本では、官庁職員に対して賜暇（しか）制度があったほか、一部の民間企業で慰労休暇と呼ばれた制度が散見される程度で、工場法には年休についての規定が存在しませんでした。[*8]

　日本で労働者一般に対する年休制度が導入されたのは、第二次世界大戦後の労働基準法の制定です（1947年）。戦後すぐということで、すでに存在したILO52号条約を一応参考にしつつも、国内状況や諸外国の実情との違いを勘案して、さしあたり分割付与を無制限に許容する法制度になりました。ところが、この労働基準法の基本的な制度設計は、21世紀に至るまで変わりませんでした。

＼ここも／
CHECK
＊8　1911（明治44）年に制定された工場法は、工場等における女性および年少者の就業時間の制限などを定めていた。

その間、先ほどみたフランスでは、1956年に3週間、1968年に4週間、1982年には5週間の有給休暇制度となり、そのうち最低でも2週間は連続付与、かつ、4週間までの連続付与が認められるようになりました。国際基準としても、1年間の勤務で最低3労働週の年休付与、2労働週については原則連続付与を規定するなど、より水準を向上させたILO132号条約（1970年）が採択されています。ところが日本は、52号条約に続いて、この132号条約も批准できないままです。

4　バカンス裁判の行方

日本には、年休の連続付与の規定がないので、事例ごとに判断することが求められます。最高裁判所は、CASE③に類似したケースで、「労働者が長期かつ連続の年次有給休暇を取得しようとする場合においては、それが長期のものであればあるほど、使用者において代替勤務者を確保することの困難さが増大するなど事業の正常な運営に支障を来す蓋然性（がいぜんせい）が高くなり、使用者の業務計画、他の労働者の休暇予定等との事前の調整を図る必要が生ずる」として、「使用者にある程度の裁量的判断の余地を認めざるを得ない」との基準を示しました。[*9]

＊9　時事通信社事件
（最三小判平成4・6・23
民集46巻4号306頁）。

もっとも、この判決をどのように読むかはむずかしい面もあります。①会社側は10日間の年休を認め、全期間に対して時季変更権を行使したわけではないこと、②同社には、年休を申請した記者と同じ専門分野の記者がおらず、代替要員の確保が困難であったこと、③自身の専門分野にかかわる取材旅行を兼ねていたこと（仕事の延長でもある）といった点で、どこまでバカンス裁判として一般化できるかは、議論の余地があります。

いずれにしても、年休によるバカンス（連続付与）を求める労働者に対して、使用者には広い裁量が認められるという枠組みが示されたことは確かです。日本ではバカンスの取得が困難であることが、最高裁の判例としても認められたといえるでしょう。

5　年休の細切れ化

労働基準法の2008（平成20）年改正では、通院などを目的とした時間単位での取得が現実に行われており、子どもの病気や育児の送り迎えに対応するなどワーク・ライフ・バランスの観点から、年休を時間単位で付与する制度が導入されました。世界的にもめずらしい、時間単位の年休が法制度としても認められるようになったのです。日本の年休にかかわる法政策は、国際的な潮流とはまったく反対方向に進んでいるといえます。

? 考えてみよう！

　日本の時間単位の年休制度は、ILO条約や世界各国と異なることがわかってきました。ワーク・ライフ・バランスが重視されるようになった今こそ、年休の連続付与を義務化し、多くの労働者がバカンスを満喫できるようにすべきでしょうか。あるいは、自分や家族の病気のために、使い勝手のよい時間単位の年休制度を残すべきでしょうか。

6　未消化年休の行方

　年休が残ってしまった場合、翌年度までは繰り越して使えることになっています。休むことなく年休手当を払う買い上げについては、労働者側からの要求であっても認められないと解されています。なぜならば、年休は、現実に労働者が休むことが重要だからです。

　ただし、労働者が退職あるいは契約期間満了の直前で、年休の付与が現実的に不可能となった場合については、例外的に年休の買い取りを認めてもよいでしょう。実務でも、そのような取り扱いがなされています。

4　権利が「絵に描いた餅」では意味がない

1　年休取得の現状

　年休を連続して取りにくいという問題だけでなく、日本の労働者は与えられた年休日数を使い切れていません。2020（令和2）年は平均付与日数が17.9日に対して、平均取得日数は10.1日、つまり平均取得率は56.6％ですから半分近く年休を残してしまっていることになります。[10]この数字は世界的にみても異例です（ 図8-1 ）。

＊10　厚生労働省「令和3年 就労条件総合調査」より。

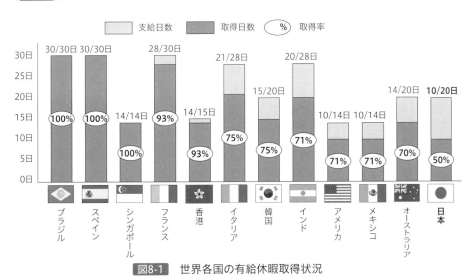

図8-1　世界各国の有給休暇取得状況

出典：旅行会社エクスペディアによる調査。2020年以降の統計については、コロナ禍で比較可能な数値が出ていない。

2　年休ハラスメント？

　年休を取得できていない背景には、年休を取得したことに対する嫌がらせやハラスメントがあります。たとえば、日能研関西ほか事件では、年休を申請した労働者に対して、上司である課長が「相当に心証が悪いけどいいの？」「こんなに休んで仕事がまわるなら、会社にとって必要のない人間じゃないのかと、必ず上はそう言うよ」などと発言したため、当該労働者は年休申請を取り下げてしまいました。*11 同判決は、これらの言動は「有給休暇を取得する権利を侵害する違法行為である」と明言しました。そのうえで、申請日に就労した際に通常と異なる業務を割り当てられたことに対して、「有休申請をしたことに対する**嫌がらせ**であり、〔当該労働者〕の**人格権**を侵害したものと認められる」として行為者の責任を認めるとともに、団体交渉における不十分な対応は**使用者の職場環境整備義務違反**に該当するとして、計120万円の慰謝料を認めました。

　年休権の保護に関して、このようにハラスメントのような法律構成を取る利点としては、①嫌がらせや取得妨害などにより年休取得を断念せざるをえなかった事案を争うことができ、②人事上の明確な不利益（賃金・手当の減額・配転など）に限らず、上司からのメール・発言・職務の分担なども対象となることがあげられます。

　現に、年休を取得しない理由についての実態調査でも、「みんなに迷惑がかかる」「職場の雰囲気」「上司がいい顔をしない」といった嫌がらせや職場の構造が要因であることが示されています。*12 年休権の実質化と取得率向上のためには、**年休ハラスメント**とでもいうべき実態にも対応していく必要があるでしょう。

＊11　大阪高判平成24・4・6労判1055号28頁。

＊12　厚生労働省「労働時間等の設定の改善を通じた『仕事と生活の調和』の実現及び特別な休暇制度の普及促進に関する意識調査」（2014年）。

5　理想の「休み方」へ向けて

1　新しい年休制度

　2018（平成30）年の年休にかかわる労働基準法の改正では、使用者による年休の**時季指定義務**が新設されました。この新しい年休を、**指定年休**と呼んで区別することがあります。使用者は、10日以上付与されている法定休暇の日数のうち、5日分については、労働者ごとにその時季を定めることにより与えなければならなくなりました（労働基準法39条7項）。とはいえ、使用者がいきなり「この日に休みなさい」と年休日を指定するという意味ではありません。使用者は、あらかじめ当該労働者に年休の時季について意見を聴かなければならず、さらに聴取した意見を尊重するよう努めなければならないのです。むしろ労使間の話し合いを促すことを目指しているといえます。

　ただし、すでに与えた有給休暇の日数分については、時季を定めることにより与えることを要しませんので、その日数分だけ、使用者は年休付与義務を免除さ

れます。具体例をあげますと、労働者が 4 日分の有給休暇日を時季指定して取得した場合には、使用者は残りの 1 日分だけ時季指定義務を負うことになるのです。

指定年休を実際に付与しなかった場合、使用者は指定年休付与義務違反となり、なんと30万円以下の罰金に処せられてしまします。また、指定年休付与義務違反は、これまでにみた年休ハラスメントの裁判例からすると、民事救済の対象となりうるでしょう。この罰則つきの指定年休ができたことにより、「私は入社してから今まで年休なんか取ったことはない」と豪語する上司が、形式的には存在しなくなります。やや微妙な言い方をしたのは、指定年休の日に自主的に出勤してくる労働者を、使用者が止める義務までは課されていないからです。そこまでして年休を使わない労働者に対しては、どうしようもないということです。

この指定年休による時季指定についても連続する必要はなく、意見聴取で労働者が希望した場合には半日単位の指定も可能です。ただし、時間単位での指定は認められません。

2　年休権の実質化

年休取得率の低迷や、正社員の16％が年休を 1 日も取得していないといった実態をふまえ、年収の取得を個人の申請に委ねていることへの限界が認識されたことが、2018（平成30）年の法改正の背景にあります。しかしながら、とにかく取得率を上昇させようとする場当たり的な法改正のようにも思われ、相変わらず連続付与が義務づけられないことや、現実に休ませられるのかという実効性にも疑問が残ります。

現代社会において、年休は、家庭生活や文化活動へのアクティブな「参加」を促進することや、ワーク・ライフ・バランスに資するための制度としても位置づけられます。今後の課題として、コロナ禍を経て、ICT（情報通信技術）を用いた連絡手段やリモートワークなどがいっそう多様化するなかで、年休取得中には仕事の連絡が来ないようにする、**アクセス遮断権**といった概念も注目されています。いまや年休「後進国」となってしまった日本、本章で述べたハラスメントへの対応も含めて、あらためて年休のあり方が問われています。

 ポイント

＊13　労働者が使用者からの仕事の連絡を遮断する権利である。「つながらない権利」とも呼ばれ、フランスではすでに労働法規に規定されている。

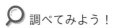 調べてみよう！

2018（平成30）年の労働基準法改正により、年休の取り方や取得率に大きな変化は生じたでしょうか。メディアの報道や統計など、年休にかかわる最近の動向を調べてみましょう。

Column　「かえせ☆生活時間プロジェクト」

　本章では年休を中心に「休み方」をみてきました。より広い観点から、労働のあり方を見直そうとする「かえせ☆生活時間プロジェクト」が2015（平成27）年から起動し、注目されています。研究者と実務家による私的なプロジェクトなのですが、これまでのような「労働時間を短縮」するという手法から、人々の「生活時間」を確保するという発想に転換したうえで、新しい概念や政策の提言を試みています。

　具体的には、①労働以外の時間には公共性があり、生活時間の確保は社会全体の問題であること、②残業代という金銭補償ではなく、あくまで時間による精算を行うこと、③行政だけではなく、NPO法人など市民の目線からも労働時間のモニタリングを行うなどです。

　この考え方は労働組合のシンクタンクである連合総研の報告書「生活時間の確保（生活主権）を基軸にした労働時間法制改革の模索」に引き継がれ、以下のページでPDFファイルとして公開されています。興味を持った人は読んでみるとよいでしょう（特に183頁以下）（https://www.rengo-soken.or.jp/work/2022/03/290900.html）。

章 末 問 題 ･･･

　本章で学んできたことをふまえ、次の事例問題に挑戦してみましょう。

【事例】

　Xは、名古屋にある従業員数300名のシステム開発会社（Y1）で、システムエンジニアとして、期間の定めのない労働契約を結び働いていた。Xは、コロナ禍になってから中止が続いていたアイドルのコンサート・ツアーが4年ぶりに福岡・大阪・東京の3か所で開催されるため、1か月前に5日間の連続した年次有給休暇を申請した。Xの直属の上司（Y2）は、Xに対して、何のために年休を取るのかと尋ねたところ、Xは上記の理由を答えた。これに対してY2は、「そんなつまらない理由で5日間も連続で年休を取るなど、社会人としての自覚に欠ける。もしコンサートに行きたいのなら、一番近い大阪だけで十分だろう」といい、連続する2日間の年休しか認めなかった。

　Xは、これまで3年間勤務し、5日以上の年休が残っている。また、Xの所属する部署で、代替要員を確保することは可能である。

【問い】

　Y2の言動について、法的な問題があるとすれば、どのような点でしょうか。あなたの法的な考察を、1000字程度で論述してください。その際には、関連する裁判例（特に本書で言及したもの）や条文もあげてください。

【参考文献】

・奥田香子「年次有給休暇制度の『転換』」『法律時報』91巻2号（2019年）

・毛塚勝利ほか「いまなぜ生活時間なのか？」『労働法律旬報』1849号（2015年）

・鈴木宏昌「フランスのバカンスと年次有給休暇」『日本労働研究雑誌』625号（2012年）

・柳澤武「労働法上の権利行使に対する抑制と報復――不利益取扱いからハラスメント法理へ？」『法律時報』89巻1号7（2017年）

<table>
<tr><td>第
9
章</td><td><h1>介護保険法で家族介護は不要になったの？
――高齢者の介護と家族の責任</h1></td></tr>
</table>

　現在日本では、高齢化が進み、それにともない介護が必要な高齢者も増えてきています。その必要とされる介護は、誰が担っているのでしょうか。

　かつては、「長男の嫁」という言葉がありました。たんに長男である人と結婚した妻というだけではなく、当時は、長男である夫の両親（妻から見れば、義理の父母）と同居して、将来的に介護を担うというニュアンスが含まれていました。それでは今は、誰が高齢の親（義理の親を含む）の介護をしているのでしょうか。

1　高齢者を介護する人は誰？

1　時代によって介護している人は違う？

　厚生労働省が実施している「国民生活基礎調査」から、高齢者に対する主な介護者の推移を見ていきたいと思います（図9-1）。この統計では、「同居の配偶者」とはほとんどが「妻」、「同居の子の配偶者」とはほとんどが「長男の嫁」を指しています[*1]。

　1990年代は、介護を担っているのは配偶者である妻か、あるいは長男の嫁でした。2000（平成12）年になると、来たる超高齢社会に備え、日本は**介護保険制度**を導入したことによって、介護が必要な人（**要介護者**）は少ない利用者負担で介護サービスを受けられる仕組みとなりました。そのため、2001（平成13）年から徐々に長男の嫁が介護する割合が減少し、2019（令和元）年の調査では事業者を下回る数字となっています。

 ポイント

＊1　配偶者の年齢差を考えた場合、男性は自分より若い女性と結婚することが多く、同じ年齢あるいは年上の女性と結婚しても、平均余命や健康寿命をみた場合、女性のほうが元気で、夫である配偶者や夫の親（義理の親）を介護していることが多い。

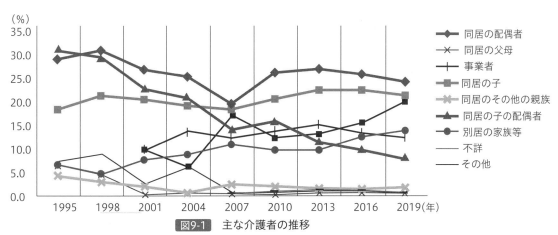

図9-1　主な介護者の推移

出典：厚生労働省「国民生活基礎調査」より筆者作成

2　「長男の嫁」が介護をしなくなった理由

　「長男の嫁」が高齢の義理の両親の介護を担わなくなった理由は、介護保険制度が導入された理由とも重なっています。1つは、**核家族化**の進行により、高齢の親と同居する成年の子が減っているということです。もう1つは、共働きの増加により、女性が介護を担えなくなったことです。

　では、現在介護を担っているのは、誰でしょうか。かねてより変わらず、「同居の配偶者」「同居の子」ですが、近年は「別居の家族等」と「事業者」の割合が増えてきています（**図9-1**）。「同居の配偶者」の場合は、要介護者とほぼ同じ年代であることが多く、**老老介護**（高齢者が高齢者を介護する）ともいわれています。また、認知症の高齢者も増えてきているので、**認認介護**（認知症高齢者が認知症高齢者を介護する）といった問題もあります。介護者が「同居の子」の場合でも、要介護者の介護の度合いが進んだり認知症になったりすると常に介護をする必要があるため、介護者が働き盛りである場合は、介護のために仕事を辞めざるをえなくなる**介護離職**などの問題が生じています。

🔍 調べてみよう！

　同居の主な介護者の性別や年齢層はどのようになっているでしょうか。国民生活基礎調査を調べてみてください。男性と女性どちらが多いでしょうか。また、年齢層はどのような分布になっているでしょうか。

Column	介護離職

　厚生労働省が実施している「雇用動向調査」によると、例年、離職者の1.0％前後が、介護・看護を理由として離職しています（2021年度は、離職者が727万人、介護離職者が9万人程度）。介護離職をしているのは主に女性で、なかでもパートタイム労働者の割合が高くなっています。

　労働者であれば、家族（配偶者、父母、配偶者の父母など）を介護するために、家族1人あたり93日間まで、3回に分割して介護休業を取得することができます（育児介護休業法11条）。雇用保険制度に加入している正社員ならば、介護休業中「介護休業給付」として賃金の67％が支払われます（雇用保険法61条の4）。しかしながら、介護休業の取得率は、厚生労働省の「令和元年度　雇用均等基本調査」によると、正社員で0.11％、女性は0.16％、男性は0.07％です。

　そもそも介護休業制度は、取得可能期間をみてもわかるように、家族が直接介護をすることを想定していません。あくまでも、介護保険制度の介護サービスを利用することを前提とした両立の準備期間という位置づけです。しかし実際の介護は、高齢者本人が亡くなるまで、ずっと続いていきます。こうしてみると、働くことと介護することを両立できるような制度はまだまだできていないのが現状です。

2　介護保険制度の導入

1　家族介護と措置制度

　介護保険制度が導入される以前の日本の高齢者介護は、の1995年・1998年のデータにみるように、主に同居の家族が介護をするか、あるいは市町村などが提供する介護サービスを市町村の決定により利用する（**措置制度**）という選択肢しかありませんでした。しかし、家族形態が変化したほか、急激な高齢化や市町村の財政がひっ迫したことなどもあり、2000（平成12）年施行の介護保険法により介護保険制度が導入されました。これにより、あらかじめ保険料を支払うことで、いざ介護が必要になったときには、わずかな自己負担で必要な介護サービスを受けられることになったのです。

2　介護保険制度を利用して介護を受けるまで

　介護保険制度では、40歳から毎月保険料を支払うことによって、将来の要介護に備えます（介護保険法9条2号）。高齢になり、いざ介護が必要だと感じたら、高齢者本人や家族などが市町村に対して申請します。市町村は、介護サービスを利用する資格があるかどうかと、どの程度の介護が必要かを認定する**要介護・要支援認定**を行います（介護保険法19条）。認定の際には、市町村が高齢者本人の自宅へ赴いて調査を行い、この調査と高齢者本人の主治医の意見にもとづいて、まずは機械的にどの程度の介護が必要かを判定します（**一次判定**：介護保険法27条2項・4項）。次に、介護認定審査会という会議体で、一次判定の結果でよいのかについて話し合います（**二次判定**：介護保険法27条5項・6項）。2つの段階を経て、非該当、要支援1・2、要介護1〜5という8段階の認定がなされ、毎月どれくらいの介護サービスを介護保険で利用することができるかを市町村が決定し、本人に通知します（介護保険法27条7項・9項）。

　要介護・要支援認定の通知が届いたら、高齢者本人や家族は、利用する介護サービスを自分で選んでいきます。実際にはどのような介護サービスがあるのか、高齢者本人はわからないことが多いので、ケアマネジャーと呼ばれる有資格者がケアプランを作成したうえで、介護サービスを提供する事業者と調整を行い、要介護者が介護サービスを利用できるようにします（介護保険法8条24項・26項・8条の2第16項）。

　ケアプランにもとづいた介護サービスを提供することができる事業者が決まったら、利用者は事業者との間で介護サービス利用契約を締結し、サービスの提供を受けます。利用者は、受けたサービスの利用料の1割（所得の高い高齢者は2〜3割）を負担します（介護保険法41条〜43条・48条ほか）。

📝　用語解説

＊2　措置制度
　措置制度は、市町村が自らの判断で、要介護者の施設への入所や介護サービスの提供を決める方法である。入所や介護サービスの費用は、税金と要介護者の負担能力に応じて徴収するお金でまかなわれる。措置制度は、あくまでも決定・判断が市町村であるので、要介護者やその家族がどのようにしたいかという気持ち（意思）が反映されることは少ない。

⚖　介護保険法9条
　次の各号のいずれかに該当する者は、市町村又は特別区（以下単に「市町村」という。）が行う介護保険の被保険者とする。
　一　市町村の区域内に住所を有する65歳以上の者（以下「第一号被保険者」という。）
　二　市町村の区域内に住所を有する40歳以上65歳未満の医療保険加入者（以下「第二号被保険者」という。）

3 介護保険制度と家族介護

1 介護保険を利用している高齢者数

　こうした介護サービスを受けている高齢者は年々増えてきています。厚生労働省の「介護保険事業状況報告」によれば、介護保険制度が導入された2000（平成12）年度は、要介護認定を受けた人は256万2千人でしたが、2019（令和元）年度は668万6千人でした（図9-2）。高齢者全体に占める割合でみると、2000（平成12）年度は高齢者全体の11.0％、2019（令和元）年度は18.4％となっています。

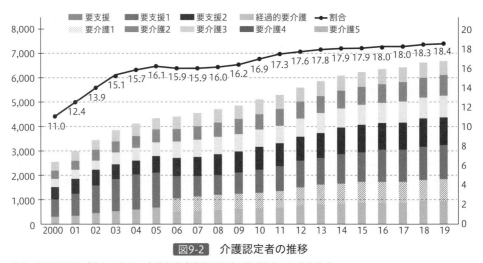

図9-2　介護認定者の推移

出典：厚生労働省「令和元年度　介護保険事業状況報告（年報）」より筆者作成

2 「住み慣れた自宅」での介護と家族

CASE ①　介護保険を使って十分な介護サービスを受けられる人はよいが、図9-1でみたように、主な介護者が「事業者」である人の割合は2割弱だった。
　介護保険制度では、要支援1・2や要介護1・2である比較的介護度合いの低い高齢者は、在宅で介護サービスを受けることが原則となっている。こうした高齢者は常に介護が必要ではないとしても、一人で自立して生活することが困難な高齢者がいることから、家族や親族による支えが必要である。このような場合、事業者と同じように、家族や親族に対して報酬や対価などは発生するだろうか。次の選択肢のうち、どれが正しいだろうか。
① 発生する：事業者と同じように介護サービスを提供しているのだから、発生しなければおかしい。
② 発生しない：家族・親族による介護に対して報酬や対価が発生すると、そのほかの家事や育児にも報酬や対価が発生しないとおかしくなるから発生しない。
③ 場合による：介護の種類や内容に応じて、報酬や対価が発生するものがあるかもしれない。

　介護保険制度を導入する際、すでに介護保険を導入していたドイツと同じように、家族などに対して介護手当といった報酬や対価を支払うかどうか（これを**現金給付**といいます）について、政府内でも議論になりました。現金給付に賛成派の意見としては、介護を担っている家族に対して経済的な補償を行えることや、どんな介護サービスに対してお金を支払うかを高齢者本人が決めることができ、サービス選択の幅を広げることができるといった意見が寄せられました。一方で、反対派の意見としては、当時おもに介護を担っていたのは「長男の嫁」であったため、彼女たちが外で働く機会を奪うことになること、女性に介護の役割を固定化し、「長男の嫁」＝介護を担う役割となってしまうおそれがあることのほか、介護業界にできるかぎり民間企業に参入してもらいたいという意図があるにもかかわらず、参入が進まなくなる懸念があることなどがあげられました。

　結局、現在では介護保険制度のなかでは、介護手当に相当する定めはありません。したがって、理由は少し異なっていますが、CASE①では②が正解です。ただ、介護保険制度の導入前にあった家族の慰労のための「介護手当」が、各地方自治体の条例の定めにより存在し、家族が介護手当をもらえる自治体もあります。また、介護手当は、地方自治体によって定める内容や条件が異なる点に留意する必要があります。

❓ 考えてみよう！

　現在では介護保険制度の導入当初とは異なり、「長男の嫁」による介護が減少しています。介護業界には民間企業の参入も相次ぎ、女性に役割の固定化を招くとはいいがたい状況です。おもに同居の配偶者や子が介護を担い、介護する子の介護離職が問題となるなか、家族や親族に対して本当に介護手当を支給しなくてもよいのでしょうか。

Column　介護者に対する支援

　現在、家族介護者に対する公的な支援としては、相談窓口として地域包括支援センターがあります（介護保険法115条の46）。地域包括支援センターは、各中学校区に1つあり、看護師・社会福祉士・保健師など介護にまつわる有資格者が常駐しています。介護保険の利用や介護に対する悩みの相談などにも応じています。

　また、地域支援事業（介護保険法115条の45）として市町村が必ず実施しているサービスには、認知症総合支援事業があります。認知症高齢者を介護する人たちが悩みを共有する認知症カフェの運営などがあげられます。さらに、任意で行う事業として、家族介護支援事業があります。介護知識や技術に関する教室や介護者同士の交流会の開催、介護手当の支給といった支援を行っている市町村もあります。

　このほかに、とても大変な認知症高齢者の介護者を支援するため、新オレンジプランという計画を立てています。ここでは、「認知症に関する正しい知識と理解をもって、地域や職域で認知症の人やその家族を手助けする」認知症サポーターを養成することなどがうたわれています。介護や認知症に対する理解を進め、地域で高齢者を支える仕組みづくりが進められています。

4　認知症高齢者の介護

1　認知症ってどんな病気？

　高齢者のなかには、認知症を発症している人も多いといわれています。認知症は、「脳の病気や障害などさまざまな原因により、認知機能が低下し、日常生活全般に支障が出てくる状態」とされています[*3]。たとえば、同じことを何度も言ったり聞いたりする、同じものを何個も買ってくる、慣れた道で迷うことがある、運転のミスが多くなる、食べこぼしが増える、憂うつでふさぎこむ、怒りっぽくなる、誰もいないのに誰かいると主張するなど、記憶に障害が出たり、認知機能が低下したり、心理状態が不安定になったりします。

　認知機能は低下して日常生活に支障が出てきますが、身体機能が急激に低下するわけではないので、認知症高齢者のなかには、要介護度が必ずしも高くない人も多いです。東京都の調査によると、認知症高齢者で家庭内において自立して生活していると思われる人は、認知症高齢者全体の4割程度となっています[*4]。

2　認知症高齢者の介護

　認知症高齢者で自立している4割程度の人の要介護度は、半数以上が要介護1以下の軽度の認定となっており、多くの介護サービスを受けられない状況となっています（図9-3）。こうした人たちは、家族や親族の見守りなどが必要となります。一方、認知症の症状がかなり重く、常に介護を必要とするような人（ⅢbからMの人）も一定数います。また、日常生活の自立度をM（著しい精神症状や問題行動あるいは重篤な身体疾患が見られ、専門医療を必要とする）と判定される人のなかにも、要介護1以下の支援しか得られていない人も1割程度みられます。こ

＊3　厚生労働省「知ることからはじめようみんなのメンタルヘルス総合サイト：認知症」（https://www.mhlw.go.jp/kokoro/know/disease_recog.html）。

\ここも/
CHECK

＊4　ここでは、「日常生活は家庭内及び社会的にほぼ自立している」（日常生活自立度Ⅰ）、「日常生活に支障を来すような症状・行動や意志疎通の困難さが多少見られても、誰かが注意していれば自立できる」（日常生活自立度Ⅱ：Ⅱa「家庭外でランクⅡの状態が見られる」、Ⅱb「家庭内でもランクⅡの状態が見られる」）のうちⅡaの人とする。

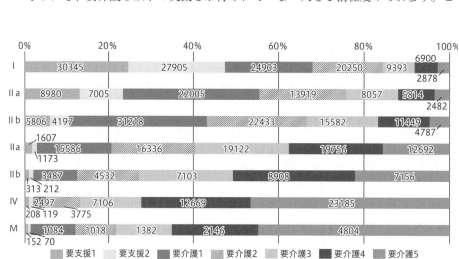

図9-3　認知症高齢者の自立度と要介護度との関係（令和元年度）

出典：東京都「令和元年度認知症高齢者数等の分布調査報告書（令和2年3月）」p.20より筆者作成

うした認知症の症状が重い高齢者とともに暮らし、介護をしている家族・親族の負担や大変さを考えたとき、なんらかの支援があってもよいのではないかと思うかもしれません。

5　家族介護の法的理解

1　老老介護の大変さ

> **CASE ②**
>
> 　認知症である夫 A（91歳）には、昼夜を問わずひとり歩きするくせがあり、ひとり歩き中に自宅に戻ってこられなくなることがあった。Aは要介護 4 の介護認定を受けていたが介護施設になかなか入れないこともあって、訪問介護やデイサービスを利用しつつ、妻B（85歳：要介護 1 ）と他県で仕事をしている長男や長男の妻などが交代で、Aの自宅で介護をしていた。
>
> 　ある日、Bが介護疲れでうつらうつらと居眠りをしてしまったすきに、Aがひとり歩きをはじめてしまった。近くを探したが見つからず、結局、A は JR が運行する列車と衝突し、死亡していた。
>
> 　JRは、この事故が通勤時間帯だったということもあり、列車に遅れが生じたことによる損害が発生したとして、Bや介護を担っていた長男に対して、720万円ほどの損害賠償を請求した。このような場合、Bをはじめとする家族は損害賠償の責任を負うのだろうか。[*5]

＊5　最三小判平成28・3・1。

　老老介護の場合、双方の高齢者が要介護・要支援認定を受けていることが少なくありません。このケースも、夫は要介護 4 、妻は要介護 1 で、それぞれ別居の子どもや子どもの家族による介護と介護サービスを受けながら自宅で暮らしていました。[*6]

　CASE②のように、要介護 1 の妻がちょっと目を離したすきに、夫が列車事故に遭い死亡したうえに、鉄道会社から損害賠償を請求されたという事件が起こりました。この事件で最も問題となるのは、そもそも、妻や家族が夫の介護をしなければならないという法的な義務を負っていたのかどうかということです。法的な義務がなければ、鉄道会社から損害賠償請求されても、それを果たす責任がないということになるからです。

2　家族の法的な責任

　家族の法的責任について、まず考えられるのは、妻には婚姻から生じる義務、息子には親に対する義務ということになります。妻には**夫婦間の協力・扶助義務**が定められています（民法752条）。この規定は、夫婦が等しく権利を有し、お互いの協力で婚姻が維持されることを定めた憲法24条の規定に沿ったものです。夫婦がお互い協力しなければならないのは、日常の生活の維持や子育てであり、扶

＊6　この事件について、第 3 章コラム(p.42)も参照してください。

民法752条
　夫婦は同居し、互いに協力し扶助しなければならない。

憲法24条
　婚姻は、両性の合意のみに基いて成立し、夫婦が同等の権利を有することを基本として、相互の協力により、維持されなければならない。
　2　配偶者の選択、財産権、相続、住居の選定、離婚並びに婚姻及び家族に関するその他の事項に関しては、法律は、個人の尊厳と両性の本質的平等に立脚して、制定されなければならない。

助というのは経済的な援助のことを指します。経済的な援助のレベルは、生活保持義務と呼ばれるように、お互いに相手方に対して自分自身と同じ水準の生活を保障することをいいます。親が自分の収入や資産によって生活費をまかなうことができないような場合に、息子には扶養する義務（**扶養義務**：民法877条）があります。扶養のレベルは、親が生活に困っているような場合に経済的に援助をする義務ではありますが、自宅に引き取って介護したり、同居して介護したりしなければならないといった義務ではありません。

3　認知症高齢者が引き起こした事故と家族の責任

　上記で述べた妻と息子の法的義務をふまえて、認知症高齢者が起こした事故の責任について考えてみましょう。認知症高齢者のなかには、認知機能が低下し、普通の人なら危ないと判断できるようなことでも、判断できなくなっている人がいます。民法上では、こうした人を精神的に障害があるため責任を負えない人と判断するということは、第3章で学びましたね（**責任無能力者**：民法713条）[*7]。そして、責任無能力者を世話したり監督したりする人を法律で定め、責任無能力者が起こした事故などについては、その人が責任無能力者に代わって第三者に対して責任を負うという規定もありました（民法714条1項）。

　第3章では親と未成年の子のケースでしたが、CASE②のように、認知症高齢者の妻と息子が対象になる場合には、裁判所は、妻と息子の法的義務の内容から考えて、責任無能力者を監督する人であるということはできないと判断しました。というのは、妻の協力・扶助義務は夫婦間の義務であって、第三者（ここではJR）に対する義務ではないからです。ましてや、子どもの扶養義務からは監督する義務を負うということはできないため、責任を問うことができる法令上の根拠はないと判断されています。

　この判決では、責任無能力を監督する人として法で定められていなくても、自分自身が監督を引き受けたというような事情が見られる場合には、監督をする人と同じ扱いをして（類推適用）、第三者に対して責任を負うということはできるとも示されています。CASE②の場合はそのような事情が認められなかったことから、JRの損害賠償請求は退けられることになりました。

⚖ **民法877条**
　直系血族及び兄弟姉妹は、互いに扶養をする義務がある。
　2　家庭裁判所は、特別の事情があるときは、前項に規定する場合のほか、3親等内の親族間においても扶養の義務を負わせることができる。
　3　前項の規定による審判があった後事情に変更を生じたときは、家庭裁判所は、その審判を取り消すことができる。

⚖ **民法713条**
　精神上の障害により自己の行為の責任を弁識する能力を欠く状態にある間に他人に損害を加えた者は、その賠償の責任を負わない。ただし、故意又は過失によって一時的にその状態を招いたときは、この限りでない。

*7　第3章（p.41）を参照。

⚖ **民法714条1項**
　前二条の規定により責任無能力者がその責任を負わない場合において、その責任無能力者を監督する法定の義務を負う者は、その責任無能力者が第三者に加えた損害を賠償する責任を負う。ただし、監督義務者がその義務を怠らなかったとき、又はその義務を怠らなくても損害が生ずべきであったときは、この限りでない。

? 考えてみよう！

　認知症高齢者が運転する自動車が、小学生たちが集団登校している歩道に突っ込み、小学 1 年生の子ども数人がケガをした事故が生じました。その際、上記のような論理でいくと、子どもたちやその親は、認知症高齢者に対して責任無能力者として責任を問うことができません。また、介護をする人に対しても責任を問うことができなくなってしまい、泣き寝入りするしかないように思えます。はたして、CASE②のような論理で家族介護者を守ってよかったのでしょうか。第3章での記述やCASE②の事件の第 1 審や第 2 審の判断も参考にして、考えてみましょう。

演 習 問 題‥‥‥‥‥‥‥‥‥‥‥‥‥‥‥‥‥‥‥‥‥‥‥‥‥‥‥‥‥‥‥‥‥‥‥

　内閣府が実施した「高齢者の健康に関する調査結果」（2017年度）によると、将来介護が必要になったときに介護を依頼したいかどうかを尋ねた調査では、男性で95.5％、女性で97.5％の人が「介護を頼みたい人がいる」と回答しました。誰に介護をしてもらいたいかについては、男性は「配偶者」が56.9％であったのに対して、女性は「ヘルパーなど介護サービスの人」が39.5％、次いで「子」が31.7％となっています（図9-4）。
　どうしてこのような男女差が生まれると思いますか。実際のデータをみると、女性は「配偶者」とする割合が年齢が低くなるほど低くなっています。この原因についても考えてみましょう。また、こうした調査をふまえて、政府は介護保険制度をどのように再構築していくべきだと思いますか。

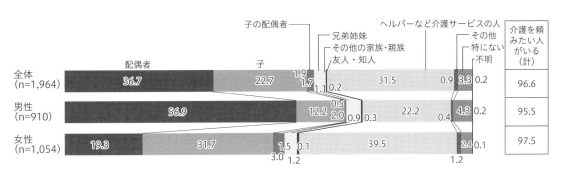

図9-4　必要になった場合の介護を依頼したい人

出典：内閣府「平成29年　高齢者の健康に関する調査結果（全体版）」p.69
　　　（https://www8.cao.go.jp/kourei/ishiki/h29/zentai/pdf/sec_2_2.pdf）

【参考文献】

・厚生労働省「国民生活基礎調査」（https://www.mhlw.go.jp/toukei/list/20-21.html）
・厚生労働省「令和元年度　介護保険事業状況報告（年報）」
　　（https://www.mhlw.go.jp/topics/kaigo/osirase/jigyo/19/index.html）
・国税庁「地方公共団体が要介護者と同居する家族へ支給する手当金の所得税法上の取扱い」
　　（https://www.nta.go.jp/law/shitsugi/shotoku/01/10.htm）
・総務省行政評価局「認知症高齢者等への地域支援に関する実態調査——早期対応を中心として——結果報告書（令和2年5月）」（https://www.soumu.go.jp/main_content/000686990.pdf）
・東京都福祉保健局高齢社会対策部計画課（株式会社アストジェイ）「令和元年 度認知症高齢者数等の分布調査報告書（令和2年3月）」（https://www.fukushihoken.metro.tokyo.lg.jp/kourei/shisaku/koureisyakeikaku/08keikaku0305/r1nintisyoutyousa.files/r1nintisyouhoukokusyo.pdf）。
・内閣府「平成29年 高齢者の健康に関する調査結果（全体版）」
　　（https://www8.cao.go.jp/kourei/ishiki/h29/zentai/pdf/sec_2_2.pdf）。
・本沢巳代子・新田秀樹『トピック社会保障法［第16版］』不磨書房／信山社、2022年
・本澤巳代子・大杉麻美『みんなの家族法入門』信山社、2021年
・米村滋人「責任能力のない精神障害者の事故に関する近親者等の損害賠償責任」『法学教室』429号（2016年）
・梁昶準「日本と韓国の介護保険制度における『現金支給』に関する比較考察」『仏教大学大学院紀要社会福祉学研究科篇』第44号（2016年）

第 **IV** 編

国や世界の問題を法的思考で
深化させよう

本編では、国家や世界の問題を素材に、法的思考を深く掘り下げていきましょう。

第10章　国際問題に立ち向かう「国家間の約束」

1　国際法とはなにか

1　国際法の世界

　本章では、国際法に関する法的思考を体験します。**国際法は、主に国家間の関係や国際社会において生じる事柄について取り扱うルール**の総称です。みなさんも知っているとおり、現代の国際社会は多種多様な問題を抱えています。領域をめぐる紛争、地球環境の破壊、人権の侵害、感染症の蔓延（パンデミック）、国際経済の停滞、戦争の勃発など、枚挙にいとまがありません。こうしたむずかしい国際問題を解決するための処方箋の一つとなることができるのが、国際法です。国際法は、国際社会のありとあらゆる分野の問題の解決に挑戦するものだといっても過言ではありません。

　国際法の世界は、憲法や民法などの国内法の世界における常識が通用しない別世界です。みなさんは、この別世界で少し不思議な法的思考を体験することになるでしょう。そのためにも、これまで国内法を通じて体験してきた法的思考の方法から少しだけ頭を切り替える必要があると思ってください。

2　国際法の探し方

　それでは早速、次のCASE①をみてみましょう。

> **CASE①**　A国とB国は、国境を接して隣り合う国家である。あるとき突然、A国は、B国を服従させるため、A国軍をB国領内に侵入させ、B国に対して武力攻撃を開始した。
> 　B国はA国に対してどのようなことを主張するだろうか。いくつかアイデアを出してみよう。

　おそらく、多くの人は、A国に武力攻撃をただちにやめるように要請したり、A国に損害賠償や謝罪を要求したりするといったアイデアを出したのではないでしょうか。こうしたアイデアを出す前提として、みなさんは、A国が悪いことをしたからだと無意識のうちに考えていたことでしょう。これを法的な言い方に換えれば、A国がなんらかの国際法に違反することをしたのではと考えていたことになります。では、A国は、いったいどのような条文に違反したといえるでしょうか。真面目なみなさんは、六法全書などの法令集を開いて「国際法」を探して

みたかもしれません。しかし、いくら一生懸命探しても「国際法」という名前の法律を見つけることはできないはずです。それもそのはず。「国際法」という名前の法典は、この世に存在していないからです。

　これまで国内法に関する法的思考を行う際、憲法については「憲法」という名前の法典のなかの条文、民法については「民法」という名前の法典のなかの条文を読み、その条文の解釈について考える作業を行ってきました。たとえば、日本の憲法における平和主義・戦争放棄というルールを検討するとき、「憲法」9条の解釈について考えてきたわけです。

　しかし、国際法については、「国際法」という名前の法典がありません。国際法のさまざまなルールは、1つの法典のなかにまとめられて条文化されているわけではないのです。そもそも、後で学ぶように、国際社会（世界）には立法機関がなく、国内法でいうところの法律をつくる仕組みがありません。したがって、国際社会全体を統一的に規律するような国際法という名前の法律が存在していないということになります。では、国際法のルールを検討したいとき、私たちは一体どうやってそれを探せばよいのでしょうか。言い換えれば、国際法のルールは、どこにどのようなかたちで存在しているのでしょうか。

2　文書になっている国家間の約束としての国際法

1　条約とはなにか

　国際法のルールをみつけることができる1つめの場所は、**条約**のなかです。条約とは、ごくごく簡単にいえば、国家と国家の間で取り交わされた紙に書かれた約束のことです。[*1]　すなわち、**文書になっている国家間の約束**として国際法のルールが存在しているということになります。みなさんは、日本とアメリカとの間で結ばれた「日米安全保障条約」という名前の条約を耳にしたことがあるでしょう。この「日米安全保障条約」のなかには、①アメリカに日本国内の基地を提供したうえで、この基地に駐留するアメリカ軍を防衛する日本の義務と、②日本を防衛するアメリカの義務が定められています。アメリカと日本がお互いに一定の防衛義務を負うことを約束して「日米安全保障条約」という文書を作成したのです。これらの義務は、「日米安全保障条約」という条約上の義務であり、すなわち、国際法上の義務ということになるわけです。

　なお、文書になっている国家間の約束は、すべて条約ですので、その名称は問われません。「日米安全保障条約」や「サンフランシスコ講和条約」はもちろん条約ですが、「国際連合憲章」「国際司法裁判所規程」「国際人権規約」などのように名称に「条約」という単語が使用されていなくても、条約なのです。

　このように、国際法のルールは、文書になっている国家間の約束（＝条約）と

 ポイント

＊1　条約についてのルールを定めた条約である「条約法に関するウィーン条約」では、条約とは、「国の間において文書の形式により締結され、国際法によって規律される国際的な合意」(2条1項(a))と定義されている。

して定められていることがわかってきました。したがって、CASE①のA国が国際法に違反したのか否かを考えるにあたり、まずは、なんらかの条約に定められた関連する国際法のルールがないか探してみることになります。すると、**国際連合憲章**という条約のなかに、「すべての加盟国は、……武力の行使を……慎まなければならない」と定めた2条4項を見つけることができるでしょう。これは、**武力行使禁止原則**と呼ばれる国際法のルールです。

　それでは、CASE①のA国はB国を服従させる目的でB国に対して武力攻撃を行ったため、国際連合憲章2条4項（武力行使禁止原則）に違反していると考えることができるでしょうか。残念ながらそう単純にはいきません。次のCASE②について考えてみましょう。

**国際連合憲章
2条4項**
　すべての加盟国は、その国際関係において、武力による威嚇又は武力の行使を、いかなる国の領土保全又は政治的独立に対するものも、また、国際連合の目的と両立しない他のいかなる方法によるものも慎まなければならない。

2　どの国が条約を守らなければならないのか

> **CASE②**
> 　A国とB国は、国境を接して隣り合う国家である。あるとき突然、A国は、B国を服従させるため、A国軍をB国領内に侵入させ、B国に対して武力攻撃を開始した。
> 　B国は「国際連合憲章」の当事国であるが、A国は「国際連合憲章」の当事国ではない。
> 　B国は「国際連合憲章」という約束の内容について「A国も守らなければならない」と主張することができるだろうか。約束とはどのようなものかをふまえて考えてみよう。

　条約とは、文書になっている国家間の約束でした。当たり前のことですが、約束というものは、約束をした本人しか従う必要がないものです。同じように、条約も、これに加入している当事国しか拘束しないということになります。したがって、CASE②のB国は当事国として国際連合憲章に定められている国際法のルールを守らなければなりませんが、A国は当事国ではない以上、国際連合憲章に定められている国際法のルールを守る必要がないということになってしまうのです。より具体的には、A国は国際連合憲章2条4項（武力行使禁止原則）を守る必要がありません。そうすると、CASE②においては、A国がB国に対して武力攻撃を行ったことについて、国際連合憲章2条4項違反であると考えることはできないことになります。

　それでは、A国は、B国に対して武力攻撃を行ったにもかかわらず、いかなる国際法にも違反していないということになってしまうのでしょうか。国際法のルールは、条約という形式でしか存在していないのでしょうか。実は、国際法のルールは、ほかのかたちでも存在しているのです。

🔍 **調べてみよう！**

　現在、世界には、全部でいくつの条約が存在しているだろうか。国際連合のウェブサイトなどを見て、調べてみましょう。

3　国際社会における暗黙のルールとしての国際法

1　慣習国際法とはなにか

　国際法のルールの２つめのかたちは、**慣習国際法**です。慣習国際法とは、簡単にいえば、どこにも書かれていないけど多くの国によってルールだと思われて繰り返し行われてきたことです。私たちの生活のなかでも、文章にされていなくても守らなければならない暗黙のルール（不文律）というものがありますよね。それと同じように、たくさんの国々の間でルールとして受け入れられてきた慣習というのは、いわば国際社会における暗黙のルールになっているというわけです。このように、**国際社会において慣習として実践されてきた暗黙のルール**のことを慣習国際法といいます。

　それでは、慣習国際法となっている国際法のルールをどのようにして見つけ出せばよいでしょうか。慣習国際法は暗黙のルールですから、条約のように文書になっているわけではありません。そこで、どのようなルールが慣習国際法とされているのかについては、判例や学説で示されたことをしっかりと確認していくといった方法に頼らざるを得ないことになります。CASE②に則して考えてみましょう。国際連合の裁判所として、国家間の紛争解決を任務とする**国際司法裁判所**があります。この国際司法裁判所に持ち込まれた**ニカラグア事件**（ニカラグア対アメリカ）[*2]の判決において、武力行使禁止原則が慣習国際法であると示されました[*3]。このニカラグア事件判決は紛争の当事国であるニカラグアとアメリカに対してのみ拘束力をもつに留まります。しかし、国際司法裁判所の判決は権威あるものと考えられており、暗黙のルールである慣習国際法としてどのようなルールがあるのかを確認するための重要な資料であると広く認められてきました。そこで、国際司法裁判所ニカラグア事件判決の内容を確認し、これを根拠として、武力行使禁止原則は慣習国際法の一つであると主張することができるということになります。ここで、CASE②をもう一度見てみましょう。[*4]

> **CASE ②**
> 　A国とB国は、国境を接して隣り合う国家である。あるとき突然、A国は、B国を服従させるため、A国軍をB国領内に侵入させ、B国に対して武力攻撃を開始した。
> 　B国は国際連合憲章の当事国であるが、A国は国際連合憲章の当事国ではない。

 CHECK
＊2　ニカラグア事件
ニカラグア政府がエルサルバドル等の反政府組織に支援を行っていると考えたアメリカが、ニカラグアの反政府武装組織コントラに武器供与や資金援助などの支援を行ったうえで、ニカラグアの石油施設や海軍基地などを軍事攻撃した事件。

 ポイント
＊3　ニカラグア事件において、国際司法裁判所は、アメリカの軍事攻撃が慣習国際法上の武力行使禁止原則に違反すると判示した。

 CHECK
＊4　国際司法裁判所のルールブックである「国際司法裁判所規程」では、判決は、「法則決定の補助手段」（＝条約や慣習国際法の内容を決定するためのツール）と位置づけられている（38条1項d）。

　A国は国際連合憲章という条約の当事国ではないため、A国の武力攻撃が武力行使禁止原則を定める「国際連合憲章2条4項に違反しているとはいえない」ということについてはすでに説明しました。すなわち、A国は国際連合憲章という条約上の武力行使禁止原則には違反していないことになります。しかし、国際司法裁判所ニカラグア事件判決を参照すると、武力行使禁止原則は、国際連合憲章2条4項に定められているだけでなく、慣習国際法上のルールでもあります。では、A国が**慣習国際法上の武力行使禁止原則**に違反したとすることができるでしょうか。その前提として、そもそもA国がこの慣習国際法上の武力行使禁止原則を守らなければならないといえる必要があります。

2　どの国が慣習国際法を守らなければならないのか

　条約は文書になっている国家間の約束であるため、条約に加入している当事国のみを拘束する国際法のルールでした。条約の拘束力は当事国にしか及ばないということになります。それでは、慣習国際法の拘束力は、いったいどの範囲まで及ぶのでしょうか。

　慣習国際法は、国際社会における暗黙のルールです。すなわち、国際社会全体が口には出さないけれどルールとして受け入れてきたものだということになります。この「口には出さないけれどルールとして受け入れてきた」という点については、「口には出さないけれどすべての国家がお互いに約束を取り交わしたものとみなす」と説明し直すことができそうです。そうすると、慣習国際法は、文書になっていないすべての国家の間での約束であるとも考えることができます。条約は、文書になっている国家間の約束であるため、約束を交わした当事国のみを拘束するわけです。これと同じように考えると、慣習国際法は、**文書になっていない全国家間の約束**であるため、すべての国家を拘束するものであるといえます。このように、慣習国際法の拘束力の範囲は、国際社会を構成するすべての国家に及ぶということになるのです。

　CASE②の話に戻すと、全国家を拘束する慣習国際法である武力行使禁止原則には、当然、A国も従わなければなりません。したがって、B国を服従させるために武力攻撃を行ったA国は、慣習国際法上の武力行使禁止原則に違反していることになります。結局、A国は、条約である国際連合憲章2条4項の定める武力行使禁止原則に違反したわけではありませんが、慣習国際法としての武力行使禁止原則に違反したという形で国際法違反の行為を行ったということになるのです。

Column　法の一般原則

　国際司法裁判所規程は、国際司法裁判所が裁判を行う際に用いる国際法として、条約と慣習国際法と「法の一般原則」の3つをリストアップしています（38条1項abc）。このコラムで

は、「法の一般原則」について学んでみましょう。

　日本の民法を勉強していくと、「信義則」（民法1条2項）というルールについて学ぶことになるはずです。信義則とは、簡単にいうと、相手の信頼を裏切るような不誠実な行動をしてはいけないというルールです。相手の信頼を裏切ってはいけないというのは、人と人との関係において基本的なルールといえますよね。したがって、この信義則というルールは、日本だけでなく、アメリカやフランス、そのほか多くの国の法律において共通して定められている万国共通のルールといってもいいわけです。

　そして、万国共通のルールである信義則は、人と人との関係のみならず、国と国との関係においてもあてはめることができます。すなわち、信義則について、ある国は相手（国）の信頼を裏切るような不誠実な行動をしてはいけないというルールとして国家間関係においても使うことができるはずです。

　この信義則のように、たくさんの国の法律に共通するルールで国際関係にも適用できるもののことを「法の一般原則」と呼びます。国際司法裁判所規程が国際法として列挙していることを根拠に、「法の一般原則」は国際法であると考える立場が一般的です。他方、「法の一般原則」は、各国の国内法で共通するルールを国際関係にあてはめるものであり、あくまでも国内法であって国際法ではなく、国際裁判を行う際の基準にすぎないと考える見解も有力に主張されてきました。このように、「法の一般原則」は、条約や慣習国際法とは異なり、国際法といえるかどうか争いのあるものなのです。

4　国際法の解釈

1　条約条文の言葉の意味を考える

　ここで少しだけCASEを変えて考えてみたいと思います。次のCASE③を見てください。

CASE③　A国とB国は、国境を接して隣り合う国家である。A国とB国はともに、国際連合憲章の当事国であり、国際連合加盟国である。

　A国は、B国を服従させるため、B国政府を内部から崩壊させてしまおうと考え、B国内で反政府活動を続ける武装組織に対して大量のA国製武器を無償で与えた。

　A国の行為は、国際連合憲章2条4項の定める武力行使禁止原則に違反したといえるだろうか。国際連合憲章2条4項をよく読んで考えてみよう。

　まず、A国もB国の国際連合憲章の当事国ですので、この条約の内容に従わなければなりません。そこで、国際連合憲章2条4項を読んでみると、「すべての加盟国は、……武力の行使を……慎まなければならない」と書いてありますが、肝心の**武力の行使**がどのようなものであるかについて書かれていないことがわかります。CASE①やCASE②のように、軍隊をB国領内に侵入させて武力攻撃を行ったA国については、誰がどう見たって武力の行使をしたことが明らかであるので問題ありませんが、CASE③のようにB国内の反政府武装組織に武器を与えたA国の行為がB国に対する武力の行使といえるのかは、むずかしい問題です。国際連合憲章2条4項という国際法のルールが、CASE③のような反政府武装組

織に武器を与えた行為にもあてはまるのか考える必要があります。これまでさまざまな法的思考の訓練を積んできたみなさんなら、ここで何をすべきかもうわかりますね。そうです。「武力の行使」という言葉の解釈を考え、「武力の行使」にどのような行為が含まれるのかを明らかにする作業を行うことになるわけです。

2　解釈のヒント

　当然、「武力の行使」の解釈について正解というものはありません。みなさん一人ひとりが、これまで学んできた法的思考を用いて、より説得力のある解釈を導き出すことが重要です。したがって、ここでは、「武力の行使」の解釈を行うためのヒントを示すだけに留めておきたいと思います。1つめのヒントは、先ほども登場した国際司法裁判所のニカラグア事件判決において、反政府武装組織に武器を与える行為が武力行使に該当することがあるとされたということです。2つめのヒントは、国際連合総会決議である**友好関係原則宣言**において、いずれの国も他国において内戦行為を援助することを慎む義務を負うことが明記されているということです。

　みなさんは、これら2つのヒントを活用して、自分なりに「武力の行使」の解釈を導き出してみてください。2つのヒントは、どちらも条約でも慣習国際法でもないため、法的拘束力をもちません。これらをどのように活用すればよいのか、この国際法に関する章を最後まで読んだうえで、ここにもう一度戻ってきて考えてみてください。

5　国際組織で話し合って決めたことは国際法か

1　国際連合総会で決めたこと

　では、次のCASE④をみてみましょう。

> **CASE④**　A国とB国は、国境を接して隣り合う国家である。A国とB国はともに、国際連合憲章の当事国であり、国際連合加盟国である。
> 　あるとき突然、A国は、B国を服従させるため、A国軍をB国領内に侵入させ、B国に対して武力攻撃を開始した。
> 　そこで、国際連合総会は、「武力攻撃を停止し、軍隊を直ちに撤退させること」をA国に対して求める決議を賛成多数で採択した。しかし、A国は、武力攻撃をやめたり軍隊を撤退させたりすることをしなかった。
> 　A国は、賛成多数で可決された国際連合総会決議に従わなくてもよいのだろうか。国際連合とはどのような組織か、国際連合総会とはどのような機関か調べたうえで考えてみよう。

　まずは、今まで学んできたことを復習しましょう。このCASE④では、A国は

国際連合憲章という条約の当事国ですので、A国の武力攻撃は、国際連合憲章2条4項（武力行使禁止原則）に違反しています。さらに、武力行使禁止原則は慣習国際法であって全国家を拘束するため、A国の武力攻撃は、慣習国際法上の武力行使禁止原則にも違反しています[*5]。

　そのうえで、**国際連合総会決議**は、「武力攻撃を停止し、軍隊を直ちに撤退させること」をA国に求めています。しかし、A国はこの決議に従っていません。A国は、国際連合総会決議に違反したとして法的責任を問われることになるのでしょうか。

　この問いについて考えるためには、まずは**国際連合**という国際組織がどのようなものであるか確認しておく必要があります。国際連合とは、最も単純化して説明すれば、多数の国家が所属して活動している平和の達成と人権の保障を目指す**平和人権愛好クラブ**です。みなさんの大学にあるクラブやサークルと同じように、国際連合は、平和人権愛好クラブとして、所属する国家が話し合ったり一緒に活動したりする場所と機会を提供してきました。このように、国際連合は、あくまで平等な国家が集まって活動するクラブにすぎず、政府でもありませんし、議会でもありません。国際社会には、国家に対して一方的に命令を下すことができる権力機構は原則として存在していないのです。世界政府もなければ、世界警察もありません。憲法で学ぶような三権分立という構造もありません。国家が集まって平等に共存しているだけの状態が、現在の国際社会です。

　国際連合総会は、国際連合という平和人権愛好クラブの全メンバー（全加盟国）が集まって話し合いを行う場です。これは国際法を統一的につくり出す立法機関ではありません。国際法は、あくまで、文書を作成して国家が約束する（条約）か、慣行を通じて黙示に国家が約束したとみなされるか（慣習国際法）によってつくり出されることになります（言い換えれば、それぞれの国家が立法を担っているのです）。国際連合総会が立法機関ではない以上、国際連合総会決議は国際法ではなく、法的拘束力をもちません。国際連合総会決議は、原則として、勧告（かんこく）（アドバイス・指導）としての意味しかもたないのです。

　CASE④では、国際連合総会決議が「武力攻撃を停止し、軍隊を直ちに撤退させること」をA国に求めていましたが、これは勧告にすぎないということになります。A国がこの決議に従わなかったとしても、国際連合総会決議に違反したとして法的責任を問われることはありません。

　国際社会には、国際連合のような国際組織が数多く存在しています。これらの国際組織もなんらかの目的を持って活動するクラブであり、立法機関ではありません。したがって、国際連合をはじめとする国際組織の決議は、基本的に国際法をつくり出すものではなく、勧告であり、法的拘束力をもつものではないとされています。

ポイント

*5　国際法でも「特別法は一般法に優先する」とされていて、国際法の適用上、当事国間の特別の約束といえる条約（＝特別法）が、全国家間の一般的な約束である慣習国際法（＝一般法）に優先すると考えられています。したがって、A国の武力攻撃について優先的に適用される国際法は、条約である国際連合憲章2条4項となる。これはあくまで適用関係についての優劣であり、効力関係についての優劣ではないことに注意が必要である。条約と慣習国際法の効力に優劣はない。いい換えれば、慣習国際法と矛盾する条約がただちに無効となるわけではない。

ただし、例外もあります。次のCASE⑤を見てください。

2　国際連合安全保障理事会で決めたこと

> **CASE ⑤**　A国とB国は、国境を接して隣り合う国家である。A国とB国はともに、国際連合憲章の当事国であり、国際連合加盟国である。
> 　あるとき突然、A国は、B国を服従させるため、A国軍をB国領内に侵入させ、B国に対して武力攻撃を開始した。そこで、国際連合安全保障理事会は、「すべての加盟国がA国への輸出を停止すると決定する」旨の決議を採択した。しかし、A国と経済的に結びつきの強いC国（国際連合憲章の当事国）は、A国への輸出を実施し続けた。
> 　C国は、国際連合安全保障理事会決議に従わなくてもよいのだろうか。安全保障理事会とはどのような機関か調べたうえで考えてみよう。

国際連合安全保障理事会は、平和人権愛好クラブである国際連合において、国際社会の平和の維持に責任を負っている最も重要な機関です。だからこそ、国際連合憲章は、安全保障理事会決議において行われた決定が全加盟国に対して法的拘束力をもつことを特別に定めています（国際連合憲章25条）。加盟国は、国際連合憲章という約束を結んだ国ですから、その約束のなかに安全保障理事会決議による決定の拘束力が定められている以上、これに従うのは当然ですね。したがって、CASE⑤で採択されたA国への輸出停止という経済制裁の実施を決定する安全保障理事会決議について、国際連合の全加盟国は守らなければなりません。A国に輸出を行った国家（C国）は、この安全保障理事会決議に違反したとして法的責任を問われることになります。

国際連合憲章25条
国際連合加盟国は、安全保障理事会の決定をこの憲章に従って受諾し且つ履行することに同意する。

3　安全保障理事会の常任理事国の拒否権

A国が安全保障理事会の常任理事国であった場合、そもそもCASE⑤のような決議が採択される可能性はきわめて低いといわざるを得ません。安全保障理事会は、常にメンバーでいられる**常任理事国5か国**（アメリカ、イギリス、中国、フランス、ロシア）と選挙で選ばれる非常任理事国10か国で構成されている会議です。そして、安全保障理事会が決定を行う場合、常任理事国の1か国でも反対すれば、これは成立しないという仕組みになっています（国際連合憲章27条3項での約束事です）。これを**常任理事国の拒否権**と呼びます。仮にA国が安全保障理事会の常任理事国である場合、A国が拒否権を行使してA国への経済制裁実施の決定に反対すれば（普通に考えて、A国は自国への経済制裁を実施する決定に反対するに違いありません）、CASE⑤のような決定は成立しないということになります。いくら安全保障理事会の決議における決定が国際連合の全加盟国に対して法的拘束力をもつといっても、紛争当事国が安全保障理事会の常任理事国であれば、拒否権に

国際連合憲章27条3項
その他のすべての事項に関する安全保障理事会の決定は、常任理事国の同意投票を含む9理事国の賛成投票によって行われる。（後略）

よって決定自体が成立しないことになってしまう場合があるという大きな限界があるのです。

？ 考えてみよう！

　国際連合は、なぜ国際平和の維持と人権の尊重を目的としているのでしょうか。国際連合が設立された経緯について調べ、考えてみましょう。

6　国際裁判の不思議

1　国際連合の裁判所の限界

　これまで国際法とはどのような形式で存在し、どのような範囲に対して拘束力を有するのかについて考えてきました。つづいて、国際法の解釈が問題となる紛争が生じた場合の解決手続として、国際裁判について考えてみましょう。

> **CASE ⑥**
>
> 　A国とB国は、国境を接して隣り合う国家である。A国とB国はともに、国際連合憲章の当事国であり、国際連合加盟国である。
>
> 　あるとき突然、A国は、B国を服従させるため、A国軍をB国領内に侵入させ、B国に対して武力攻撃を開始した。B国は、A国が国際連合憲章2条4項（武力行使禁止原則）に違反したとして、国際連合の機関である国際司法裁判所への提訴を考えている。
>
> 　国際司法裁判所は、B国の主張するとおり、A国が国際連合憲章2条4項に違反しているとの判決を下すことができるだろうか。国際社会と国内社会の違いをふまえながら考えてみよう。

　CASE⑥を読んで、みなさんは、これまでの考え方をふまえると、A国が国際連合憲章2条4項に違反していることは間違いなさそうだから、国際連合の機関である**国際司法裁判所**は、B国の主張どおりの判決を下すに違いないと考えたのではないでしょうか。しかし、そう簡単ではありません。国際社会は平等な国家が並存しているだけの状態であり、国家に対して一方的に命令を下すことができる権力機構が存在していないことを思い出してください。したがって、国内社会と同じ意味における司法機関（裁判所）も国際社会には存在していないということになります。確かに国際司法裁判所は、国際連合の裁判所であり、紛争当事国を法的に拘束する判決を下すことができる司法機関であるといえます。しかし、この国際司法裁判所は、紛争当事国が同意していない限り、裁判を始めることができません。原告国と被告国の両国が国際司法裁判所で裁判をしてもよいとしていなければ、裁判をスタートすることができないのです。いくら国際司法裁判所の判決が法的拘束力をもつといっても、そもそも紛争当事国が裁判を拒否してい

れば、裁判の開始すらできないわけです。

　したがって、CASE⑥のB国が、A国の国際法違反について国際司法裁判所に提訴したいと考えていても、A国が裁判を行うことに同意していなければ、国際司法裁判所は裁判を始めることができないことになります。では、B国もA国も裁判に同意していれば、国際司法裁判所が法的拘束力のある判決を出すことができ、紛争がすべて解決されるということになるでしょうか。

2　国際裁判の判決に従わなかったら

> **CASE ⑦**
>
> 　A国とB国は、国境を接して隣り合う国家である。A国とB国はともに、国際連合憲章の当事国であり、国際連合加盟国である。
>
> 　あるとき突然、A国は、B国を服従させるため、A国軍をB国領内に侵入させ、B国に対して武力攻撃を開始した。B国は、A国が国際連合憲章2条4項（武力行使禁止原則）に違反したとして、国際司法裁判所への提訴を行った。国際司法裁判所は、紛争両当事国の同意があったものとして、本件について審理を進めた。その結果、国際司法裁判所は、「A国は、国際連合憲章2条4項違反によりB国に与えたすべての損害につき賠償の義務を負う」との判決を下した。
>
> 　A国が国際司法裁判所の判決に従わず、B国に対して損害賠償を行わなかった場合、B国は何ができるだろうか。ここでも、国際社会と国内社会の違いをふまえながらアイデアを出してみよう。

　CASE⑦のA国は、国際司法裁判所の判決に法的に拘束され、B国に対して損害賠償を行わなければなりません。しかし、国際社会には、この判決を直接的かつ強制的に執行することができる行政機関がありません。したがって、A国が判決を履行しない場合、B国自身がA国に対して資産凍結などの措置を行って、A国が自発的に履行してくれるように圧力をかける必要があるのです。

　また、B国は、A国が判決を履行しないことについて**国際連合安全保障理事会**に報告し、A国への勧告や決定を含む安全保障理事会決議を出してくれるようお願いすることができます（国際連合憲章94条2項）。しかし、先ほども説明したとおり、A国が安全保障理事会の常任理事国である場合には、拒否権が行使されてしまい、安全保障理事会による決定が成立しなくなってしまうという限界があります。

国際連合憲章94条2項
　事件の一方の当事者が裁判所の与える判決に基いて自国が負う義務を履行しないときは、他方の当事者は、安全保障理事会に訴えることができる。理事会は、必要と認めるときは、判決を執行するために勧告をし、又はとるべき措置を決定することができる。

演習問題……………………………………………………………………………………………

　本章で学んできたことをふまえ、次の事例問題に挑戦してみましょう。

【事例】

　X国とY国は、国境を接して隣り合う国家であり、両国とも国際連合の加盟国である。

　国際連合では「SDGs（持続可能な開発目標）」のもと、地球環境保護のための取り組みが進められており、ある年に開催された国際連合総会において、「すべての国家は環境を保護しなければならない」旨の国際連合総会決議が加盟国の全会一致で採択された。これにもとづき環境問題に関する国際会議が大々的に開かれることになり、X国、Y国の代表も参加した。国際会議において、「各国は、あらゆる地域の環境に対して損害を与えることを防止する義務を負う」との規定を有する「地球環境損害防止条約」が採択され、190か国が批准した。X国は、この「地球環境損害防止条約」を批准したが、Y国はこの条約への署名・批准を見送った。

　その後、Y国は、その領域内において国営の工業地帯を新たに設置・操業することになった。操業開始後、この工業地帯から継続的に排出された煤煙(ばいえん)がX国内に届き、X国の農業や林業に大きな損害を与えてしまった。X国は、Y国に対し、Y国内の工業地帯の操業を停止させ、X国に与えた損害を賠償してほしいと考えている。そこで、X国としては、次のような主張を検討している。

　①　「すべての国家は環境を保護しなければならない」旨の国際連合総会決議が、全会一致で採択されている。Y国に対し、この国際連合総会決議に違反しているとして、工業地帯の操業を停止し、賠償することを求める。

　②　「地球環境損害防止条約」には、「各国は、あらゆる地域の環境に対して損害を与えることを防止する義務を負う」と定められている。Y国に対し、この「地球環境損害防止条約」が定める義務に違反しているとして、工業地帯の操業を停止し、賠償することを求める。

【問い】

　X国の主張は認められるでしょうか。また、ほかにX国が主張できることはないでしょうか。

政治に関心がないのはダメ？
——政治と民主主義への思考ガイド

本書を手に取っているあなたは、おそらく18歳以上で**選挙権**をもっているでしょう。ズバリ、あなたは政治に関心がありますか。「ある」というあなたは、きっかけは何でしたか。「ない」というあなたは、関心がない理由、あるいは関心をもつことができない理由について、一緒に考えてみませんか。

1　関心ある？　ない？

1　リアルとネットのギャップ

> **CASE ①**　Aさんは、SNSでよく政治について発信する人たちをみて、日本には政治に関心をもつ人がたくさんいると思っていた。ところが、知り合いのBさんによれば、日本人の政治意識は低く、投票率も低いということだった。Aさんは、日本の有権者は本当に政治への関心が低いのか疑問に思うと同時に、そうした主張がされる根拠について知りたいと思った。

用語解説

＊1　政治的無関心
　政治に対する関心が欠如した状態は、政治的無関心（アパシー）と呼ばれる。英語のapathyは、感情の不在を意味する。似た意味の語に、indifference（無関心、無頓着）があるが、なんらかの感情が生じてよいはずであるにもかかわらず欠落しているという逆説的な意味合いが、apathyにはある。

用語解説

＊2　政治参加
　国民が政治に影響を与える意図をもって行う活動のこと。狭義においては、選挙を通じて政治に影響をおよぼそうとする活動を指す。

　政治にもっと関心をもってほしいという声をしばしば耳にします。とりわけ公職選挙法の改正によって、2016（平成28）年から選挙権年齢が18歳に引き下げられてからは、若者に対し政治への参加や関心を求める声が多く聞かれるようになりました。日本の若者や有権者が**政治的無関心**[＊1]に陥っているため、より積極的に政治について考え、かかわる姿勢をもつ必要があるというのです。

　政治への関心を人びとの実際の行動である投票率の数値によって測るとすれば、上のような結論になるのかもしれません。というのも、日本の投票率は高いとはいえない状況だからです。日本では国政選挙の投票率が戦後、低下を続けています。とりわけ近年の低下傾向は顕著で、ほかの先進民主主義国と比べても低い水準です（**図11-1**）。衆議院議員選挙では投票率は50％台で下げ止まっていますが、参議院議員選挙での投票率は50％を割ることもあります。有権者のうち約半分しか選挙に参加していないわけです。ニュースでは「戦後最低の投票率を更新」などの見出しが踊ることも少なくありません。

　そこでどのようにして政治への関心を高めていけるか、日本の**政治参加**[＊2]をより活発なものにできるかという議論が行われることになるのです。

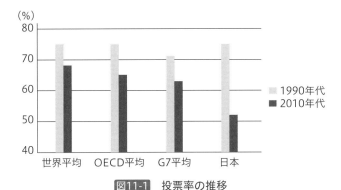

図11-1　投票率の推移

出典：Trends Shaping Education 2019（(OECD)）より作成

2　関心と投票はイコールか

　一見、もっともらしく思えます。しかし、ちょっと待ってください。政治への関心を高める話にはいくつもの穴があると思いませんか。まっ先に考えうることとして、政治に関心をもつことと投票に行くこととは同じではないのではないかということがあります。次のように考えてみてください。政治に関心があり知識も豊富だけれども、いつも投票に欠かさず行くわけではない（なんらかの理由で行かなかったこともある）という人がいます。こうした人について、政治に無関心な人であると決めつけるのはおかしなことでしょう。

　逆に、投票には行ったのだけれど、深く考えたり調べたりしたわけではなく、実は他人にいわれるがままに投票したという人もありえます。こうした人は、外面的に投票を行ったからといって、政治に関心があるといいきれるでしょうか。これは疑わしいと思われます。政治への関心と投票行動の有無は必ずしも一致するとは限りません。つまり、**投票率は政治への関心や政治的無関心とイコールではない可能性があるのです**。

　このことは特に、非民主的な国において、投票率がきわめて高くなっているケースとの対比において明らかでしょう。たとえば前の選挙の投票率は99.99％であったという発表を独裁国家が行ったら、なんだかあやしいと思いますよね。その国の市民は政治に「参加した」のではなく、脅しなどによって「参加させられた」にすぎないのではと疑ってしまうかもしれません。政治への関心については、一歩止まって冷静に考えてみることが必要なのです。

? 考えてみよう！

　① 若者が政治に関心がないというのは本当かどうか、みんなの意見を聞いてみましょう。

　② 10代の若者の投票率を、日本と世界とで比較してみましょう。

2　投票は義務？

1　もし投票が義務だったら

　ひとまずは投票について、海外の事例を通じて考えてみましょう。日本でも最近話題にあがるようになった試みとして、投票の義務化があります。投票を国民の義務として法的に位置づけ、投票に行かなかった人に対してなんらかのペナルティーを与えるというやり方です。ペナルティーといっても、数千円程度の罰金や一定期間の投票権の剥奪（はくだつ）が主たるものです。これらのものが深刻な損害と感じられるかどうか、人によって受け止め方は異なるでしょう。ともあれ、このやり方は、**義務的投票制**と呼ばれ、オーストラリアを代表として世界の数十か国で実施されています。

　義務的投票制には、投票率を押し上げる効果があるといわれています。調査では、義務的投票制をとる国は、義務的投票制をとらない国と比べて、投票率が10%前後高いとされています。少なくとも外面上は高い参加率が実現しているのです。義務的投票制には、ほかにも**政治的リテラシー**[*3]の向上に役立つという利点があるとされます。実際に投票をすることによって、政治にかかわり、政治を動かしていくような態度や思考が身につくというのです。また、貧困層の意見が政治に反映されやすくなり、**政治的平等**が達成されやすくなるとも指摘されます。これは、投票に行かない人は、投票に行く人に比べて低収入、低学歴であることが多いためです。

> 🔍 **用語解説**
>
> *3　政治的リテラシー
> 　リテラシーとは読み書きの能力のこと。そこから政治に参加し、政治の担い手となるための基礎的な能力のことを指す。

🔍 **調べてみよう！**

① オーストラリアの義務投票制には、どのような制度的な工夫が施されているでしょうか。
② オーストラリアの義務投票制には、どのような「アメとムチ」があるでしょうか（ヒント：民主主義ソーセージとは何？）。

2　「参加」を優先してみる

　あなたは投票の義務化に賛成ですか、それとも反対ですか。投票率の数字だけをみれば、賛成するのが論理的に思われます。というのも、投票率が上がるわけですから、それ自体としては否定すべきものはないように思われます。投票率が低いのがなぜ悪いかという理由として、たとえば10人のクラスでの話し合いで、3人の学生しか発言しなかった場合と10人全員が発言した場合とを想像してみてください。全員が発言したときのほうが、「みんなの意見をちゃんと聞いた」という感じがしませんか。

　ただ、そうなるためには、みんなに自由に発言してもらうやり方では不十分な可能性があります。さまざまな理由で、自分からは発言できない学生がきっとい

るからです。こうした場合には、「○○さんはどう思う？」というふうに、話をふっ
て動機づけをする必要があるのかもしれません。そうしなければ、自由とはいえ
ども話すのがうまい少数の学生が幅をきかせてしまう事態になりかねません。政
治ではもちろん100％の参加率はむずかしいでしょうし、発言を促すことと義務
化することはまったく別だという意見はあるでしょう。ポイントは、たんに「自
由にしてね」といって放っておくのではなく、働きかけをすることによりなるべ
く多くの人の声を反映させる仕組みがあるべきではないかということです。

　よい面は、ほかにもありそうです。たとえば、あなたがクラスで行った発表に
ついて、みんなに意見を求めたとき、何も言ってもらえないのはさびしいですよ
ね。**フィードバック**があったほうが嬉しいです。また、授業で先生に対してフィー
ドバックをした結果、先生が自分の求めたように授業のやり方を変えてくれたと
したら、よい気分ですよね。選挙というのは、政治に対するフィードバックとも
とらえられます。参加したほうが自分にとっても相手方にとってもためになると、
ポジティブに考えることもできるでしょう。

3　反対派の言い分

　義務的投票制については、もちろん反対という人もいます。反対の理由はいろ
いろあります。まず、義務という言葉に抵抗を感じる人がいます。義務というの
は自由の否定であると感じられるからです。**棄権の自由**[*4]は、投票の自由のなかに
当然に含まれているのだと主張する人もいます。また、現実的な問題として、あ
る人が投票したか否かの調査や罰則の適用方法をどうするのか、そのコストなど
について心配する人もいるかもしれません。

　「参加」についてはどうでしょうか。反対派のなかには、投票率が低いことに
は実はなんの問題もないのだと正面切っていう人もいます。だから、義務化して
まで投票を促す必要はないというのです。この意見にもさまざまな種類があるの
ですが、なかでも最もよく聞かれるのは、知識や関心が低い人が投票に行くこと
のほうが問題だという意見です。もちろん、投票が自由意思にまかされている国
でも、「関心のない人が投票に行く」という現象は起こり得るわけですが、投票
が義務とされている国ではますますそれが増えるのではないかというのです。

　この批判については、注意点があります。反対派の主張を裏づける実証的なデー
タが不十分かもしれないというものです。たしかに、頭のなかで考えていること
と現実とは異なる可能性はありますので、冷静に判断することが求められます。
ただし、この議論には重要なポイントも含まれていそうです。そもそも、投票率
についてどんな対策を打つべきかという問いを発するとき、私たちは、暗になに
かほかのことを前提しているように思われます。その前提について、正面から考
えてみることが必要なのではないかということです。

　用語解説

＊4　棄権の自由
　投票の自由は、投票
に行かない（＝棄権する）
自由も保障しているのか
について、専門家の見
解は分かれている。た
とえば宗教を信じる自
由が、宗教を信じない
自由も伴っているのと同
様に、投票の自由は当
然のこととして棄権の自
由も伴っていると主張
する人がいる。他方で、
オーストラリアやアメリ
カの裁判所、欧州人権
裁判所の判例をもとに、
棄権の自由は制約され
てしかるべきであると主
張する人もいる。

| Column | 投票はムズカシイ！ |

　レストランでご飯を選ぶときも服を選ぶときも、迷ってしまうのが人心です。こっちもいいけど、あっちもいい……。考えれば考えるほど、わからなくなる。1つだけを選ぶのは容易ではありませんよね。

　政治に目を転じてみましょう。日本の国政選挙では1人、もしくは（比例区の場合）1党のみに投票することになっています（参院比例区では個人名での投票も可）。しかし、オーストラリアの選挙では、複数の候補に対して順位をふっていく方法を採用しています。たとえば、推し候補が複数いる場合、「1、2……」と順位をつけることができるのです。自分の選好をより細かに示せるというわけです。ちなみに、オーストラリアの下院選挙では、投票用紙に記載された全候補者に対し、もれなく順位をつけることになっています（優先順位付連記投票）。

　一見、よいように思えます。ただ投票がより面倒な作業になるという側面もあります。なかでも議論されてきたのが、上から下に、いってみれば一直線に「1、2、3……」と順位がふってある票の存在です。投票する人がきちんと考えた結果、たまたまそのような順位になったという可能性もゼロではありませんが、考えるのが面倒なので適当にふっていった可能性もあります。こうした票が選挙結果を左右してしまうことがあるとすれば、芳しいことではありません。

　そんなオーストラリアですが、かつては候補者の姓がアルファベット順で投票用紙に記載されていました。すると、一部の怠慢な有権者は、上から順に「1、2、3……」とふっていくことになります。そうすると、わかりますよね。アルファベット順で姓が早い人（AからGくらいまで）が多くの票を獲得することになります。1964年の調査によると、オーストラリアの下院議員のうち、姓がAからGまでのアルファベットで始まる議員は全体の5割強でした。これに対し、姓がAからGまでのアルファベットで始まるオーストラリア人の有権者の割合は約3割でした。前者がかなり多くなっていることがわかります。1937年の上院選挙では、姓がみんなAで始まる「アムール氏、アームストロング氏、アーサー氏、アシュリー氏」の4人が立候補した結果、全員が当選した選挙区もあったということです。

　現在は上院、下院ともに投票用紙の候補者の順はランダムになっていますが、上から「1、2、3……」と、記載の順序のままに投票してある表の存在は依然としてオーストラリアの選挙が抱える問題の一つに位置づけられています。

3　どうやって選ぶのか

1　投票に「正解」はあるか

　これを投票の質にかかわる問題と呼びましょう。この観点においては一人ひとりの有権者が政治的な思考をめぐらせ、判断力[*5]を働かせたうえで、その結果を投票行動によって示すことが、民主主義にとって望ましいということが前提されています。ただやみくもに票を投じましょうという意味ではなさそうなのです。

　でも、いったい何が政治的な判断力なのでしょうか。そして、民主主義とは何なのでしょうか。どう「考え」れば、投票の質が保たれたと——誰に？——いってもらえるのでしょうか。ちなみに義務的投票制をとる国でも、75歳以上の有権者は義務の適用外とする国もあります[*6]。世間では、若い人の判断力がうんぬんといわれますが、先進民主主義国で少子高齢化が進むなかで、高齢者の投票をどう考えるのかという問題もあります。質を考えることは、その国の人びとにとって民主主義がいったい何を目指すものなのかという根本的な問題にかかわってきま

用語解説

*5　判断力
　善悪を分別する能力のこと。政治においては、望ましい政策や対応を判別する能力を意味する。政治思想家ハンナ・アーレントによる論考が注目を集めた（ハンナ・アーレント著、ロナルド・ベイナー編『カント政治哲学の講義』法政大学出版局、1987年）。

\ここも/
CHECK

*6　ルクセンブルクでは、75歳以上の市民には投票の義務は課されない。

す。それゆえに、価値観や意見の多様性を映し出すものとなるでしょう。

2　決めるためのツール

　有権者が投票先を決める過程において、考慮されるポイントは何でしょうか。たとえば、自分と似ている考え方の候補者を選べば、投票の質が保たれたといえるのでしょうか。最近インターネットで普及している投票のナビサイトやマッチングサイトを利用すれば、自分の考えと一致した候補者を見つけることが表面上は可能です。ただし、そのためには、今の政治の課題や政策について、一定程度の知識を備えていることが前提となるでしょう。

　所属政党は、もちろん有力な判断材料です。一方、アメリカなどでは議員経験者について、どのような法案に対して賛否の票を投じてきたのかの記録を判断材料とすることも多く、そのための情報も提供されています。**タウンミーティング**[*7]と呼ばれる対話型集会において、有権者が候補者に質問をぶつける試みもよく行われます。SNSで寄せられた質問に対してリアルタイムで答えていくような政治ショーもあります。背景には、**党議拘束**[*8]をめぐる違いがありますが、日本でもQ＆Aのようなかたちで、インタビューアーが特定の政策についての見解を候補者に質していく動画を目にします。

　動画の視聴や集会への参加をつうじて、意見が変わったという人もたくさんいます。さまざまな情報源を駆使して、多面的に候補者や政党について検討を加えることは、投票に行くのと同様に重要なプロセスでしょう。

 考えてみよう！

　20世紀に活躍した社会学者デイヴィッド・リースマンは、政治に対する強い責任感をもった世代と「無関心」を特徴とする世代とを対比した。リースマンによれば、「古い世代」は、政治と自分とがなんらかのかたちで「つながっている」という感覚を抱き、政治の出来事について「わたし」という一人称で語る。これに対して、若い世代は、政治を論じるにあたって「かれら」という三人称をよく用い、政治というものを傍観者の眼で、別の世界の出来事として眺める。

　リースマンが注目したのは、これらの若者が老人よりも高い教育を受けており、政治についての基本的なリテラシーをもっているという点だ。つまり若者たちの「無関心」は、たんなる「無知」ではない。それは、より複雑で、矛盾をはらむなにかなのだ。リースマンはこれを「新しいスタイルの無関心派」と表した。その特徴とは、政治を「よく知りながらも、拒否するという無関心、あるいは政治的な情報を十分にもっていながらも、受けつけようとしない無関心、また市民としての政治的責任についてよくわかっていながらも、回避しようとする無関心」である。リースマンは、こうした新しい無関心派が政治に対する「免疫」を獲得する一方で、政治への攻撃やシニシズムには容易に屈してしまうと見た。[*9]
　① 今の日本の若い人たちの政治的無関心には、どのような特徴があるでしょうか。
　② 教育を受けた世代で、政治への関心が高まらない理由は何でしょうか（実際にリースマンの本を読んでみるのもよい）。

 用語解説

＊7　タウンミーティング
　独立革命前のアメリカにルーツを有する直接民主制的な統治形態をいう。現在では、住民が地域の施策や課題について議論する集会や、政治家が主宰する住民との対話集会が含まれる。

用語解説

＊8　党議拘束
　議会での採決にあたり、所属議員に対して賛否の拘束をかけること。日本の政党では強いとされ、党の方針に反した議員には基本的に処分が下される。政党規律とも呼ばれる。

＊9　David Riesman. The Lonely Crowd：A Study of the Changing American Character. 147-150(Abridged and Revised Edition, Yale University Press, 2020)より筆者翻訳・要約。参考として、デイヴィッド・リースマン著、加藤秀俊訳『孤独な群衆＜下＞』11-18頁（みすず書房、2013年）。

4　民主主義は「あやしい」ですか

1　デモクラシーの原点

　投票率も、政治への関心の有無も、結局は民主主義をどう考えるのかという問題に行きあたります。つまり本題は、民主主義ということになってきそうです。

> **CASE ②**　Aさんは、自分は平和な民主主義国に生まれてラッキーだと思っていた。しかし、友人のBさんは、権威主義をとる国のほうが経済成長できるからと、民主主義には否定的である。さらに、CさんとDさんは、悪名高い独裁者には少しは興味があるようだが、民主主義にはほとんど関心を示さない。Aさんはたしかに、一票の格差や「政治とカネ」など、国内の民主政治にはいろいろな課題があることを思い出した。ただ、そうすると、今のままの民主主義で満足していて本当に大丈夫なのだろうかと不安を抱いてしまった。

　ルーツから考えてみましょう。民主主義のルーツは、古代ギリシアにあるといわれます。紀元前のギリシアで有力な都市国家であったアテナイでは、市民の直接参加による民主政治が実現していました。この体制は**デモクラティア**（民衆による支配の意）と呼ばれ、現在のデモクラシー（民主主義）の語源となっています。デモクラティアは、市民の全員が参加権をもつ民会、くじ引きによって市民の中から選出される評議会、そしてアルコンおよびストラテゴスの職[*10]を核として構成されていました。市民は日常的に民会に参加し、発言を行い、挙手をつうじて国政の決定にかかわっていたといわれます。

　ここには市民の自己統治としての民主主義の原点があります。王や貴族による統治をよしとせず、市民自らが支配者になるという意味での民主主義です。

ポイント

*10　アルコンは「支配者」、ストラテゴスは「将軍」の意味で、政治や軍事の分野での重要な役職だった。

2　どっちもイマイチ？――「直接」vs.「間接」

　こうしたいわゆる**直接民主制**は、民主主義のあり方としてどうなのでしょうか。女性や奴隷が市民になれなかったことが現代の感覚とまったく相容れないとして、却下する人もいるでしょう。戦争を繰り返していたことも、今の日本の感覚からすると共感しがたいものがあります。しかし、それ以外にも、あまり魅力を感じられない点がありそうです。ギリシアのデモクラティアは、「大変そう」「非効率的」など、そのコアとなる発想に対して懐疑心をいだく人が少なくないようです。政府のやることのすべてについて自分の立場を考えなければならないのはしんどいといったところでしょうか。実際、「無関心」は古代ギリシアでも問題となっており、対策も考えられていたといわれています[*11]。だったら誰か立派な人に頼んで、「おまかせ」でなにもかも決めてもらうほうが効率的なのではないかと思う人もいるかもしれません。

ここも CHECK

*11　アテナイの改革者ソロン（紀元前640年頃～紀元前560年頃）は、党争が生じた際に、党派のいずれにも与せず成り行きにまかせる者は市民として国政に与り得ないこととする法を考案したといわれている。

　ところが、そう簡単にはいきません。というのも今日、直接民主制についての
マイナスの評価が、間接民主制に対する高い信頼につながっているわけではなさ
そうだからです。今の日本では、むしろ政治不信が当たり前のようになっていま
す。日本ほどではないにしても、間接民主制をとる少なくない国で、政府に対す
る信頼度は低迷しています（図11-2）。このことは、どのように説明が可能なの
でしょうか。

　間接民主制の本質は、代表者が政治を行い、国民は選挙を通じて代表者を選ぶ
ところにあります。今日の政治不信は間接民主制のこの中心部分にかかわると考
えられます。つまり代表者である「政治家」を信頼できないというのです（図11-3）。
「政治家」が国民の言うことに耳を傾けている気がしないのです。

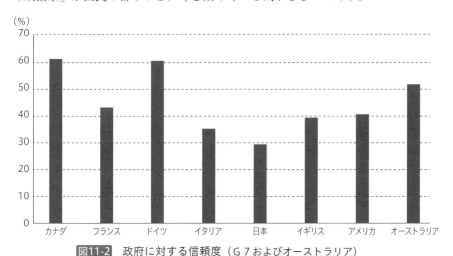

図11-2　政府に対する信頼度（G７およびオーストラリア）

出典：OECD Dataをもとに筆者作成（https://data.oecd.org/gga/trust-in-government.htm）

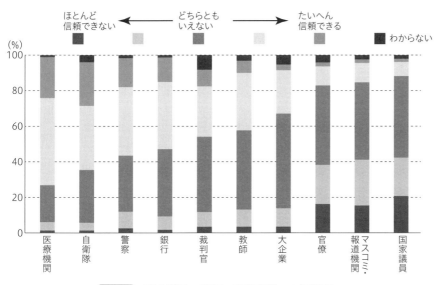

図11-3　国会議員、官僚、裁判官等への信頼度

出典：「議員、官僚、大企業、警察等の信頼感」調査より作成

3　問題発言が多すぎ！？──政治家への不信感

　日本では「政治家」が問題発言を行うと、メディアに大きく取り上げられます。「（震災が）東北でよかった」「セクハラという罪はない」「水道水を飲んでいる人はほとんどいない」「死刑にハンコをおす……地味な仕事」など、問題とされた発言には枚挙にいとまがありません。これらの発言は、国民と「政治家」との意識のズレを際立たせます。そして、こんなことを言ってばかりの政治家がなぜ権力の座に居すわり続けることができるのか、さらにはこうした政治家をなぜ国民の力で辞めさせられないのかという話につながります。

　民主主義なんてアテにならない、自分は最初から期待などしていなかったとあきらめずに、一緒に考えてみましょう。問題を起こしてばかりの政治家が議員の地位を保持することができるのはなぜでしょうか。根拠はどのようなものでしょうか。また、変えることは可能でしょうか。

　なにか問題を起こしたというときに、政治家が自ら決意して辞めるということがあります。議員辞職とも呼ばれます。国会議員が**辞職**を願い出て許可されれば、議員を辞することができます（国会法107条）。また、最近の日本では、問題発言をしたことに対して、大臣の職を辞するというかたちで幕引きが図られることもあります。

5　クビにできない民主主義はダメですか

1　国会議員のリコール

> **CASE③**　Aさんは、政治資金の不適切な処理についてマスコミでたたかれているある国会議員に、議員を辞めてほしいと思っている。Aさんは、リコールの制度によって、この議員を今すぐにでもクビにすることが重要だと考え、なぜそのような動きが周囲で起きていないのか悶々としていた。そんなAさんに対し、友人のBさんは表面的には理解を示してはくれるが、自分のこととしてはとらえていないような様子である。一方、クラスメートのCさんは、この議員が辞めてもどうせ次の選挙で似たような議員が選ばれるのだから無意味だと冷ややかだ。

用語解説

＊12　リコール（解職請求）
　地方自治法では、自治体の長や議員に対して解職請求を行うことができると規定しています（80条・81条）。

　政治家を直接その地位から退ける行為は**リコール（解職請求）**＊12 と呼ばれ、日本の地方政治では法律上可能です。ですので、知事や市議会議員などについては、住民が所定の手続きをふんで「クビにする」ことが制度上は可能です。

　しかし、国会議員を国民が直接リコールすることは、現在の日本ではできません。そのような制度が設けられていないのです。議員の除名に関する規定は存在しますが、権限は議会がもつとされており、リコールの制度とは異なります。このようなことを聞くと、がっかりしてしまう若者もいるようです。民衆の声が政

治にそのまま反映されることこそが民主主義であるという想定に立つと、まったくありえないことのようです。[13]

2 国会議員に「罰」を与えたい

　ただ、待ってください。ここで2つ、答えがあります。第一が、選挙です。国会議員は定期的に選挙されるわけですから、次の選挙で別の候補者や政党に票を投じればよいわけです。国会議員に任期が設けられている理由を考えてみてください。それは、「**権力は腐敗する**」からです。立法という、ある意味では継続性が求められる仕事について、憲法はわざわざ任期を設けているのですから、その理由を察して投票に挑むべきだということになります。

　ただし、若いみなさんにとっては、この選択肢は魅力的ではないかもしれません。「次の選挙まで待たないといけないんですか」「今すぐ辞めさせることができなければ、民主主義じゃないと思うんですが」。こう迫られたら、どうすればよいでしょうか。

　「そのとおり」と賛同することもできます。しかし、賛同しない人ももちろんいます。ここでは、2つの考え方が対立しています。一つは、議員はあくまで国民の「代理人」にすぎないという**命令委任**の考えです。「代理人」ですから「依頼人」である国民の意向に反するようなまねをしたら外されて当たり前というわけです。これに対して、いったん職に就いた以上は一部の国民の意向にいちいち左右されないというのが**純粋代表**の考えです。議員は、たんなる「代理人」ではなく「代表者」であり、任期中に国民全体の利益を代表するものと想定されます。日本国憲法は純粋代表の考えを採用しているといわれます。

　もちろん、だからといってはじめに抱いた疑念がまちがったものだということにはならないでしょう。結局のところ、この問題は民主主義下で人びとが何を求め、実現しようとするのかという選択にかかわっています。納得できないかもしれませんが、これが第二の答えです。気に入らない議員を国民がいつでも直接辞めさせられればは、たしかに民意が反映された政治になるのかもしれません。しかし、やりようによっては、議員は常に罷免のリスクにさらされます。国民の声を恐れてビクビクしているのです。もちろん、よい意味でのビクビク（緊張感）もあるでしょうが、悪い方向でのビクビク（一部の利権への忖度）もあるかもしれません。

　世界的にみれば、国会議員のリコールの法制化の例がないわけではありません。なかでもイギリスの例は注目に値します。2015年の庶民院議員リコール法では、議長主導ではありますが、有権者の10％が賛成すれば議員は失職することになり、実施例も出ています。[14] ほかには、社会主義国において、リコールが憲法に規定される例もあります。

6　人ではなくモノ（政策）を選ぶ

1　インターネットでの投票

CASE
④

A：政治家の意識って国民とズレてるよね。なんでもっと民意を反映した
　政治にならないんだろう……。

B：どんな政策をしたいかネット投票で決めればいいんじゃない？

C：それいいね。政治家なんかいらないよね？

A：じゃあ、国会もナシってこと？　それって憲法違反じゃないのかな。

C：憲法違反だとよくないから、議員は少しだけ残そう。

A：少しってどれくらい？　一院制とか？　憲法の改正は必要なのかな。

C：たしかに少しは政治家もいないと、全部自分たちで決めないといけな
　くなるだろうから面倒かも！？

B：私は全部自分たちで決めるほうがいいなあ。
　わからないことがあったら、そのときは専門家
　に聞けばいいわけだしね。

A：それって直接民主制とどう違うの？

B：同じ……かなあ。でも昔と今とじゃ全然違う
　し。インターネットもあるし、みんなが一つの
　場所に集まらないといけないとかとは違うはず。

　別の角度から検討を続けましょう。もし民意が反映されることが民主主義に
とってなによりも重要だとしたら、わざわざ人を選ばずに政策というモノ自体を
投票で決めてしまえばよいとも思えるわけです。昔は技術的に不可能だったこと
でも今では可能なことはたくさんあります。そこでインターネットでの投票によ
る政策決定、たとえば、ネット投票型民主主義という発想が出てくるわけです。
あなたはこれに賛成でしょうか、反対でしょうか。もし賛成の場合には、既存の
立法府の役割や間接民主制をどうとらえなおすことが必要と考えるでしょうか。

2　レファレンダム

　民主主義との関連では、国民投票（以下、「レファレンダム」という）に高い関
心が向けられてきました。**レファレンダム**とは、国の重要政策や法案等について、
国民（有権者）に賛否を問うものです。2016年にイギリスがEU離脱を決めたのも、
レファレンダムの結果、離脱賛成派が反対派を上回ったためでした。ほかにも、
人工妊娠中絶の合法化をめぐるレファレンダム（アイルランド・可決）、ベーシッ
ク・インカムの導入をめぐるレファレンダム（スイス・否決）、脱原発をめぐるレ
ファレンダム（イタリア・可決）など、特に欧米の民主政治において大きな役割
を果たしています。[*15]　間接民主制の骨格を残したまま行われることが多く、「直接」
と「間接」の併用とも呼ばれます。

　レファレンダムについても、マイナス面を指摘することは可能です。ひょっと

ポイント

＊15　レファレンダム
には、憲法改正のため
に行われるものと、そ
れ以外の重要政策等に
ついて行われるものと
がある。日本では、憲
法改正のための国民投
票が義務づけられてい
るが、実施例はまだな
い。

したら自分が想像するほどに、ほかの国民はそのテーマに関心をもってはいない
かもしれません。この場合は棄権者が増えます。価値観などの対立、いわゆる**分
断**が加速すると主張されることもあります。また、レファレンダムも、義務的投
票制の場合と同じように投票の質に疑問を付すことも可能です。

　ただ、これらのマイナス面はいずれも現在行われている国政選挙にも、多かれ
少なかれあてはまるものでしょう。よって致命的な欠陥とまでいえるかどうかは
不明です。もっというと、この類の批判は民主主義そのものにもあてはまりま
す。もし民衆が無知で無関心でお互いに反目しあっているばかりだとしたら、そ
うした民衆による自己統治というやり方そのものが無謀ということになりそうだ
からです。みなさんはこの考えに同意できるでしょうか。こうした否定的な意味
での民主政治は、**衆愚政治**として言及されることがあります。歴史的には、民主
主義に懐疑的な論者の多くがこうした批判を展開してきました。[*16]

3　日本の民主主義とは

　国民が適切な知識や関心をもち、価値観などが異なる人との共存にも配慮する
なら、衆愚政治の危険は遠のくといえます。こうした民主主義を**成熟した民主主
義**と呼ぶことがあります。特に西ヨーロッパや北ヨーロッパ、北アメリカの民主
主義国について、こうした呼称が用いられます。ただこうした国々でも、近年は
排外主義的な[*17]政党が躍進するなど、懸念される動きがあることは事実です。

　日本というと、みなさんは経済大国というイメージがあるかもしれません。し
かし、民主主義国としての日本というアイデンティティもあります。さまざまな
深刻な問題をはらみつつも、民主主義の外観を比較的長く維持してきたアジアの
国家として、日本は世界で存在感を示しています。みなさんが日本の政治に関心
をもつ理由はいろいろありそうですね。

\ここも/
CHECK

＊16　衆愚政治の原型
として、これまで古代
ギリシアの直接民主制
に目が向けられること
が多くあった。しかし、
近年の研究によって、
古代ギリシアの直接民
主制は考えられていた
よりもずっと巧妙に設
計されており、衆愚政
治という像は一面的す
ぎるという立場が影響
力をもち始めている。

用語解説

＊17　排外主義
　外国人や特定の集団
の人びとを排除しよう
とする思想をいう。

演習問題・・・

　① もし日本で国民投票を行うことになったとしたら、どのようなテーマがよいでしょ
　　うか。
　② 政治に関心をもってもらうための施策と、投票率を上げるための施策について、
　　それぞれ考えてみましょう。

第12章 安心して豊かに生活するために

みなさんは、事業者から商品やサービスを購入して豊かな生活を過ごしています。社会が高度に複雑化した現代は、事業者と消費者にはもっている情報の質・量や交渉力に格差があります。こうした格差から、消費者トラブルが発生し、20歳代の若者が巻き込まれる割合が増加しています。みなさんも、購入した商品やサービスに満足がいかず、「返品したい」「お金を返してほしい」と思ったことはありませんか。本章では、事例を通して、どのように消費者の権利を実現するか学びましょう。

1 消費者法とは

消費者法とはどんな法律だと思いますか。はじめて聞いた人もいるかもしれません。学生のみなさんにはなじみが薄いと思います。実は、消費者法という名の法律はありません。**消費者法**は、消費者保護に関する法律の複合体といえます。[*1]民法は私人間の法律関係を定める一般法ですが、**消費者基本法**、**消費者契約法**などの消費者法は、事業者と消費者との法律関係を定める民法の特別法という位置づけになります。[*2]このように、消費者法は民法と強いつながりがあります。

では、本章の入り口として、CASE①について考えてみましょう。

1 消費者法のなりたち

> **CASE①**　Xは、Y大学の入学試験に合格し、所定の学納金（入学金、授業料、施設費など）を納付して入学手続をした。その後、XはY大学に対して入学を辞退する申し出をした。Y大学の入学試験要項および入学手続要項には、「学納金はいかなる理由があっても返還しない」という旨が記載されていた。Xは、Y大学に対し、在学契約を解除したとして学納金の返還を求めた。[*3]

多くの私立大学は、合格者に対して、国立大学で合格発表が行われる前に学納金を納めないと入学資格を失うことや、いかなる理由があっても収めた学納金は返還しないという条件を示してきました。そうしたことから、CASE①のような大学入学時の学納金返還をめぐる問題が裁判で争われてきました。

この問題について、まず民法の原則で考えてみましょう。民法には、**契約自由の原則**[*4]が定められているため、契約の内容は基本的に当事者が自由に決めることができます。そして、自由意思にもとづいて契約をした以上は、双方がその合意

＼ここも／ CHECK

＊1　消費者法について、具体的には、（後述の）消費者基本法や消費者契約法のほか、特定商取引に関する法律（特定商取引法）、割賦販売法、不当景品類及び不当表示防止法（景品表示法）、消費者安全法など、数多くの法律がある。

用語解説

＊2　一般法と特別法　ある事柄について一般的に広く適用される法を一般法、ある特定の対象や場所等に限って適用される法を特別法という。特別法がある場合は、一般法より特別法が優先的に適用される。なお、民法の特別法には、消費者法だけでなく、商取引や会社のルールを定める商法や会社法がある。

＊3　最二小判平成18・11・27民集60巻9号3437頁。

ポイント

＊4　契約は当事者の自由な意思にもとづいて結ぶことができる。当事者間で結ばれた契約に対しては、国家は干渉せず、その内容を尊重しなければならない。民法に契約自由の原則の直接の規定はないが、民法90条（公序良俗違反の法律行為の無効）や91条（任意規定と異なる意思表示）などがその根拠となっているとされる。

契約を守らなければならない義務を負います。CASE①の場合でいうと、大学が示した条件が嫌だから契約しないという選択肢を除外して、学納金は一切返還しないという条件を承知で学納金を支払ったので、その大学に入学しないことを理由に、学納金の返還を求めることはできないことになります。

　みなさん、納得できるでしょうか。合格者の自由意思といわれればそのとおりなのですが、そうせざるを得ない状況ですよね。それに、まったく授業を受けていない段階で入学を辞退したのに、授業料と施設費を払わなければならないことはおかしいと思いませんか。実際に、納得できない多くの人が、民法の基本原則を修正する民法90条の**公序良俗違反**[*5]を訴えて裁判で大学側と争いましたが、ほとんどの裁判でこれらの契約は無効とされませんでした[*6]。最高裁判所も公序良俗違反ではないとしました[*7]。

　ここで、消費者法の出番となります。教育サービスの受け手を**消費者**という概念で認識し、その立場に立って民法の原則を修正する**消費者契約法**という法律ができたことによって、一定の条件のもと、入学金については返還義務がないが、授業料等については全額返還すべきという最高裁判決が出ました[*8]。この結論は、最高裁判所の統一的判断を示すものであり、大学だけでなく、そのほかの教育契約に関しても大きな影響を及ぼしました。これが、民法の原則を修正して消費者を事業者から救済する消費者法の存在意義といえます。

2　事業者と消費者との情報力・交渉力の格差

　消費者が事業者と売買や賃貸などの契約をするとき、両者にはもっている情報の質・量や交渉力に格差があります。たとえば、みなさんが不動産会社から賃貸アパートを借りる契約をするとき、不動産会社は、住人から設備や環境などについてどんな苦情があったか、近隣のアパートと比較した相対的評価はどうかなど、広くくわしい情報をもっています。そして、契約をうながすときには、「とても人気があるアパートで、本日決めないとほかの人がすぐ契約します」と心理的な交渉も交えてくることもあります。みなさんにとってアパートの契約は初めてだったり人生においても数回だったりするかもしれませんが、不動産会社の担当者は毎日多数のお客様に対応しますので、会社全体として情報も蓄積されますし、個人の交渉力も高くなります。このように情報力と交渉力に格差が生じるのはやむをえないといえます。

　こうした格差により、消費者が不利な状況で契約を締結し、不利益を被ることも少なくありません。みなさんもそのような体験をしたことはありませんか。消費者契約法ができる前は、民法により解決が図られてきましたが、十分に消費者を救済することができませんでした。民法は、その基本原則である、**契約自由の原則**において、両当事者が対等な立場であると想定しているからです。

ポイント

*5　公の秩序または善良の風俗（公序良俗）に反する事項を目的とする法律行為は無効である（民法90条）。ここに「公の秩序または善良の風俗」とは社会的妥当性を意味する。公序良俗違反は、人倫に反する行為、正義の観念に反する行為、人身の自由を制限する行為、営業の自由の制限など幅広く適用される。

*6　細川幸一『大学生が知っておきたい消費生活と法律』14頁（慶応義塾大学出版会、2018年）。

*7　最二小判平成18・11・27民集60巻9号。

*8　細川・前掲（*6）7頁を参照。

\ここも/
CHECK

＊9　民法は、判断能力が不十分な人をあらかじめ類型化し、保護者をつけることにより保護する（制限行為能力者制度）。経験の不足している未成年者の保護者は親権者(父母)、未成年後見人となる。成年者で法律行為を行う能力が不十分な成年制限行為能力者は、その能力(残存している判断能力)に応じて、成年被後見人、被保佐人、被補助人とされ、法定後見人(成年後見人、保佐人、補助人)が保護する。

＊10　消費者庁「知っていますか？ 消費者契約法──早わかり! 消費者契約法」（https://www.caa.go.jp/policies/policy/consumer_system/consumer_contract_act/public_relations/assets/consumer_system_cms203_230310_01.pdf）

＊11　霊感商法については、第13章(p.146)を参照。

　また、民法では、未成年者に**未成年者取消権**を与え保護し、成年被後見人・被保佐人・被補助人は**成年後見制度**により保護していますが[9]、消費者を特別に保護する制度はありません。そのため、消費者の保護は民法の特別法である消費者法が担うことになりました。

　事業者と消費者の情報力や交渉力の格差から消費者の利益を守るため、2000（平成12）年に消費者契約法が成立しました。消費者契約法は、消費者と事業者が結んだ契約（＝消費者契約）であれば、あらゆる契約が対象となります。ここでは、消費者庁が紹介している具体的な事例を説明します[10]。

　消費者契約法によると、不当な勧誘により締結させられた契約は、後から取り消すことができます（4条）。たとえば、就職活動中の学生に対し、「このままではすべて不採用となる。この就職セミナーが必要だ」と勧誘する就職セミナー商法（不安をあおる告知）や、「私は霊が見える。あなたには悪霊がついており、この先悪いことばかり起きる。この水を定期購入し毎日飲めば悪霊が去る」と勧誘する霊感商法[11]（霊感等による知見を用いた告知）などは取り消すことができます。

　また、消費者の利益を不当に害する契約は、無効となります（8条）。たとえば、「当クラブは、会員の施設利用に際し生じた傷害、盗難等の人的・物的ないかなる事故についても一切責任を負いません」（事業者は一切責任を負わないとする条項）、「販売した商品については、いかなる理由があっても契約後のキャンセル・返品はできません」（消費者はどんな理由でもキャンセルできないとする条項）などの条項は、無効となります。

　なお、消費者契約法は、事業者と消費者の努力義務を定めています（3条）。事業者は、「勧誘に際し、契約の目的物の性質に応じ、個々の消費者の知識・経験を考慮したうえで、必要な情報を提供する」必要があります。一方、消費者には、「消費者契約を締結するに際して、提供された情報を活用し、消費者の権利義務その他の消費者契約の内容について理解するよう努める」ことが求められます。

? 考えてみよう！

　消費者契約の公正性の確保のために、公序良俗違反が判例上大きな役割を果たしてきました。民法90条は、公序良俗に反する法律行為は無効であることを定めています。消費者トラブルが増加・複雑化するなか、公序良俗違反を広く認めていくべきでしょうか。

2　未成年者契約の取り消しとクーリング・オフ

　先に消費者の保護は消費者法が中心的な役割を果たしていると述べましたが、未成年者の契約上のトラブルには、民法に未成年者取消権という制度があります。2022（令和4）年4月1日から成年年齢が18歳に引き下げられたため18・19歳の若年者は行使できなくなりました。これは、若年者の消費者被害救済に大きな影響があります。次のCASE②をみながら、どのような制度であるか確認していきましょう。

1　未成年者取消権の効果

> **CASE ②**　X（満18歳の働いている女性）は、路上でY社の従業員Y1に呼び止められ、事務所に同行し、そこで、いわゆるエステ（エステティック美容）のサービスや化粧品を購入するよう勧められ、その代金は16万5,000円であった。Y社に支払った頭金1万5,000円を除く15万円については、クレジット会社Z社との間で、手数料1万8,000円を加えた16万8,000円を、毎月払いの12回払い（月々1万4,000円）とする立替払契約を締結した。
> 　Xは、数日後、親と相談して契約を取り消したいと考えた。取り消せるか。[12]

　CASE②は、2022（令和4）年4月1日より前に起きた事例ですので、Xは未成年者にあたり、**未成年者取消権**を行使できます。

　未成年者は、法定代理人[13]（通常は親権者）の同意のない法律行為を取り消すことができます（民法5条2項）。もっとも、法定代理人が処分を許した財産の処分（同条3項）については取り消すことができません[14]。これは、わかりやすくいうと、親などから処分の許されたお小遣いの範囲で商品やサービスを購入した場合は、それを取り消すことができないということです。

　CASE②では、Xは自身が未成年者にあたり（Y1にも伝えた）、親の同意を得ていないことを理由に、Y社およびZ社との契約を取り消すとの意思表示をし、Y社に支払った頭金1万5,000円とZ社に支払った1万4,000円の返還を求めました。これに対して、Y社とZ社は、月々1万4,000円、総額16万8,000円という支払いは、定職を得ている未成年者にとっては、親権者から事前に処分を許された財産の範囲内であるとして、取り消すことができないと主張しました（民法5条3項）。

　裁判所は、分割の金額で判断することは妥当ではなく（クレジットは延滞すると残額の一括支払い義務が生じる［**期限の利益の喪失**[15]］）、16万8,000円の支払いは給与の手取りが8万円の女性にとっては高額であるとして、取消権の行使を認めました。この判決は、未成年者がした契約で、親権者の同意が期待できないような商品やサービスあるいは高額な契約については、分割払いの1回の支払額が少額であったとしても、取消権を行使することが可能であることを判断したものです。[16]

＊12　茨木簡判昭和60・12・20判時1198号143頁。

＊13　法定代理人については、第7章（p.81）を参照。

 ポイント

＊14　未成年者が成人であると信じさせた場合や法定代理人の同意をもらっている場合、詐術を用いたときも、法律行為を取り消すことができない（民法21条）。

 用語解説

＊15　期限の利益
　期限の利益とは、期限まで履行しなくてもよい債務者の利益のことである。あくまでも債務者の利益であり、債務者は放棄することができる。繰り上げ弁済が可能なのはこれが理由となる。期限の利益の喪失とは、期限の利益を債権者が一方的に奪うことである。

＊16　谷本圭子・坂東俊矢・カライスコス・アントニオス『これからの消費者法』141頁（法律文化社、2020年）。

＊17　谷本ほか・前掲（＊16）141頁を参照。

民法の未成年者取消権が、若年者の契約に関する消費者被害を救済するとても有効な手段であることが確認されました。[17]

　未成年者取消権によると、契約締結時に未成年者であったという事実の主張だけで、基本的に取消権の行使をすることができます。これは未成年者に与えられた強い武器だといえます。現在は、成年年齢が18歳に引き下げられたことから、18歳・19歳のみなさんは、未成年者取消権を行使することができません。それでは、どうしたらよいのでしょうか。CASE②をもとに考えてみましょう。

用語解説

＊18　キャッチセールス
　キャッチセールスとは、駅前や繁華街の路上で呼び止め、喫茶店や営業所に連れて行き、しつこく勧誘して商品やサービスの契約をさせる商法をいう。

2　クーリング・オフの効果と限界

　CASE②のY社の従業員Y1の行為は、いわゆる**キャッチセールス**[18]という商法にあてはまり、一定の期間内であれば、なんらの理由も不要で、無条件に、消費者から一方的に契約解除を行うことができます。この制度を、**クーリング・オフ**といいます。みなさんも聞いたことがあると思います。CASE②でも、未成年者取消権がなくてもクーリング・オフがあれば問題はないのではと考える人もいるかもしれません。クーリング・オフの内容を説明しますので考えてみてください。

　クーリング・オフとは、一般的に「頭を冷やして考え直す」という考え方からいわれる俗称です。クーリング・オフは、1972（昭和47）年の**割賦販売法**改正により導入され、その後、**特定商取引法**のほか宅地建物取引業法や保険業法などで採用されています。キャッチセールスが当時の訪問販売法（現在は特定商取引法）にいう訪問販売に該当すると改正がされたのは1988（昭和63）年でした。CASE②は改正前の事案であったため、訪問販売法が適用されず、もっぱら民法の未成年者保護の規定で救済できないかが考えられました。キャッチセールスによる[19]消費者被害が社会問題となり、それを受けて法改正が行われたということです。

＊19　島川勝・坂東俊矢『判例から学ぶ消費者法［第3版］』21頁（民事法研究会、2019年）。

　表12-1に、特定商取引法におけるクーリング・オフができる取引と期間を整理しました。通信販売にはクーリング・オフがないことに注意してください。

表12-1　特定商取引法におけるクーリング・オフができる取引と期間

8日間	・訪問販売（キャッチセールス、アポイントセールス等を含む） ・電話勧誘販売 ・特定継続的役務提供 （エステティック、美容医療、語学教室、家庭教師、学習塾、パソコン教室、結婚相手紹介サービス） ・訪問購入（業者が消費者の自宅等を訪ねて、商品の買い取りを行うもの）
20日間	・連鎖販売取引（マルチ商法） ・業務提携誘引販売取引（内職商法、モニター商法等）

注1：上記販売方法・取引でも条件によってはクーリング・オフできない場合があります。
注2：訪問販売については、いくつか適用除外があります（乗用自動車および自動車リースなど）
注3：訪問購入の場合、クーリング・オフ期間内は消費者（売主）は買取業者に対して売却商品の引き渡しを拒むことができます。
注4：金融商品や宅地建物の契約等でもクーリング・オフができる取引があります。
出典：独立行政法人国民生活センター「クーリング・オフ」（2022年6月1日）

　クーリング・オフの効果として、契約はさかのぼってなかったものとされるため、事業者は受け取った代金を返還しなければなりません。また、事業者は損害賠償などの請求をすることができず（特定商取引法9条3項）、商品返還のための費用も事業者負担となります（特定商取引法9条4項）。申込者等がすでに役務（サービス）を受けていた場合であっても、その役務の対価を返還する必要はありません（特定商取引法9条5項）。このように、消費者は、一定期間内であれば、なんらの理由も不要で、無条件に一方的に契約解除を行うことができます。クーリング・オフにはとても強い効力があります。

　ただし、事業者にとって厳しい制度なので、適用できる期間は限られています。CASE②で考えると、Xは8日間以内であれば、クーリング・オフを適用し、無条件に契約を取り消すことができます[20]。クーリング・オフ期間を過ぎると適用できないため、この日数がとても重要となります。まさに、「時は金なり」ですね。クーリング・オフは、若年者のみならず、すべての消費者に適用されますが、その対象と期間が限定的であることがわかります。こうしたことから、18歳・19歳のみなさんには、適用期間が基本的に限定されない未成年者取消権が強力な武器であったことがわかります。

\ここも/
CHECK

＊20　エステティックスサロン等の費用については、条件によってクーリング・オフ期間を過ぎても中途解約できる場合がある。特定継続的役務提供（長期・継続的な役務の提供とこれに対する高額の対価を約する取引）の中途解約をいう（特定商取引法49条）。

Column　若年者と消費者トラブル

　全国の消費生活センターに寄せられる相談で、20歳未満の若年者からの相談は全体の2.5％程度で推移しています。若年者に被害が多い連鎖販売取引（マルチ商法）[21]を例にすれば、18〜20歳未満の年間の相談件数が908件であったのに対して、20〜22歳未満は10,401件と実に10倍となっています[22]。これより、未成年者取消権が、20歳未満の若年者の契約による消費者被害の防止に寄与していたことがわかります。[23]
　全国の消費生活センターに寄せられる相談をみると、20歳代の相談件数は全体の9.5％程度で推移し、20歳未満と比べ、相談件数も多くその契約金額も高額です。20歳未満にはあまりみられなかった、美容に関するトラブル（エステティックサービス、医療サービスなど）、もうけ話に関するトラブル（副業サイト、ファンド型投資商品など）に関する相談が多く寄せられています。美容に関するトラブルは、近年、女性だけでなく、男性からの相談（脱毛エステなど）も増加しています。そして、期間・回数無制限コースなどでの中途解約・清算トラブルも増加しています。もうけ話に関するトラブルは、インターネット（オンラインサロン［インターネット上の会員制コミュニティ］）やSNSを経由した事例が増加しています。また、暗号資産（仕組みがわからない）や情報商材（購入するまで内容がわからない）に関するトラブルも増加しています。
　ここで考えてほしいのですが、美しくなりたい、お金を増やしたいと願うことはけっして悪いことではありません。そう願い努力することで人生が楽しく豊かなものとなります。しかし、社会にはそうした夢と希望を抱く若年者をねらう悪徳事業者もいます。トラブルに巻き込まれないように十分な注意が必要です。

📝 用語解説

＊21　連鎖販売取引（マルチ商法）
　商品やサービスの販売員になって販売利益を得ると同時に、他人を販売員になるよう勧誘し、一定のリクルート料（紹介料）が得られる商法をいう。

＊22　2016年度の国民生活センター統計調査。

＊23　谷本ほか・前掲（＊16）141頁を参照。

考えてみよう！

　成年年齢の引き下げにより18歳以上は成人となったため、18歳・19歳は未成年者取消権が行使できなくなりました。なぜ成年年齢が引き下げられたのか考えてみましょう。また、未成年者取消権とクーリング・オフ（特定商取引法9条・48条など）の違いをそれぞれの効果から比較してみましょう。

📝 用語解説

＊24　投資信託
　投資信託とは、投資家から集めたお金をまとめ、それを資金として、運用の専門家が投資・運用を行い、得た成果を投資家に分配する金融商品をいう。

☑ \ここも/ CHECK

＊25　主に、世界のエネルギー関連株約40％、鉱山株約40％、金鉱株約20％の割合で分散投資を行うファンド（投資信託）をいう。中長期的な投資信託財産の成長を目指すが、「エネルギー関連株、鉱山株および金鉱株投資のリスク」「特定業種への投資リスク」「為替変動リスク」「中小型株式投資のリスク」「カントリーリスク」「デリバティブ取引のリスク」などがある。

＊26　一般社団法人投資信託協会ウェブサイト（https://www.toushin.or.jp/start/why/）。

📝 用語解説

＊27　過失相殺
　過失相殺とは、当事者間の損害の公平な分担のため、金融機関に損害の一定の負担を求め、顧客の損害を減額するものをいう。

☑ \ここも/ CHECK

＊28　一例として、横浜地判平成24・1・25セレクト42巻129頁。高齢の女性にブラックロックファンドのようなリスクの相当高い商品を販売したのは、適合性の原則に違反するとして、4割の過失相殺を認めた。

3 金融取引のリスク対処法

　近年、金融取引に関する知識が重要になっています。現在学生のみなさんも、金融に関する知識を集積して資産形成の必要性を学び、社会人になったら資産運用をしてみたいと考える人が多いと思います。将来のために、CASE③を考えてみてください。

1 適合性の原則

CASE③　X（○○大学法学部卒業）は、社会人（製造業営業職）1年目で、資産運用をしたいと考えた。そこでY銀行を訪問したところ、資産運用担当者Y1から、高い利回りであることを理由に投資信託[24]（ブラックロック天然資源株ファンド[25]）をすすめられたため、貯蓄額のほぼすべての300万円で購入した。1年後にお金が必要となり、当該投資信託を解約すると、100万円の損失であった。Xは、Yに対して損害賠償請求することができるか。

　2022（令和4）年4月から高校で金融教育が行われるようになりました。そのなかで、資産を形成することが私たちの生活のなかで重要であると示されています。これは、大切なお金を預貯金に眠らせるのではなく、元手として積極的に運用する**資産運用**が必要になっていることを表すものです[26]。低金利時代、自分の将来をしっかり考えたうえで、**自己責任**にもとづき資産を運用することが求められます。

　CASE③の場合、Y1がXに対して、適合性の原則にもとづき、適切に説明をしたかが、ポイントとなります。適合性の原則に対する違反として、金融機関に損害賠償（過失相殺[27]）を認めた裁判例があります[28]。

　適合性の原則は、投資家保護を目的とし、顧客に合った金融商品を提供するために金融商品取引法40条1号に定められている原則です。金融商品取引業者（以下、「業者」という）は、顧客の知識、経験、財産の状況および金融商品取引契約を締結する目的に照らして不適当と認められる勧誘を行ってはならないとしています。以前は判例・実務上の概念でしたが、2006（平成18）年6月の法改正で、**金融商品取引法**（旧証券取引法）に明文で規定されました。

　条文で規定されているとおり、適合性の原則とは、業者が、顧客の知識（金融

市場の仕組み、金融商品のリスクなどを理解しているかなど）、経験（これまでの購入歴など）、財産の状況（全体の財産のなかで占める割合など）、目的（レジャー資金、定年後の生活資金など）と照らして不適当と認められる勧誘を行ってはならないという原則です。裁判では、適合性の原則に違反しているかが総合的かつ実質的に判断されています。これに違反した場合、業者は違法な勧誘を行ったとされ、当該勧誘によって顧客に生じた損害を賠償する義務が生じることになります。

　CASE③を考えると、まずXは、知識としては、法学部で消費者法を学習したかもしれませんが、現在の仕事内容からも金融商品について特段くわしく学習する機会はなかったと思われます。自主的に学習し、十分な知識がある場合もあります。経験については、これまでに金融商品を購入したことはなく、初心者であり、これに対しリスクの相当高い投資信託（ブラックロック天然資源株ファンド）を勧誘することは、適合性の原則に反する可能性が高いです。そして、財産の状況は貯蓄額のほぼすべてであり、これも問題があります。目的ですが、初めての運用でありリスクの低い金融商品を選択し、堅実に資産形成を行いたいというものであれば、適合性の原則に反する可能性が高いです。ところが、Xの目的がリスクが高くてもとにかくリターンが大きい商品を選択したいというものであった場合は、適合性の原則に違反していない可能性も考えられます。こうしたことから、CASE③はＹ１が適合性の原則に総合的かつ実質的な観点から違反していれば、XはYに対して損害賠償を請求できることになります。

2　断定的な判断の提供

　CASE③からもわかるように、金融商品にはさまざまなリスクが内在し、リスクの高い金融商品に関しては、多額の損失を被ることもあります。それでは、みなさんは、業者に、「この投資信託は、当社の調査により、１年後に100万円の運用益が出ます」「この投資信託は、日本で戦争が発生しない限り、**元本割れ**[29]しません」と勧誘されたらどうしますか。そのような勧誘をしてくる業者は、顧客の不安を取り除いてくれる親切で優良な業者なのでしょうか。

　このような、顧客に対して不確実な事項について**断定的な判断の提供**により顧客に金融商品を勧誘することは金融商品取引法38条により禁止されています[30]。なお、このような勧誘は、それが結果的に的中し、顧客の利益に結びついたとしても違法性はなくなりません。結果ではなく、断定的な表現を使って勧誘すること自体が違法行為になります。断定的な判断の提供の禁止は、公正で透明な市場を築き、顧客の**自己判断の原則**を徹底するものです。業者は、当該金融商品の良い面だけではなく、悪い面（さまざまなリスクなど）もすべて事実にもとづき顧客にわかるように十分に説明し、その説明を受けて、顧客は必ずリスクも理解したうえで**自己判断**により金融商品を購入することが求められます。

用語解説

＊29　元本割れ
　相場の下落などにより、当初投じた投資金額を下回ることをいう。

ポイント

＊30　金融商品取引法38条（禁止行為）は、金融商品取引業者による以下の行為を明確に禁止している。「顧客に対し、不確実な事項について断定的判断を提供し、又は確実であると誤解させるおそれのあることを告げて金融商品取引契約の締結の勧誘をする行為」。

＊31　東京高判平成
9・5・22判時1607号
55頁、最判平成9・9・
4判時1618号3頁など。

＊32　大阪地判平成
7・2・23判時1548号
114頁、名古屋高判平
成14・2・14セレクト
19巻325頁など。

用語解説

＊33　分散投資
　投資対象について、
1つの（少数の）資産に
投資するのではなく、
性質がなるべく異なる
複数の（多数の）資産に
分散する、また、投資
時期についても、1つ
の時期に集中的に投資
するのではなく、投資
する時期を分散する投
資手法。成果として、
リスクを軽減する効果
が期待できる。

用語解説

＊34　ポートフォリオ
　分散投資の実行とし
て、どの金融商品（株
式や投資信託など）に
どんな割合で資産配分
するかを具体的に決め、
組み合わせたもの。も
ともとの語源は、「紙
ばさみ」や「書類入れ」
という意味で、欧米で
は「紙ばさみ」に資産
の明細書を保管してい
たことが言葉の由来と
なっている。

＊35　GPIFの運用資
産額は、192兆968億
円（2022年度第2四半期
現在）。本文の基本ポー
トフォリオは2020年
4月1日から5か年。

　断定的な判断の提供を信じて金融商品を購入し損失を被った顧客が、業者に損害賠償を請求した裁判例があります[31]。さらに、適合性の原則と断定的な判断の提供の両方の違反が認められた裁判例もあります[32]。

Column　　リスクとリターン、ポートフォリオ

　お金を運用するとき、リスクとリターンの関係を理解しておくことが重要です。リターンとは、お金を運用した結果、得られる収益のことです。利益だけではなく、損失が出ることもあります。リスクとは、結果が不確実であり、損失が発生する可能性のことです。リスクとリターンの関係は、表裏一体の関係といえます。総じて、リスクが大きい商品ほどリターンが大きく（ハイリスク・ハイリターン）、リスクが小さい商品ほどリターンが小さい（ローリスク・ローリターン）という傾向があります。こうしたリスクとリターンの関係は、法則ではなく、一般的に観察される現象です。もしみなさんが金融商品取引業者などから言葉巧みにロー（ノー）リスク・ハイリターン商品をすすめられたら、疑ってかかるのが賢明です。

　それでは、リスクをどのように扱うべきでしょうか。それには、アメリカの次の格言がヒントとなります。「Don't put all your eggs in one basket（すべての卵を1つのカゴに盛るな）」。これは、資産運用の際、資産種類（株式、債券、不動産など）を分散し、さらにグローバル分散（日本、米国、欧州など）、為替リスク分散（円、ドル、ユーロなど）などを組み合わせ、リスクを抑制する手法です（分散投資[33]［ポートフォリオ[34]］）。参考として、日本の厚生年金など公的年金を運用している年金積立金管理運用独立行政法人（GPIF）は、基本ポートフォリオを国内債券、外国債券、国内株式、外国株式を各25％としています[35]。基本ポートフォリオは長期的な観点から、定期的に見直されます。

　どこかがだめでも、どこかがよい、相互に補い合い、全体で成果を出します。ポートフォリオの考え方は資産運用以外でも使える考え方です。

🔍 **調べてみよう！**

　金融商品にはさまざまなリスクが内在します。みなさんのなかには、銀行預金ならば絶対大丈夫と考える人もいるかもしれませんが、銀行も経営破綻することがあります。銀行がもし破綻したら預金はどうなるのか調べてみましょう。また、みなさんの預金先の金融機関の「金融商品勧誘方針」を調べてみましょう。金融機関によって違いがあります。

章 末 問 題

　本章では、不当な契約から消費者を守るために消費者法が存在し、どのように消費者を救済しているかを学んできました。次の3つについて考えてみてください。そもそも、なぜ私たち消費者は不当な契約をしてしまうのでしょうか。その原因はどこにあると思いますか。次に、民法で消費者を保護することもできますが、なぜ消費者法による保護が必要なのでしょうか。民法を改正して保護範囲を拡大することについてどう考えますか。最後に、みなさんも就職すると多くの人は事業者の立場となります。事業者の立場になって、消費者法の役割と事業者の責任について考えてみましょう。

【参考文献】

・河上正二『遠隔講義消費者法［第2版］2021』信山社、2021年
・河上正二・沖野眞己編『消費者法判例百選［第2版］』有斐閣、2020年
・島川勝・坂東俊矢『判例からまなぶ消費者法［第3版］』民事法研究会、2019年
・谷本圭子・坂東俊矢・カライスコス・アントニオス『これからの消費者法』法律文化社、2020年
・中田邦博・鹿野菜穂子編『基本講義消費者法［第5版］』日本評論社、2022年
・日本弁護士連合会編『消費者法講義［第5版］』日本評論社、2018年
・細川幸一『大学生が知っておきたい消費生活と法律』慶応義塾大学出版会、2018年
・松本恒雄「成年年齢引下げと消費者取引における若年成年者の保護」消費者法研究2号（2017年）
・山里盛文「成年年齢引下げにおける契約年齢について——成年年齢引下げにともなう若年消費者保護」法と経営学研
　　究所年報（2019年）

第
13
章

「カルト宗教」問題——憲法学の視点から

1　旧統一教会をめぐる問題を考える

1　客観的・論理的に自分の考えを示すとは

　大学で出されるレポート課題では、自らまたは教員が設定した論点に対して客観的かつ論理的に自分の考えを述べることが求められます。これはゼミ研究や卒業研究、場合によっては論述試験でも同じです。しかし、「何をすればそれができているのかわからない」「できているか不安だ」という声をよく聞きます。

　本章では、ほかの章と比べてやや発展的な内容になりますが、社会問題を憲法学の視点から考えることで、そのやり方の一例を示します。具体的には、論点を明確にしたうえで、「憲法」という法規範の特徴や憲法的思考方法をふまえて、[1]関連する憲法（日本国憲法）の条文や判例・学説・法制度・政府見解・外国法などを調査し、整理し、解釈し、分析し、自分なりの考え（結論）を示す方法を追体験してもらいます。題材としては、大きな社会問題となった旧統一教会をめぐる問題を取り上げます。[2]

2　旧統一教会をめぐる問題の背景

　そもそも旧統一教会とはどのような宗教団体で、これまでにどのような経緯があったのか、ごく簡単に確認しておきましょう。[3]

　旧統一教会は、1954年に文鮮明を教祖とする韓国で生まれた宗教で、1964（昭和39）年に日本で宗教法人格を取得しています。旧統一教会は、1960〜70年代にすでに日本において布教活動を行っていました。この時期は、旧統一教会の学生組織、「原理研究会」による大学構内での布教活動が主流でした。その後、1980年代以降に強引な布教・勧誘や霊感商法を大々的に展開したこと、合同結婚式がメディアで取り上げられたことで大きな社会問題となりました。1987（昭和62）年には、全国霊感商法対策弁護士連絡会が結成され、現在までに、霊感商法や強引な布教に関して多数の訴訟が提起されていますが、近年では注目度が下がっていました。そのなかで、2022（令和4）年7月8日に起こった安倍晋三元首相に対する銃撃事件によって再び社会問題化しました。銃撃事件の被疑者Xは、旧統一教会にうらみがあり、安倍元首相が旧統一教会と深い関係にあると考えて犯行に及んだと供述したのです。

　この犯行動機が報道されると、旧統一教会による被害に世間が注目し、政治と

＊1　この点については、第1章（p.12〜）も参照。

＼ここも／
CHECK

＊2　現在の名称は「世界統一平和家庭連合」だが、本章では便宜的に「旧統一教会」とする。

＊3　櫻井義秀・中西尋子『統一教会』（北海道大学出版会、2010年）などを参考にしている。

宗教のかかわり合い、カルト規制の必要性、旧統一教会の解散の可能などがさまざまなメディアで取り上げられ、多くの専門家・有識者・コメンテーターらによって議論されました。旧統一教会をめぐるすべての論点を取り上げることはできませんが、いくつかの論点について、憲法問題としてどのように考えることができるのか、検討していきましょう。

2 政治と宗教は一切かかわってはいけないのか

> **CASE ①** 統一教会をめぐる問題の核心は、「反社会的な組織が、特に自民党と抜き差しならない関係をつくっていたということに尽きる」。「自民の議員の一部は、教団から選挙支援を受けたり、関連団体などが主催する会合であいさつしたりしているが、一切の関係を認めるべきではない。与党とのあらゆる接点が信者らにとって教団への信頼につながる。布教や組織の維持を図るうえでメリットを与えてしまう」という政治学者の見解を憲法学の観点から検討する。[*4]

1 政教分離とはなにか

　政治と宗教について、〈日本国憲法は**政教分離原則**を定めている〉というのは、どこかで聞いたことがあると思います。その根拠となっている条文は、憲法20条1項後段、同条3項および89条です（以下、これらをまとめて「政教分離規定」と呼びます）。政教分離といわれると、政治と宗教を分離することが求められているように感じますが、日本国憲法のどこにも「政治」と「宗教」は「分離」しなければならないとは書かれていません。[*5] 政教分離規定は、あらゆる宗教団体が、国から特権を受けること（憲法20条1項）、政治上の権利を行使すること（同）、国およびその機関が、宗教教育や宗教的活動を行うこと（憲法20条3項）、公金その他の公の財産を、宗教上の組織もしくは団体の使用、便益もしくは維持のために支出すること（憲法89条）を禁止しているのです。つまり、日本国憲法の政教分離規定の文言は、あらゆる場面で政治と宗教は分離しなければならないとは指示しておらず、国家と宗教の特定のかかわり合いを禁止するものと理解できます。

　他方で、政教分離規定の背後には、日本国憲法に明文で書かれているわけではないけれど、政教分離原則というものが存在すると理解し、この政教分離原則は、政治と宗教の分離や公的領域全般の非宗教性を要求していると解釈すべきだという主張もあるでしょう。この場合、日本国憲法の政教分離規定は政教分離原則の一部を具体化した規定ということになるでしょうか。ここで、日本国憲法の政教分離規定をどのように解釈すべきかという論点が生じます。憲法条文の文言を重視した解釈をすべきという立場もあれば、文言の背後に不文の原則があると考えて、その原則の趣旨を反映するかたちで解釈するべきだという立場もあるのです。

＊4　東京新聞Web「旧統一教会問題で政治に求められることとは……紀藤正樹弁護士と後房雄愛知大教授に聞いた」（2022年10月10日）〔後房雄発言〕（傍点は筆者）（https://www.tokyo-np.co.jp/article/207392）。

憲法20条1項
信教の自由は、何人に対してもこれを保障する。いかなる宗教団体も、国から特権を受け、又は政治上の権力を行使してはならない。

憲法20条3項
国及びその機関は、宗教教育その他いかなる宗教的活動もしてはならない。

憲法89条
公金その他の公の財産は、宗教上の組織若しくは団体の使用、便益若しくは維持のため……、これを支出し、又はその利用に供してはならない。

＊5　山本龍彦「政教分離と信教の自由」南野森編『憲法学の世界』205頁（日本評論社、2013年）。

\ここも/ CHECK

＊6　リーディングケースは、津地鎮祭事件（最大判昭和52・7・13民集31巻4号533頁）である。

＊7　学説の整理については、小山剛「信教の自由と政教分離(2)」法学セミナー708号48頁（2014年）などが参考になる。筆者自身の考えは、山本健人「国家と宗教」山本龍彦・横大道聡編『憲法学の現在地』165頁以下（日本評論社、2020年）で示している。

＊8　佐藤幸治『日本国憲法論［第2版］』263頁（成文堂、2020年）。

＊9　佐藤・前掲（＊8）。

＊10　正式名称は、「暴力団員による不当な行為の防止等に関する法律」。

🔍 調べてみよう！

　政教分離原則に関する判例や学説などを調べてみましょう。そのうえで、あなたなら、日本国憲法の政教分離規定をどのように解釈するか、考えてみましょう。

2　政教分離の観点から旧統一教会問題を考える

　本章では前者の理解を採用して検討を進めましょう。この理解によれば、日本国憲法は、一部の政治家が特定の宗教団体とかかわりをもつことを一切禁止しているわけではありません。そうだとすれば、政治家と特定の宗教団体について「一切の関係を認めるべきではない」との主張は、日本国憲法の解釈からは出てこないといえそうです。また、日本国憲法が20条1項前段で信教の自由を保障していることからすれば、一切の関係を認めないことは信教の自由の侵害にもなると考えられるのではないでしょうか。たとえば、敬虔なキリスト教徒である国会議員と特定の教会とのかかわり合いを考えてみてください。

　ただし、政治家と関係を深めることで、特定の宗教団体が「特権」や「政治上の権力」を手にすることは禁止されています。ここでいう「特権」とは、宗教団体のみに与えられる、または特定の宗教団体のみに与えられる優遇的地位・利益を指します。たとえば、国教としての地位を与えることは禁止されます。また、「政治上の権力」とは、課税権や裁判権などの国家の統治に関する権力を指すと理解する見解が有力です。旧統一教会がこの意味での特権や政治上の権力を手にしていたとする説得的な証拠があれば、日本国憲法が禁止する国家と宗教のかかわり合いということになりますが、現時点では、そのような関係までは明らかになっていないようです。

　念のため、旧統一教会という特定の宗教団体を「反社会的な組織」としたうえで、政治家とのかかわり合いを問題にしている点にも触れておきます。この点、「反社会的な組織」という言葉は広く社会で用いられていますが、実は法律用語ではなく、反社会的な組織を規律する法律はありません。反社会的な組織という言葉で最初にイメージされるのは暴力団だと思われます。暴力団については、暴力団対策法2条が、「その団体の構成員（その団体の構成団体の構成員を含む。）が集団的に又は常習的に暴力的不法行為等を行うことを助長するおそれがある団体」と定義をしています。この定義にもとづけば、旧統一教会を「暴力団」と考えることはむずかしいでしょう。

144

3 カルトの規制と宗教的行為の規制は違う？

1 カルト規制とはなにか

　次に、カルト規制の問題を考えることにしましょう。この点については議論が複雑になっているので、何を考えればよいのかを整理するところから始めるのがよいでしょう。まずは、そもそも「カルト」とは何なのかを考える必要があります[*11]。カルトの法的な定義はありませんし、学者の見解も多様です。「公序を侵害する新興の少数派宗教団体」という加害性を内在させた定義もあれば、こうした観点を避けて「教義内容や宗教実践が風変わりな新興の宗教団体」とする定義もあります[*12]。また、カルトには侮蔑的なニュアンスが含まれている場合が多いといえます。現在の日本では、前者の定義のイメージでカルトが用いられているといえるでしょう。

　このような意味でカルトを用いてカルト規制をしようとする場合、「何がカルトに該当するのか」の基準を提示したうえで規制するというアプローチ（方法）が考えられます。現在、こうした規制を行う法律はありませんから、新たな法律をつくることになります。この場合、カルトかどうかを適切に線引きする基準を提示することができるのか、そのようなやり方が信教の自由を過剰に制約しないのかなどを考える必要があるでしょう。また、カルトに該当した宗教団体にどのような規制を行うのかについても考える必要があります。

　他方で、カルトかどうかではなく、個人または団体が行う一定の反社会的な宗教的行為を規制するというアプローチを考えることもできます。この場合、刑法など私たちの社会秩序を保護している法律によってすでに規制されていますが、こうした法律による規制が法規範の序列的には上位に位置する憲法の定める信教の自由を侵害しないか、反対に既存の法律の規制で十分かどうかなどが論点になります。なお、宗教団体が行った反社会的な行為を理由に宗教団体に対する制裁として機能する仕組みとして、宗教法人に対する**解散命令**があります。

2 宗教的行為の規制

> **CASE②**　宗教的行為が刑法などで規制されている行為に反する場合や民法上の不法行為となる違法な行為の場合も、宗教的行為であれば信教の自由のもとで自由に行えるのか[*13]。旧統一教会の信者らが行っている霊感商法や正体を隠した布教活動、法外な献金の要求といった宗教的行為は規制するべきか。

　まず、個人による反社会的な宗教行為の規制から考えてみましょう。この検討を始める前に、憲法上の権利──憲法典で規定されている人権──が侵害されているという主張について、憲法学がどう考えるかを宗教的行為の自由を例に簡単

*11　たとえば、紀藤正樹・島岡まな・田近肇「カルト規制はどうあるべきか」世界964号79頁（2022年）以下、田近肇「カルト規制に関する憲法学の視点」近畿大學法學70巻2〜4号1頁以下（2023年）などが参考になる。

*12　中島宏「フランスのセクト規制法」宗教法23号49頁脚注1（2004年）、大石眞『憲法と宗教制度』136-138頁（有斐閣、1996年）。

*13　民法の不法行為については、第3章（p.39）を参照。

に確認しておきましょう。憲法上の権利を侵害されたと主張する場合、まず侵害されたと主張する行為等が憲法によって保護されているものかどうかを確認する必要があります。この点、日本国憲法は、信教の自由を規定していて（20条1項）、宗教的行為の自由も信教の自由の保障に含まれています。そして、特に重要なのは、憲法上の権利は常に絶対的に保障されているわけではないということです。憲法で保障されている権利の多くは、絶対的なものではなく、**公共の福祉**の実現のために、その制約の必要性や合理性を国家側が示すことができる場合には制約することが可能です（「憲法上の権利の制約が正当化される」と表現されます）[*14]。これからいくつか判例をみていきますが、憲法上の権利としては認められるが、公共の福祉のために、その権利を制約することが正当化されるという結論になっている場合があることに注意しておいてください。

　それでは、古い判決ですが、宗教的行為の自由に関する判例を確認しましょう。

> **加持祈禱事件**[*15]
> 　被告人の本件行為は、所論のように一種の宗教行為としてなされたものであつたとしても、それが……他人の生命、身体等に危害を及ぼす違法な有形力の行使に当るものであり、これにより被害者を死に致したものである以上、被告人の右行為が著しく反社会的なものであることは否定し得ないところであつて、憲法20条1項の信教の自由の保障の限界を逸脱したものというほかはな〔い〕。

　この事件では、被告人の行った加持祈禱によって、被害者が死亡したという極端な事案が扱われていますが[*16]、最高裁は、宗教的行為の自由が憲法上保障されているとしても、「著しく反社会的」な行為である場合には、信教の自由の保障の限界を超えると述べています。ただし、形式的に刑法と抵触する宗教的行為の一切が保障の限界を超えるわけではありません。その例として、被疑者の少年を牧会活動の一環として匿ったことが問題となった**牧会活動事件**を調べてみてください[*17]。

　旧統一教会をめぐっては、たとえば、霊感商法[*18]、正体を隠した布教活動、法外な献金の要求などについて、規制が必要なのではないかという主張がなされてきました。これらが「著しく反社会的」な行為であるといえれば、その規制は信教の自由に違反しないといえます。

　この点を考えていくさらなる糸口の一つとして、旧統一教会の信者らによる霊感商法などについて判断した裁判例の説示も確認しておきましょう。この事件当時、旧統一教会の信者らが役員となってさまざまな会社を経営し、教義の実践活動として、大理石の壺などを詐欺的で暴利的な霊感商法によって販売していました。また、信者らは、自ら多額の献金をするとともに、他者に働きかけて多額の献金をさせていました。さらに、正体を隠してあらかじめ対象者の個人情報を収集するなど、計画的に信者を増やすような活動も行っていました。本件の原告も

このような経緯で被害にあった一人で、一連の行為が違法なものであるなどと主張して損害賠償を請求したのです。

広島高裁岡山支部は憲法には言及していませんが、次のように述べています。

青春を返せ訴訟岡山事件[19]

宗教団体の行う行為が、専ら利益獲得等の不当な目的である場合、あるいは宗教団体であることをことさらに秘して勧誘し、徒らに害悪を告知して、相手方の不安を煽り、困惑させるなどして、相手方の自由意思を制約し、宗教選択の自由を奪い、相手方の財産に比較して不当に高額な財貨を献金させる等、<u>その目的、方法、結果が、社会的に相当な範囲を逸脱している場合</u>には、もはや、正当な行為とは言えず、民法が規定する不法行為との関連において違法であるとの評価を受けるものというべきである。

この判示から、裁判所が、宗教団体の行う行為の「目的、方法、結果が、社会的に相当な範囲を逸脱している場合」は、民法上の不法行為[20]を構成する違法な行為に該当すると考えたことが読み取れます。また、その例示として、もっぱら利益獲得等の不当な目的、正体を隠した勧誘や相手方の自由意思を制約し宗教選択の自由を奪うといった方法（明言されていませんが、これらは他者の信教の自由を害するような方法を意味すると理解できます）、不当に高額な献金をさせるといった結果をあげています。

以上から、刑法と抵触したり、民法上の不法行為を構成する違法な行為に該当するような行為を規制したりすることは、信教の自由のもとでも許容される可能性が十分あるといえます。たとえば、現在の消費者契約法は霊感商法について一定の対策を行っていますが[21]（4条3項8号）、これが信教の自由を侵害する許されない規制と考えるのは困難なように思われます[22]。とはいえ、具体的にどのような宗教的行為であれば規制が可能であり、どのようなものが信教の自由の侵害になるのかは、個別に検討する必要がありますし、事案に依存することもあると思われます。

考えてみよう！

国家による規制は、特定の（宗教的）行為の害悪・弊害を理由にしており、ある宗教の教義内容を理由とした規制はしていないように見受けられます。これはなぜでしょうか。

---

[19]　広島高岡山支判平成12・9・14判時1755号（下線は筆者）。

[20]　民法の不法行為については、第3章（p.39）を参照。

[21]　消費者法については、第12章（p.132）を参照。また、棚村政行「宗教団体の経済活動と法」法学教室515号54頁以下（2023年）も参照。

ポイント

[22]　2022（令和4）年12月には、法人による不当な寄付の勧誘を禁止する「法人等による寄附の不当な勧誘の防止等に関する法律」が成立している。また同日、消費者契約法も改正され霊感商法対策が強化されている。

4　宗教法人を解散するとは

> **CASE ③**　宗教法人に対する解散命令は憲法の保障する信教の自由を侵害しないか。また、旧統一教会に対する解散命令が認められる可能性はあるか。

次に、反社会的な活動を行った宗教団体に対する制裁と考えられる宗教法人の解散について考えてみましょう[23]。この論点を考える際には、宗教法人制度について理解する必要があります。まずは、この仕組みについて規定する宗教法人法についてごく簡単に説明しておきます。ここでは法律によって形成される法制度のなかに憲法の観点——ここでは信教の自由と政教分離——が反映されていることにも注意しておいてください。

1　宗教法人法の仕組み

宗教法人法は、宗教団体に法人格を与え、宗教団体が自由で自主的な活動を行うための財産や団体組織の管理の基礎を確保することを目的にしています（1条・2条）。また、宗教法人になれば、法人税法上の「公益法人等」となり、減税措置を受けることができます[24][25]。

宗教法人法は、戦前に宗教団体を厳しく管理・監督し、宗教弾圧につながったことの反省から、日本国憲法の定める信教の自由と政教分離を強く意識しており、宗教法人に対する所轄庁の規制や取り締まりは非常に抑制的です。しかし、解散命令の請求（81条）やその前提ともなる報告徴収・質問権（78条の2）が規定されていることから、形式的には公共の福祉に反する宗教法人を統制するための仕組みを備えているといえます。なお、報告徴収・質問権は、オウム真理教の一連の事件を受けて、1995（平成7）年の宗教法人法改正で創設されたもので、旧統一教会に対して行使されるまで使われたことがありませんでした[26]。

本章では、解散命令にしぼって考えることにしましょう。まずはその仕組みを確認しておきます。解散命令は、所轄庁などの請求などにより、裁判所が解散を命じるというものです。そして、宗教法人法81条は1号〜5号で解散命令に該当する事由をあげています。このうち、2号後段〜5号に関する事由は客観的な判断が可能なものですが、1号および2号前段については、個別具体的な検討が必要です。

2　宗教法人に対する解散命令

では、これまでに、どのようなケースで解散命令が請求されたのでしょうか。調べてみると、きわめて数が少ないことがわかります。最初の事例は、大量殺人を目的として毒ガスであるサリンを大量に生成することを計画したうえ、多数の

信者を動員し、組織的にサリンを生成したオウム真理教に対するものです。最高裁は、「解散命令によって宗教法人が解散しても、信者は、法人格を有しない宗教団体を存続させ」ることができるので、解散命令は「信者の宗教上の行為を禁止したり制限したりする法的効果」をもたないと述べています。[*27]最高裁は、信教の自由に配慮しつつも解散命令という仕組みは合理的であると判断したのです。最高裁は、どのような場合に宗教法人法81条1号および2号前段に該当するかについて独自の解釈論を示しておらず、この点については控訴審である東京高裁が示した解釈が影響力をもってきました。

オウム真理教解散命令事件控訴審決定[*28]

　宗教法人法81条1号及び2号前段とは、「宗教法人の代表役員等が法人の名の下において取得・集積した財産及びこれを基礎に築いた人的・物的組織等を利用してした行為であって、社会通念に照らして、当該宗教法人の行為であるといえるうえ、<u>刑法等の実定法規の定める禁止規範又は命令規範に違反するもの</u>であって、しかもそれが著しく公共の福祉を害すると明らかに認められる行為、又は宗教法人法2条に規定する宗教団体の目的を著しく逸脱したと認められる行為をいうものと解するのが相当である。」

　この判示でとくに注目されるのは、宗教法人法81条1号および2号前段の要件に該当するものとして、「刑法等の実定法規の定める禁止規範または命令規範に違反するもの」をあげているところです。この部分を素直に読むと、宗教法人法81条1号および2号前段にもとづく解散命令の根拠は、刑法等の違反に限られると読むことができそうです。オウム真理教に続いて2例目の解散命令の請求が行われた**明覚寺事件**[*29]も刑法等の違反が前提となる事件でした。[*30]

　現時点で、旧統一教会については、民法上の組織的な不法行為と判断され、使用者責任（民法715条）が認められた事例はあるものの、刑法等の違反が確定している判決はありません。[*31]上記のように解釈するとすれば、民法上の違法判決が[*32]存在するだけでは解散命令が認められる可能性はきわめて低いということになるでしょう。この解釈は、政府においても定着しており、2022（令和4）年10月18日の衆議院予算委員会でこの点を問われた岸田内閣総理大臣が刑法等の違反を前提とするような答弁をしています。[*33]ところが、翌日の10月19日の参議院予算委員会において、岸田内閣総理大臣は、政府の考えを改めて整理し、「行為の組織性や悪質性、継続性などが明らかとなり、宗教法人法の要件に該当すると……認められる場合には、民法の不法行為も入り得る」と答弁しました。[*34]

　わずか1日で政府の見解が変わっていることはひとまず置いておきますが、確かに、81条1号および2号前段の文言から刑法等の違反に限定する趣旨を読み取るのは困難なように思えます。他方、戦前の宗教弾圧や国家による宗教管理体制への反省から、宗教法人法の制定・運用について、信教の自由の名のもとに宗教

⚖ **宗教法人法81条**
裁判所は、宗教法人について左の各号の一に該当する事由があると認めたときは、所轄庁、利害関係人若しくは検察官の請求により又は職権で、その解散を命ずることができる。
　一　法令に違反して、著しく公共の福祉を害すると明らかに認められる行為をしたこと。
　二　第2条に規定する宗教団体の目的を著しく逸脱した行為をしたこと又は1年以上にわたつてその目的のための行為をしないこと。
（後略）

*27　最一小決平成8・1・30民集50巻1号199頁。

*28　東京高決平成7・12・19判時1548号26頁（下線は筆者）。

*29　和歌山地決平成14・1・24訟月48巻9号2154頁。

☞ **ポイント**

*30　この事件で裁判所は、霊感商法による多数の詐欺事件（有罪判決を受けている）を「僧侶等による個人的犯罪ということは到底できず、宗教法人たる相手方が主体となって行った」組織的な詐欺行為としたうえで、これらは「宗教団体の目的を著しく逸脱したと認められる行為である」とし、宗教法人を解散させた。

*31　民法の不法行為および使用者責任については、第3章（p.39）を参照。

団体の活動への不干渉主義を強調するという立場選択があったのだとすればどうでしょうか。また、刑法等の違反の場合には刑法によって事前に禁止行為（構成要件）が明確に公示されていますが、民事の不法行為の場合はそのような意味での明確性は十分ではないので、宗教的行為の自由に対する不明確な基準による制約だとの主張はあるでしょう。とはいえ、不明確性が問題なのであれば、同様の不法行為を繰り返していることを根拠にするという考え方もありえます。また、質問権の行使によって不法行為の組織性・悪質性・継続性の補強ができた場合には民法の不法行為も根拠となるという考え方もありえるでしょう。

考えてみよう！

　宗教法人法81条1号および2号前段は従来のように解釈すべきでしょうか。あるいは民法の不法行為も宗教法人法の解散命令の要件に入ると解釈を変えるべきでしょうか。

　また、宗教法人の解散を超えて、宗教団体そのものを解散させるという手段が必要だとする主張もあります。現在の日本の法律には事実上団体そのものを解散させる仕組みをもつ法律として破壊活動防止法が存在しますが[35]、この法律はオウム真理教にすら適用が見送られました。また、宗教団体そのものを解散させる場合、オウム真理教解散命令事件で最高裁が採用したロジック——宗教団体は残るので信者の信教の自由への支障は比較的弱い——は使えなくなります。

5　カルト規正法は必要？

CASE④　なんらかの基準を設定して、カルト規制を行うことは信教の自由を侵害しないか。

　旧統一教会をめぐる議論では、なんらかの指標にもとづき特定の宗教団体をカルト団体であると認定し、カルト団体の規制を行うべきだという主張が散見されました。この主張は、最終的にある宗教団体を「カルト」と認定することを目指すため、反社会的な行為を規制した結果、そのなかに宗教行為も含まれる場合にどのように考えるかという、前節で検討した論点とは一線を画しています。カルト団体に認定した後にどのような規制を行うかについても、団体自体の解散、国家機関による監視、罰則の強化などさまざまなものがあり、どのようなものにすべきかが論点になりますが、最大の論点はどのような基準で「カルト」を判断するのかというところにあります。

1　フランスのやり方と反論

　この間の議論で注目されたのが、1995年にフランスの国民議会報告書が**10個の暫定的なカルトの指標**を導入し、カルト団体をリストアップしていたことです。[*36]この10個の基準は、①精神的不安定化、②法外な金銭要求、③もとの生活からの意図的な引き離し、④身体に対する危害、⑤子どもの強制的入信、⑥反社会的な言説、⑦公共の秩序を乱す活動、⑧多大な訴訟問題、⑨通常の経済流通経路からの逸脱、⑩公権力への浸透の企てです。そして、この基準にもとづいて、サイエントロジー教会、統一教会、エホバの証人など172団体がカルトとしてリスト化されていました。これと同様のものを日本でも導入すべきだとの主張を目にする機会は多かったのではないかと思います。

　この主張に対する主な反論は、カルトとして指定された団体およびその信者の信教の自由に対する侵害でしょう。国家が特定の宗教を「カルト」と認定することは、特定の宗教が善いものではないことを国家が判定し、宗教の良し悪しについて国家がメッセージを発することになってしまいます。これは、そのような信仰を有する人にとっては信教の自由の核心的部分を侵害されることになるといえると思われます。実際に、フランスがカルト団体をリストアップしたことは、関連団体からの激しい批判だけでなく、アメリカ合衆国の国務省が作成している国際的信教の自由報告書などによって国際的にも強く批判され、[*37]2005年にフランスはリストアップを止めています。[*38]

2　カルト規制は必要か

　この反論を回避する戦略として、カルト認定の基準を宗教的要素から切り離して、教義内容や信者の内心に踏み込まないようにすればよいというものがありえます。このような戦略をとれば、一見信教の自由を侵害するという主張を回避できているように思われるかもしれません。しかし、大半の宗教の教義内容は内心の体系で完結してはいません。多くの宗教は特定の行為を行うことを教義内容として要求しています。内心での信仰と宗教行為は密接に関連している場合が多いといえます。旧統一教会についても、多額の寄付をすることや霊感商法を用いてでも資金を集めることが教義内容として要求されているわけです。

　また、振興宗教は往々にして現在の社会秩序や道徳観と相容れない宗教的信念および実践をもちますし、キリスト教のような現在の支配的宗教もその起源は当時の社会秩序や道徳と相容れないものでした。現在の多数派にとっての社会秩序や道徳に反する行為を理由にカルトと認定するのだから、内心を害さない＝信教の自由を侵害しないという論法は少し乱暴でしょう。教義内容や内心に踏み込まないような基準を用いてカルトか否かを判断することはそもそも不可能であるということを認めたうえで検討を進める必要があると考えられます。

＼ここも／
CHECK

＊36　この紹介として、島岡まな「仏『反セクト法』が示唆する弱者への人権意識、日本も」Journalism389号123頁以下（2022年）などがある。なお、欧州ではカルトではなくセクトという言葉が使われることが多いが、本章ではカルトで統一する。

＊37　アメリカ合衆国による国際的信教の自由の保障については、山本健人・岡田順太・横大道聡「米国による国際的信教の自由の促進と保護」阪経法論84号35頁以下（2021年）で概要が説明されている。

＊38　この経緯についての紹介と検討は、小泉洋一「フランスにおけるセクト対策と信教の自由」甲南法学46巻4号75頁以下（2006年）が詳しい。

　他方で、反社会的な宗教的活動に対する規制が不要だと考えることもできません。しかし、個別の宗教行為を規制することに比べ、特定の宗教団体そのものをカルトであると認定することは信教の自由に対する負担の程度が高いと考えられます。それでもなお、このような規制が必要であるという主張をするのであれば、なぜ個別の宗教行為に対する規制だけでは不十分でカルト規制でなければならないのかの説明が必要になると思われます。

演 習 問 題 ‥‥

　日本における霊感商法の被害総額などを考慮すると、国家は、フランスが用いている10個の指標のようなものを示し、カルトのような宗教団体をリスト化して公表するべきだという主張は十分ありえます。そうしたリストの公表による予防効果があるのではないかという主張にかかわる憲法上の論点について考えてみましょう。

第 V 編

判例と立法にみる法的思考

本編では、これまでの法的思考をふまえて、判例と立法の現場をみていきます。

第14章

判例から学ぶ

1　「判例」と「裁判例」

民事訴訟法
318条1項
（前略）原判決に最高裁判所の判例……と相反する判断がある事件（後略）

刑事訴訟法
405条2号
最高裁判所の判例と相反する判断をしたこと。

\ここも/
CHECK

＊1　もっとも、実務を意識した書籍のなかには、最高裁判決だけを「判例」と定義するものもある。中野次雄編著『判例とその読み方［三訂版］』9頁（有斐閣、2009年）。そのように考える研究者もいることは知っておこう。

ポイント

＊2　具体例として、労働法の分野で、いわゆるリストラ（整理解雇）を行う際にクリアする必要がある4基準がある。これは下級審判決の積み重ねで形成されたもので、条文には記載されておらず、最高裁判決は存在しない。しかしながら、裁判では必ず適用されるルールとして普遍化されており、判例（法理）であると表記される。

　最高裁判所が示した一つの判決を、あえて**判例**と呼ぶことがあります。判例という言葉は、法令用語として条文にも登場します。最高裁判所が、民事訴訟の上告を受理するか否かの基準として、民事訴訟法では、これまでの判例との相反という言葉が使われています。刑事事件ついても、やはり刑事訴訟法で、最高裁判所の判例と相反する判断であったことを上告理由の一つと位置づけています。これに対して、たんなる下級審判決については、**裁判例**と呼んで区別します。

　注意しなければならないのは、最高裁判所の判決だけが判例というわけではないということです。[＊1]たとえ下級審の裁判例であっても、多くの裁判例が積み重なって、あたかも条文のように明確なルールとして形成されたものについては、やはり**判例**あるいは**判例法理**と呼んで区別します。[＊2]換言するならば、個々の事例判断ともいえる判例に通底する、**より普遍化された法的思考**ともいえるでしょう。

　たとえば、「判例は、○○説の立場」という記述において、その根拠として複数の確立した裁判例があげられていることもあります。すなわち、裁判例が積み重なることにより、この条文の解釈はこうだ、あるいは、こういう事例では結論はこうなるといった法解釈や先例において、**事実上の拘束力**をもつ規範であれば、たとえ最高裁の判決ではなくとも、やはり判例と呼ばれることがあるのです。

　判例によって、同じような事例では同じような結果になるという、結果の予測可能性が立ちますし、同じ請求を行うAさんとBさんとの間で大きな差がないという**当事者間の公平性**も保たれることになります。すなわち、判例が事実上の拘束力をもつことによって、**法的安定性**が保たれているのです。

　とはいえ、その事件が判例として確立しているのか、あるいは、一つの裁判例なのかという見極めは法律の専門家でもむずかしいことがあり、評価が大きく分かれることもあります。さればこそ、法律を学ぶみなさんが下級審裁判所の判決を読むときには、これは判例といえるのだろうか、あるいは、裁判例にすぎないのかという、両者の違いについて意識する必要があるでしょう。

2　判例は変わることがある

CASE
①

2016年、Y市の市議会議員であるＸは、委員会を欠席したＡが陳謝の懲罰を受け、陳謝文を読み上げたことに関して「Ａさんは不本意な陳謝でも、読み上げなければ、次の懲罰があります。要するに、Ａさんが読んだ中身は真実ではなく、政治的な妥協なんです」との発言を議会内で行った。このＸの発言に対して、Y市議会はＸに23日間の出席停止処分を科し、議員報酬を減額した。

Ｘは、旧知のベテラン弁護士であるＢに相談したところ、司法審査の対象とはならない（地方議会の処分について司法機関である裁判所は口出しをしない）という昔の最高裁判例があるため、この件を法的に争うことは不可能だと助言され、争う方法がないことに驚いた。

しかし、やはり納得ができないＸは、かねてより上記判例を批判していたＣ教授と新人であるＤ弁護士らの助力を得て、訴訟を提起した。地裁判決、高裁判決ともにＸの請求が認められ、ついに最高裁でも、出席停止の懲罰の適否は司法審査の対象となるというべきであり、当裁判所の判例は変更すべきであるとして、Ｘの請求が認められた。

＊3　村議会議員出席停止事件(最大判昭和35・10・19民集14巻12号2633頁)。

CASE①は、2020（令和2）年に最高裁判所が**判例変更**を行ったとされ、大きく注目された市議会議員出席停止処分取消請求（岩沼市）事件をモデルとしています。実際にはもっと複雑な経緯をたどっているのですが、事例として簡略化しています。これからみなさんが法学の勉強を進めていくと、著名な最高裁判決として、くわしく学ぶ機会が出てくることでしょう。CASE①では、本章のテーマである判例が重要な役割を果たしており、とりわけ次の2つの点に気づくのではないでしょうか。

＊4　最大判令和2・11・25判タ1481号13頁。

1つめは、条文や法制度を知っていても、判例を知らなければ、法を正確に使うことができないという点です。事例の2段落目で、ＸさんはベテランのＢ弁護士にこれまでの判例に照らすと争いようがないと助言され、一度はあきらめようとしてしまいます。このこと自体は、過去の判例を熟知しているＢ弁護士だからこそできる、真っ当な助言です。

2つめは、昔から確立していて、常識だと思われていた判例ですら、突然に変更されることがあるということです。最高裁判所の裁判官も、現在の判例が常に正しいとは思っていません。本書では、たびたび**当たり前をゆさぶること**を試みてきました。この判例変更も、そのような観点から考えてほしいところです。たんに判例だからと丸暗記するのではなく、判例が示した結論や法的思考を疑うことや、その論理を批判的に検討することも必要なのです。

＼ここも／
CHECK
＊5　最高裁判事として同判決にかかわった宇賀克也は、「公法学者として、地方議会の議員に対する出席停止の懲罰の適否を司法審査の対象外とすることには、かねてより疑問を抱いていました。全員一致で判例変更がされたことには、感慨深いものがあります」と発言している（朝日新聞2021年10月19日Web版）。

＊6　最一小判平成8・
2・8判時1558号143
頁。

用語解説

＊7　罪刑法定主義
　罪刑法定主義とは、
どのような行為が犯罪
として処罰されるかは、
行為前に定めた成文の
法律によってのみ定め
られるとする立場をい
う。

用語解説

＊8　自由保障機能
　自由保障機能とは、
刑法に犯罪として定め
られていない行為は、
たとえ不道徳な行為で
あっても処罰されない
ことを消極的に保障す
る機能のことをいう。

用語解説

＊9　保護法益
　法によって保護され
る社会生活上の利益を
いう。たんに「法益」
ともいう。

⚖　鳥獣保護法1条
　この法律は、鳥
獣の保護及び管理を図
るための事業を実施す
るとともに、猟具の使
用に係る危険を予防す
ることにより、鳥獣の
保護及び管理並びに狩
猟の適正化を図り、もっ
て生物の多様性の確保
……、生活環境の保全
及び農林水産業の健全
な発展に寄与すること
を通じて、自然環境の
恵沢を享受できる国民
生活の確保及び地域社
会の健全な発展に資す
ることを目的とする。

3　判例のさまざまな役割

1　紛争解決機能

　裁判自体に求められる機能としては、誰しも思いつくものとして、当事者同士の紛争を解決する機能があります（**紛争解決機能**）。判例にも、将来の類似の紛争を解決するという、重要な役割が期待されます。しかしながら、判例として扱われる裁判にはそのほかにも重要な役割が求められることがあります。そこで、どのような役割や機能が求められるのか、順に確認することにしましょう。

2　法の隙間をうめる

> **CASE②**　Xは、食用としてカモを狩るため、洋弓銃（クロスボウ）と矢を持って河川敷に出かけた。4本の矢を発射したが、いずれの矢も当たらず、カモは逃げてしまった。このような行為は、鳥獣保護法が禁じる弓矢を用いた「捕獲」にあたるとして、同法違反の罪で起訴された。Xは、カモには当たらなかったのだから、「捕獲」には該当しないと考えている。

　CASE②は、鳥獣保護法違反事件を簡略化したものです。一般用語としての「捕獲」は、捕まえることを意味しているのですから、Xの言い分にも理があるように聞こえます。そもそも刑法では、**罪刑法定主義**といって、どのような行為が罪になるかを事前に明確に定めなければなりません。そうでなければ、どのような行為がどのように処罰されるのかが予測できず、国民の自由が損なわれますし、刑法の**自由保障機能**とも相容れません。

　他方で、「鳥獣の保護及び管理並びに狩猟の適正化に関する法律」（鳥獣保護法）には、「猟具の使用に係る危険を予防する」ことにより「鳥獣の保護及び管理並びに狩猟の適正化を図る」といった**保護法益**も含まれており（1条）、だからこそ弓矢を使用する捕獲を禁じています。そうすると、結果として捕獲されなかったとしても、弓矢を使ってカモを捕獲しようとする「行為」について、かかる法益保護という観点を重視して、処罰の対象となることはやむをえないとの結論を導けます。この判例によれば、たとえ殺傷しなくとも、ねらった鳥や周辺の鳥類を脅かすことになるので、捕獲に該当するとして、同法違反を認めています。すなわち、後者の保護法益を重視したのです。判例によって、法律の条文だけでは明らかではない処罰の範囲が明確となり、いわば法の隙間をうめることができたといえます。

3　条文解釈の変更

　社会状況の変化に伴い、**条文自体の解釈**についても、判例を変更することがあ

ります。たとえば、かつての判例では、離婚の訴えを提起することができる民法770条1項5号「その他婚姻を継続し難い重大な事由があるとき」の解釈として、浮気をして婚姻関係を破綻させた当事者、すなわち有責配偶者[*10]からの離婚請求は、「もしかかる請求が是認されるならば、〔請求される側は〕全く俗にいう踏んだり蹴たりである」として認められませんでした[*11]。不倫を行うなど離婚の原因をつくった当事者から離婚請求ができるというのでは、結婚している相手側にとって酷だし、社会倫理や道徳観からも問題であるとの考え方だったのです。

しかし、夫婦が長年にわたり別居する状態が続いて、当事者同士にも復縁の意思がなく、未成年の子も存在しないという場合、すなわち婚姻自体が破綻しているような場合にも、有責配偶者からの離婚請求は一切認めるべきではないとすべきでしょうか。上記の判断から約30年後、最高裁判所は、「婚姻の本質は、両性が永続的な精神的及び肉体的結合を目的として真摯な意思をもつて共同生活を営むことにある」と定義づけました。そのうえで、同条の条文解釈を変更し、共同生活の意思を喪失し、「夫婦としての共同生活の実体を欠くようになり、その回復の見込みが全くない状態に至つた場合」には、婚姻は社会生活上の実質的基礎を失っているとして、有責配偶者からの離婚請求であっても認められるようになりました[*12]。

4 立法や法政策に対するチェック

立法権、司法権、行政権の**三権分立**[*13]において、司法権たる裁判所の果たすべき重要な役割は、立法と行政のチェックにあります。そこで、裁判所には、法律や規則等が、憲法に違反していないかを判断する**違憲立法審査権**が与えられています。数少ない最高裁判所による法令に対する違憲判決は、そのような**チェック機能**が働いた結果であり、特に注目すべき重要判例といえるでしょう（2023年7月現在、法令違憲は11件だけです）。

かつては、婚外子[*14]の相続分は、嫡出子の相続分の2分の1になると民法で明確に定めていました[*15]。ところが、2013（平成25）年に最高裁判所は、「嫡出子と嫡出でない子の法定相続分をどのように定めるかということについては、……時代と共に変遷するものでもあるから、その定めの合理性については、個人の尊厳と法の下の平等を定める憲法に照らして不断に検討され、吟味されなければならない」として、憲法14条1項の法の下の平等に違反すると判示しました[*16]。この違憲決定の結果、民法の同条は改正され、現在では同じ相続分となりました。

また、憲法上は立法すべきことが要求されているのに、正当な理由なく立法がなされていない場合には、**立法の不作為**に対する違憲確認訴訟を提起することができます。つまり、立法しなかったことが違憲であるとの訴えです。最近の事例

 民法770条1項
夫婦の一方は、次に掲げる場合に限り、離婚の訴えを提起することができる。（中略）
五　その他婚姻を継続し難い重大な事由があるとき。

用語解説

＊10　有責配偶者
婚姻破綻の原因をつくった一方当事者のこと。たとえば、愛人と不倫関係にあるような者をいう。

＊11　最三小判昭和27・2・19民集6巻2号110頁など。

＊12　最大判昭和62・9・2民集41巻6号1423頁など。

 用語解説

＊13　三権分立
国家作用を立法、司法、行政の三権に分けて、各々を担当する機関を分離独立させ、相互に牽制させることで、国民の政治的自由を保障しようとする原理をいう。

＊14　婚外子については、第7章（p.80）を参照。

 ポイント

＊15　民法旧900条4号ただし書は、「嫡出でない子の相続分は、嫡出である子の相続分の2分の1」と定めていた。いわゆる「妾の子」に対して、「妻の子」の利益を守ることにより、結果的に法律婚を尊重しようとの発想がみられる。

＊16　最大決平成25・9・4判時2197号10頁。

＊17　最大判令和4・5・25判時2536号44頁。

では、最高裁判所の裁判官に対する国民審査について、在外審査制度が存在しなかったことについて、立法の不作為が認められました。[*17]

さらには、立法に対する直接的なチェックに至らずとも、法政策の形成を促す役割を果たすことがあります。具体例として、タバコにかかわる法政策の形成があげられます。現在の日本では、**健康増進法や路上喫煙を禁止する条例**に代表されるように、喫煙を取り巻く法規制は年々厳しくなっています。旧・未成年者喫煙禁止法も、18歳への成人年齢の引き下げに対して、あえて喫煙可能年齢は変更せず、**20歳未満喫煙禁止法**として生まれ変わりました。こうした法政策に至る背景には、数多くの嫌煙権にかかわる裁判例の積み重ねがあったことはいうまでもありません。[*18]

＊18　東京地判昭和62・3・27、山口地岩国支判平成4・7・16、東京地判平成16・7・12など。

5　訴訟の社会的機能──お金だけの問題じゃない！

> **CASE③**
> XとYは、ともにオンラインゲームにおいて有名なプレイヤーで、お互いに実名を把握している。両者は、ゲームの進め方をめぐってトラブルとなり、以後は交流しなくなった。その後、Yは、フォロワーが1万人ほどいるSNSのアカウントに、「Xは人間としてクズだ」「Xとは一緒にプレイしないほうがいい」などと投稿した。驚いたXは、Yに対し、慰謝料1円と上記投稿の撤回を求めて提訴した。

CASE③のような名誉にかかわる訴訟のほか、なんらかの役職を解任されたことの説明を求めたり、国に事実関係を明らかにするように請求したり、学校で理不尽な扱いを受けたことを広めたいといった場合に、ごく少額の損害賠償を請求することがあります。[*19] これらは、いわゆる**1円訴訟**と呼ばれるもので、訴訟費用を考えると完全に赤字となるとしても、お金のために訴訟を起こしているのではなく、自身の名誉を回復することや、何が起こったかという事実を明らかにすることを主な目的とするものといえるでしょう。

\ここも/
☑ CHECK

＊19　熊本地判令和4・5・30。この訴訟は、文字どおり1円を請求する訴訟だったが、原告の訴えは棄却された。現在、控訴審で争われている。

> **CASE④**
> A（研修医）は、Y大学を卒業後、医師国家試験に合格し、Yの付属病院において研修医として臨床研修を受けていた。Aの研修時間は、平日は午前7時半から午後11時頃まで病院に勤務、さらに月数回の宿直を担当し、休日も頻繁に呼び出された。研修医は、あくまで本人の自発的意思にもとづく研修（学生のような立場）であると位置づけられ、奨学金の名目で月額6万円が支給されるのみであった。Aは研修中に、過労により急性心筋梗塞となり急死した。Xら（Aの両親）は、大学病院の研修医は労働基準法や最低賃金法にいう「労働者」にあたるべきとして、差額等の支払いを請求した。これに対してYは、「どの大学病院でも、研修医は労働者として扱われていない」と反論した。

　　　　最高裁は、臨床研修は確かに教育的な側面を有するものであるが、指導
　医師の指導下に医療行為等を行うことが予定されており、病院のための労
　務の遂行としての側面を不可避的に有することとなり、労働基準法所定の
　「労働者」にあたると判示した。

　この訴訟を起こしたXさんたちは、裁判所に自分の子供の死に対する損害を求めたかったのでしょうか。もし、そのような趣旨であれば、その分の慰謝料を請求するという法律構成になるはずで、最低賃金で計算した金額との差額だけを請求しないでしょう。

　むしろ、この訴訟では、Aさんの死後もなお、同じように低賃金で無制約に働かされている全国の研修医（1万人以上います）に、同じような悲劇が起きることがないよう、研修医は**労働者**であるということを最高裁の判例として示すことを意図していたのです。ですから、もし勝訴したとしても得られる金額は微々たるものになることを覚悟のうえで、このような訴え方をしたのでしょう。

　現に、この判例が出て以降、Yの附属病院に限らず、全国の大学病院で働く研修医には、労働基準法が適用されるようになり、労働時間の規制、休憩時間、休日などの規定が適用され、最低賃金が支払われるようになりました。その結果、これまで頻発していた研修医の過労死が大幅に減少したのです。労働基準法の文言自体はまったく変わっていませんが（9条）、新しい判例によって法の適用が大きく変わり、現実社会に大きな影響を与えたのです。

？ 考えてみよう！

　裁判所による紛争解決に対して、裁判外での紛争解決をADR（Alternative Dispute Resolution）と呼びます。ADRには、裁判所と比べて、どのようなメリットがあるのか考えてみましょう。

＊20　関西医科大学事件（最二小判平成17・6・3労判893号14頁）。

労働基準法9条　この法律で「労働者」とは、職業の種類を問わず、事業又は事務所（以下「事業」という。）に使用される者で、賃金を支払われる者をいう。

第
15 法の世界──解釈と立法
章

これまで、みなさんはたくさんの法律の条文や法律の考え方に触れてきました。法律の条文について解説している文章を読んでみると、どうしてそのように読めるのかなと思うようなこともあったかもしれません。たとえば、そもそも法律の条文に書いてあるようにはどうしても読めないのに、なぜプライバシー権や生存権などといった権利が出てくるのかなといったような具合です。

ここではまず、法律を読む際のヒントである「解釈」について説明します。そして、「解釈」を通じても、なお問題となっていることを解決できない場合の方法、つまり「立法」についても解説します。

1　法は解釈の世界

たとえば、憲法24条１項には「婚姻は、両性の合意のみに基いて成立し、夫婦が同等の権利を有することを基本として、相互の協力により、維持されなければならない」と書かれています。それではここでの「両性」とは、どういう人たちを指すのでしょうか。

日本国憲法ができたのは、1946（昭和21）年ですから、法がつくられた時代の「両性」とは、おそらく男性と女性が想定されていたと思われます。では、性が多様化していることが知られている現代ではどうでしょうか。昨今、LGBTQ＋[*1]やSOGIE[*2]の認知度も上がってきましたが、そもそも男性・女性と二分することができるのでしょうか。この「両性」は男性と女性だけとしか読めないということができるでしょうか。

法に書かれた文言をどう読み取るかを考えることを**解釈**といいます。言葉には多様な意味があるので、時代や地域、その時代・地域の価値観などによって、意味が変わることもあります。この点では、法はその時代、その地域の価値のあらわれということもできるわけです。

用語解説

＊１　LGBTQ＋
LGBTQ＋とは、レズビアン（Lesbian：女性同性愛者）、ゲイ（Gay：男性同性愛者）、バイセクシュアル（Bisexual：両性愛者）、トランスジェンダー（Transgender：こころの性とからだの性との不一致）、クエスチョニング／クイア（Questioning/Queer：クエスチョニング：自分の性のあり方について「わからない」「迷っている」「決めたくない」など、クイア：性的マイノリティを包括する言葉）の頭文字をとったもので、プラス（＋：性はとても多様であり、上記以外にもたくさんの性のあり方があることから包括的な意味をもたせる）も含めて、性的少数者（性的マイノリティ）の総称の一つである。

用語解説

＊２　SOGIE
近年では、LGBTQ＋のような線引きをせず、どの性に興味をもつかを表す性的指向であるセクシュアル・オリエンテーション（Sexual Orientation）や、自分の性をどうとらえるかを示す性自認（ジェンダー・アイデンティティ：Gender Identity）、服装や髪形、一人称など性別についての表現である性表現（ジェンダー・エクスプレッション：Gender Expression）も含めて、SOGIE（ソジー）という考え方も提唱されている。

2　解釈の種類

> **CASE ①**
>
> 公園に下の図のような看板が立っていた。
> ① この看板によると、「犬のリード」は外してはいけないことになっている。ペットとして飼えるうさぎやアルパカのリードはどうか。^{*3}
> ② この看板によると、「車輪のついた乗り物」は公園内に乗り入れしてはいけないことになっている。では、赤ちゃんの散歩のためにこの公園にやってきたお母さんは、車輪のついた乗り物であるベビーカーを押したまま入ってはならず、ベビーカーを折りたたんで入るしかないのか。

> ・ゴミは持ち帰ってください
> ・犬のリードは外さないでください
> ・車輪のついた乗り物は乗入禁止
> ・バーベキュー・花火は使用禁止
> ・園内禁煙

\ここも/
CHECK

＊3　日本でもアルパカをペットとして飼うことは可能である。アルパカは、南米アンデス地方に多く生息しており、草食動物である。広野に放し飼いという方法が一般的である。比較的臆病でおとなしい性格といわれているが、体長が150cmから180cm前後あるため動きはダイナミックである。うれしいときはぴょんぴょん跳んだり、恐怖心を抱くときには臭いツバを吐いたりする。年に1回毛刈りが必要である。

　法を公園のルールにたとえて、説明したいと思います。法（ルール）の文言をストレートに読む方法を**文理解釈**といいます。①によると、この公園では「犬」のリードを外してはいけないので、当然「犬」のリードは外さないというルールがあることになります。このように、文理解釈は書かれたものをそのまま読むのです。それでは、文中にあるアルパカのリードはどうでしょうか。「犬」が含まれるのならば、同じ生き物であるうさぎやアルパカなど、似ているペットについてもここには含まれるから、リードを外してはいけないと考えるのが**類推解釈**です。一方で、看板には書かれていないから、うさぎやアルパカなどはリードを外してもよいと考えるのが**反対解釈**です。

　ここで、「犬」と書いた理由について考えてみましょう。犬がリードを外されて公園で走り回ると、犬を怖がる人がいたり、犬が人にかみついたりするかもしれません。だから、リードを外してはいけないのだと看板に書いてあることを考えると、あまりかみついたり、激しく動いたりしないうさぎはリードを外してもよいが、アルパカはリードを外してはいけないと考えることを**目的論的解釈**といいます。

　また、②によると「車輪のついた乗り物」は乗り入れしてはいけないので、車輪のついた乗り物と認識できるものは、公園に乗り入れてはいけないということになります。「車輪のついた乗り物」と認識できるものとして、一般的には「自転車」や「車」「オートバイ」があげられます。しかし、たとえば、似たような「キッ

クボード」や「スケートボード」などにも意味を広げて、これらの乗り入れも禁止していると解釈する方法を**拡張解釈**といいます。一方、意味を広げずにもっと狭く解釈する方法、たとえば、みなさんが一般的に公園に乗り入れてはいけないと考える「自動車」と「オートバイ」のみを禁止していると解釈する方法を**縮小解釈**といいます。

　このほか、さまざまな解釈方法がありますが、このように言葉のもつ意味や法の目的などを考えて解釈していく作業が、法を学ぶ際には必要となるのです。まさに、裁判所も**法的安定性**を保つため、この作業を行い、法の意味を確定させているということができるでしょう。

3　解釈で対応できない場合

<table>
<tr><td>憲法25条
　すべて国民は、健康で文化的な最低限度の生活を営む権利を有する。
　2　国は、すべての生活部面について、社会福祉、社会保障及び公衆衛生の向上及び増進に努めなければならない。</td></tr>
</table>

CASE ②

　みなさんが小学校で習った「生存権」は、憲法25条に定められている。同条1項では、「健康で文化的な最低限度の生活を営む権利」、すなわちすべての国民に生存権を保障し、そのために国は「すべての生活部面について、社会福祉、社会保障及び公衆衛生」を向上させることや増進することの責任を有していると同条2項で定めている。この憲法25条にもとづいて、生活保護法という法律が生活保障の内容等を定めている。

　生活保護法には、その目的として、「この法律は、……国が生活に困窮するすべての国民に対し、その困窮の程度に応じ、必要な保護を行い、その最低限度の生活を保障するとともに、その自立を助長することを目的とする」（1条）と書かれている。

　ここで注目したいのは、憲法25条には、生活保護は国が国民に対して実施すると書いているところである。ここでの「国民」というのはどのような人たちを指すだろうか。近年、大学でも受け入れが増えている留学生や外国人労働者には適用されるのだろうか。

　留学生や外国人労働者が生活保護法の対象となるかどうかを検討するためには（このことを法が**適用**されるといいます）、まず生活保護法1条に定める「国民」という言葉を解釈しなければなりません。国民とは、一般的には「国家を構成する人」という意味で用いられますが、その国民の要件を定めているのは、日本においては国籍法という法律です。国籍法では、人が生まれたときに父親または母親が日本国民であるとき、その生まれた子どもは日本国籍を取得することを定めています（2条1号）。そして、この日本国籍を有することが、日本国民である要件として定められているのです。したがって、留学生や外国人労働者のうち、帰化をしていない人、すなわち日本国籍を有しない人は、生活保護法にいう「国民」には該当しないと解釈できます。この点で、日本において日本国籍を有しない留学生や外国人労働者は、生活保護法の対象ではありません。

　しかし、日本において生活に困窮する留学生や外国人労働者がまったくいない

わけではありません。特にコロナ禍においては、アルバイト先や派遣先が休業して、失業を余儀なくされた留学生や外国人労働者も多かったとの報道があります。[*4]こうした困窮した人たちを、国籍がないからと放っておくことはできるでしょうか。

　日本においては、永住・定住外国人に対しては、行政が通知を出して、外国人は生活保護法の適用はされないけれども、行政措置によって保護の対象とするとしています。[*5]ですから、永住・定住外国人は、要件を満たせば生活保護を受給することができますが、留学生や外国人労働者は、その措置からも適用の対象外となってしまっており、現時点でこの人たちが生活に困ってしまった場合、経済的に助けることができる制度がない状況です。

　そもそも、留学生や外国人労働者は、自分の国があるのだから、日本に住んでいるとはいえ、自分の国に助けてもらったらどうだろうという価値観（**母国主義**）もありますし、日本に住んでいる日本国民と同様、消費税など税金も負担して暮らしているわけだから、困ったときには助けるべきだという価値観もあるでしょう。このうち、後者の価値観を実現しようと思えば、解釈ではどうにもならず、新たに適用される法をつくらなければならない、つまり**立法**という考え方が登場してきます。

ポイント

＊4　留学生は、労働者として入国しているわけではないので、学校があるときは週28時間、学校が休みのときは週40時間働くことができると定められている（出入国管理及び難民認定法19条2項）。

＊5　厚生省社会局長通知「生活に困窮する外国人に対する生活保護の措置について」（昭和29年5月8日社発382号［改正昭和57年1月4日]）。

4　立法——法の設計

1　困っている人を救う方法

> **CASE③**
> 　立法をするにあたっては、困っている留学生や外国人労働者を救えるようにしなければならないが、いくつかの方法がある。
> 　① 永住・定住外国人が対象となっている通知を変更する方法
> 　② すでにある生活保護法の「国民」という言葉を削除する方法
> 　③ 留学生や外国人労働者を特別に救済するような法を生活保護法とは別に新しくつくる方法
> 　これらの方法をとったとき、どのようなことが起こると考えられるだろうか。

　①の方法をとるのが最も現実的で、簡単です。**通知**というのは、行政機関内部で出される事務手続きに関する指示のようなものです。したがって、その指示を変える、つまり運用を変えればいいため、いちばん手っ取り早い方法です。ただし、通知はあくまでも行政機関内部の事務手続き上のことなので、法にもとづいた生活保護を請求する権利などはないことになります。ですから、裁判でその権利を実現しようと思っても、裁判所は法律上の問題を争う場所ですから、門前払いをされてしまう可能性があります。

ポイント

＊6　スタンダードではないが、「議員によって法律案が発議され、成立した法律」（議員立法）という方法もある。立法や法改正をするためにはそのための知識や技術も必要であり、簡単なことではないが、毎年20本前後の議員立法や議員修正（法改正案）が提出されている（衆議院法制局ウェブサイト）。

用語解説

＊7　審議して出した答えは答申と呼ばれる。

②の方法は、手続きとして少し複雑です。すでにある法を変えるということなので、法を改正するという手続きが必要となります。法を改正するためのスタンダードな方法は、各省庁が改正案を作成し、その改正案をもとに、関係省庁との調整を行ったり、有識者で構成される審議会に対して**諮問**（これでよいかを審議してもらうこと^{＊7}）したりします。その後、改正案を文章化して内閣法制局に提出します。内閣法制局では、改正案に対して、憲法やほかの現行の法制との関係、立法内容の法的妥当性、立案の意図が法文の上に正確に表現されているか、用語・用字などの誤りがないかなどをチェックします。チェックが終わり妥当だとされた改正案については、国会で審議するかどうかを決める閣議に提出され、閣議決定されると、法案が内閣総理大臣から国会に提出されます。国会においては衆議院・参議院の双方で法案が審議され、可決承認されると、改正法が成立し、公布・施行されることになるわけです。

したがって、こうした手続きを経て、「国民」という言葉を削除することはできます。とはいえ、この「国民」という言葉を削除することへのハードルはかなり高いといえます。その最大の理由としてあげられるのは、**立法趣旨**です。現在の生活保護法は1950（昭和25）年に公布されましたが、それまでの生活保護法（旧法）は適用対象を「国民」とはしていませんでした。それを「国民」と条文に入れ、日本国籍を有する者を対象としたという趣旨を鑑みると、あえて旧法に戻すという選択肢は採用しにくいということができます。もちろん、時代はグローバル社会や越境する社会に変わっていますので、変更する理由は十分にあるでしょう。また、もう一つの大きな理由は、判例の存在です。こうした社会保障制度を誰に対して、どこまで適用し保障するかということについては**立法裁量**、すなわち立法機関である国が決めるべきことであり、国がその権限を逸脱・濫用していない限り、その裁量に委ねられるとされることが多いという点です。

③の方法は、さらにハードルが高くなるといえます。現在、永住・定住外国人ですら、法による保護が行われないのに、留学生や外国人労働者だけを対象とする法を制定することになると、平等性や公平性の観点から問題が生じることが考えられます。

2　立法の基準

このように、どのように立法するか、すなわち法制度を設計するにあたっては、いくつかの基準が必要であるように思えますね。かつて法政策学を提唱した平井宜雄教授は、法の設計において必要な基準として、次の2つをあげています。一つは**効率性基準**、もう一つは**正義性基準**です。効率性基準とは、たとえば、お金やモノのように有限なものを全体で配分する際に無駄なく使われるようにするということです。一方、正義性基準とは、もちろん、ここで正義とはなにかという

ことが問題になりますが、誰に割り当てられ、誰から奪われるべきかが正義に適っていることを指します。

　上記の事例で言い換えると、生活保護制度による経済的な支援は、税金によって行われますから、限りある税金をまさに困っている人に効率的に届けるためにはどうしたらよいかというのが効率性基準といえるでしょう。また、ここでの正義を「生活に困っている人が、憲法25条１項に定める健康で文化的な最低限度の生活を営むことができるようにする」ということにするのであれば、最低限度の生活すら営めていない、生活に困っている人をどのように把握し、何をもって健康で文化的な最低限度の生活というのかを決めるのが正義性基準ということができるでしょう。

　困っている人がいて、助けたい。そう思うのは人情ですが、それを具体化していくことはなかなかむずかしいのですね。

【参考文献】
・明石市「LGBTQ+/SOGIEの基礎知識」
　　（https://www.city.akashi.lg.jp/seisaku/sdgs/lgbtqsogiekiso.html）
・衆議院法制局「成立した議員立法」
　　（https://www.shugiin.go.jp/internet/itdb_annai.nsf/html/statics/housei/html/h-seiritsu.html）
・内閣法制局「法律ができるまで」（https://www.clb.go.jp/recent-laws/process/）
・那須アルパカ牧場ウェブサイト（https://nasubigfarm.com/index.shtml）
・平井宜雄『法政策学——法制度設計の理論と技法［第２版］』有斐閣、1995年
・三輪まどか「永住外国人と生活保護法の適用」『別冊ジュリスト』227号（2016年）
・本沢巳代子・新田秀樹『トピック社会保障法［第16版］』不磨書房／信山社2022年
・本澤巳代子・大杉麻美編『みんなの家族法入門』信山社、2021年

執筆者による

座談会

「法的思考」とは

各執筆者が「法的思考」の意義を論じ、「法的思考」を涵養するためのコツを考えます。

座談会メンバー

司会（敬称略）
- 柳澤武　　　　（名城大学）
　やなぎさわたけし

参加者（五十音順・敬称略）
- 飯塚徹　　　　（松本大学松商短期大学部）
　いいづかとおる
- 仮屋篤子　　　（名城大学）
　かりやあつこ
- 小山花子　　　（盛岡大学）
　こやまはなこ
- 滝谷英幸　　　（名城大学）
　たきやひでゆき
- 西土彰一郎　　（成城大学）
　にしどしょういちろう
- 藥袋佳祐　　　（名城大学）
　みないけいすけ
- 三輪まどか　　（南山大学）
　みわ
- 山本健人　　　（北九州市立大学）
　やまもとけんと

「法的思考」を身につけるには

柳　澤　本書のタイトルでもある「法的思考」、あるいは「リーガルマインド」といってもいいのかもしれませんが、学生がそういったものを身につけ、学ぶにはどうしたらいいのか。あるいは、先生方の教育経験も含めて、自由にお話をいただければと考えております。

　私が一つ気になっているのは、特にコロナ禍になり、SNSとかインターネットで断片的な情報をピンポイントで手に入れて、それですませようとするような学生の存在です。そのような手法では、到底「法的思考」は身につかないと思うんですが……。

飯　塚　先生のおっしゃるように、私も、学生が自分で考えずに、いろいろな媒体から安易に答えを求めてしまったり、じっくり考えなかったりする点を心配しています。私が大切だと思うことは、まず「なぜ」と自分で考える。次に自分で調べる。そして、わからなかったら友達

や親などと議論をしてほしいですね。それで答えにたどり着いて、その「なぜ」ということが、法的な「なるほど」に変わるのが、私は法的思考力なのかなと思っています。

山　本　私は、ある程度の基本的な知識を身につけておくことは、やはり重要だろうなと思います。ここ最近は、「知識は重要ではなく、考え方とか思考方法が重要だ」といった意見をよく耳にしますが、思考方法だけ学んでも何も出てこないという事例はよくあるように思います。たとえば、ウェブサイトやSNSから正しそうな情報をいくつかピックアップしてなにかを考えても、そもそも探してきた前提情報が誤っていて、それを自分では見抜けない、ということが起こるわけです。過度な知識重視はどうかと思いますが、他方で知識を軽視するわけにもいかず、うまくバランスを取る必要があると思うところです。知識と思考方法が合わさってこそ、よいアイデアや考察になるのではと思っています。

柳　澤　ありがとうございます。そのバランスは本当にむずかしいですね。時間が限られているなかで、「法学入門」でしか学べない法学部以外の学生で、いわゆる法的思考とか論理的思考力と、基本的な知識を体系的に教えるというのは、時間的な制約からも悩ましいです。この本は、知識の面は少ないかもしれませんけども、それは教える先生方が教科書以外のところで補っていただきたいですね。さらには、法体系の知識だけじゃなく教養も含めた知識がないと、なにが問題かわからない事例もありますので、知識習得についての動機づけも行っていただければと思います。

「当たり前」に挑戦し、「説得力」を生み出す

仮屋 私は、自分の教えた、あるいは学んだ経験からすると、とにかく「この法律はこういう内容ですよ」というのが法学入門だと思っている人たちも結構いるようなので、それは避けたかったんです。「社会保障法というのはこういう法律ですよ」とか、「民法というのはこういう法律ですよ」って、そういうのは専門課程に行ってからもっと詳しく勉強するわけなので、それよりはもっと法律に興味をもってもらうとか、この法律はこういう考え方をしますよというのを紹介したかったのです。基本的な細かい知識、つまり法的思考をするうえでの一般常識とか、そういう知識は必要になるだろうなとは思います。でも、法学入門ということですと、私は興味を引き起こすっていうのがいちばんの目的だと思うんです。学生がテキストを見たときや読んだときに、「おもしろそうだな」って思ってもらいたい。だから、法学部以外の学生であっても、「ああ法律っておもしろいんだな」、場合によっては「じゃあ法学部に移ろうかな」まで思ってもらえるとすごく嬉しいですね。なので、そういう興味を引き起こすためにも、この本で「当たり前を打ち壊す」という方針をお願いしてきたという感じがします。

滝谷 今回、「法的思考」っていうふうにタイトルをつけたんですけど、法的思考っていうのは、なにかある意味専門的とか特殊なものじゃないんだってことをアピールしたいっていうのが、私のコンセプトでした。まさに法ってなんかむずかしそうに見えるけど、2人以上暮らしているなかで、なにかしら衝突は絶対起こるので、それを調整するための道具が法だと私は考えていて、法学ってその道具の使い方とかつくり方を考える一種の技術、技術論だと考えているんですね。そういう調整の道具の使い方を勉強しておくことっていうのは、誰にとってもむしろ必要で、社会人であれば絶対必要、社会人というのは大学を出た人って意味ではなくて、社会のメンバーであれば誰でも必要だっていうことをむしろ強調したいと思っているんですね。

　私はよその大学の法学部じゃないところで入門的な授業をやっていて、たとえば、責任能力の話なんかもう授業が終わったら学生はすぐ忘れちゃうし、それで構わないと思っているんです。だけど、学生からもらった感想に、「自分は彼氏からLINEの返事が来ないといつもイライラして彼氏を責め立てていましたと。だけれど、最近、この授業を受けてからそういうことをしなくなって、なんでなのかを自分で考えてみたら、彼氏にもなにかこう立場があるんじゃないかとか、なんで自分はイライラするのかってことを考えるくせがついてきたので、なんか穏やかな気持ちになりました」なんてことを書いてくれた学生がいたんですね。それが私はまさにいちばん嬉しかった感想で、その学生は「なにかもっとかっこいいこと書かなきゃいけないかもしれないけど、すみません」とも書いていたのですけど、私はその学生がいちばんきちんと授業を聞いてくれたんだなっていうのがすごく嬉しかったですね。今回、先生方がいろんなかたちである意味手を変え、品を変え伝えようとなさったことの枠組みが残っていれば、そこに盛り込めるものってなんでもあり得ると思うんですね。「この場面だったら、こういう話が出てくるよね」って、それを伝えたかったっていうのが、今回私がいちばんやりたかったことで

した。

三輪　私は、法学部ではないところでしか授業をしないので、学生に「法的思考が必要なのか」っていうふうに多分聞かれちゃうと思うんですよね。その際に、やっぱり今まで先生方がおっしゃったように、人を説得するとか、あるいは私がこの本で伝えたかった規制とか守るべきルールみたいなのがあったりすることが法的思考につながると思っています。たとえば、本学の学生だと、「大学まで地下鉄の駅から遠い、山登りのような坂しかない。だからバスを通せ」と言うんですよね。「バスを通せ」って言うんだけど、「じゃあ、バスを動かすにはどんな規制があるんでしょうか」って、「それを導入するためには、どういったことをクリアしなければいけないでしょうか」って聞くとわからないわけです。「バスって簡単に通せるでしょ」ってみんな言うんだけど、「それはやっぱり無理だよね。それはいろんな規制があって、こういうことをクリアしないとその政策は実現しないよね」って話すと、「ああ、なるほど」っていうわけですよね。なので、そういうやっぱり思考過程、世の中とルールっていうのがきちんとあって、それをクリアすればできるかもしれないし、多分これは会社に入ってからも企画を通すときとか、なにかを実行するときには必ず必要だから、そういう意味でも、「法学部じゃなくても法的思考を身につけるっていうことはすごく重要なんだよ」ってことは、やっぱり言いたいなっていうふうには思っているところです。

小山　思考っていうのは、本来は私の研究領域のはずなんですけれども、テーマが法的思考ということで、すみません、ちょっと黙っていました。一つには最初、柳澤先生がおっしゃっ

ていた、「SNSの情報を見て、ああ、これってこうだよね」っていうことです。これは本当に、思考ではなくて、無思考の典型例だと思うんですよ。考えていない。明らかに「こういうふうになっているので、ああそう」って、そこにまったく何のクッションもないっていうこと。これがやっぱり一つ克服すべきというか、今回のこの企画の一つの意図としてあるんじゃないかなと思っていました。もう一つは、先ほどから出ている説得力っていうのはやっぱりそこにかかわっていて、思考って一人で黙ってするものに思えるんですけれども、実際には非常に共同的な営みであるって思うんですよね。なにかそこに別の視点を置くことで、先ほどのSNSの例でいうと、そのままぱっと受けるのではなくて、「ああちょっと、これってこの人たちが言っているだけ？」というふうに考えてみるっていう、そういうことだと思うんですよね。先ほどのLINEの例もそうだと思うんですけども、一つの反作用というか、パッと思ったことに対して、一つ別の視点を導入してやるっていうような、そういうことになるんだろうなと思いました。私の教育現場でも、結構みんなネットでなにか言われていると、あたかもそれがみんなの意見だから、それを言って大丈夫だろうと思うみたいなんですよ。でも、いざ口にしてみると、まったく違う反応が返ってきてびっくりするような学生がいてですね。そういうところの対話というか、説得力というところにもつながってくるようなテーマなのかなと思いました。

飯塚　1点よろしいですか。説得力というのが一つのキーワードになっていますが、私の銀行の実務経験からすると、これ裏返すと、「聞く力」ともつながってくると思います。たとえば、銀行では、数千万の住宅ローンのリスクと

か、複雑な金融商品の説明をします。そこで、銀行員には相手を納得させる説得力が必要であり、聞くお客さまの立場にしても、どこがリスクなのかとか、この問題の確認すべき点はどこかという判断能力が求められる社会だと思います。そういう能力も説得力の裏側といいますか、しっかり聞く力、これは、法学部以外の学生も習得すべきで、社会で求められる力なのかなと、聞いていて思いました。

柳澤　確かに、物事を違う方向からみたり、説得力を身につけたりというのは、法的思考の効用ともいえます。本書のトピックでは、「休むための法」としても労働法を扱いましたし、権利を実現するための手法を強く意識しました。どれも社会で求められる力だと考えています。

自分ごととして体験し、ルールを見分ける

薬袋　みなさんのお話を聞いていて、法的思考というのは、自分のものとして体験することがすごく大事なんだなと思いました。法的思考を日常生活に落とし込んだり、説得力というものを身につけたりするためには、やはり何度も体験することが肝心かなと思います。法的思考を体験する方法ってたくさんあると思いますけれども、飯塚先生がおっしゃったように、友人や家族、もしくは先生とディスカッションするってこともあるでしょうし、判例というお話がありましたけど、その内容をしっかりと読み込んで理解するということはむずかしくても、その判例の推論自体の分解・分析っていうのはできるでしょうから、どのような法的な思考の

プロセスを判例が経ているのかを自分なりに体験することはできると思うんですね。そういった体験をすることによって、自分なりの生活に落とし込んで考えるくせがついたり、自分の発言に説得力がついたりっていうことができてくるんじゃないかなと思います。

ですので、先生方が実際に授業で実践されて、その結果、学生からいろいろとフィードバックがあったっていうのは、やはりなんらかのかたちで法的思考の実体験をさせることができていたんじゃないかなと思います。最近、アクティブラーニングなんていうのがすごくはやったりしていますけれども、そういうのもやはり実際に実践させて法的思考を体験させるというような仕組みだと思います。まさにこの本は、そうした法的思考というものを体験させようという趣旨だと思いますので、この本を通じて法的思考を自分のものとして理解して考えていただくということができれば、すごくいいんじゃないかなというふうに私は考えています。

西土　僕は先ほど本当に「あぁ、なるほど」と思ったんですけど、柳澤先生が労働法は休むための法でもあるということをおっしゃるわけですよね。これは私が学生時代から愛読している真木悠介の『気流の鳴る音』という本でも紹介されていますが、ゲシュタルト心理学の用語でいう「図」と「地」があり、どちらに焦点を合わせるかにより「世界」の見方が変わってくる。それがおそらく仮屋先生がおっしゃった当たり前を打ち壊すっていう、そういうおもしろさにつながるのではないか。法学にもそういうおもしろさがあると思います。そういうおもしろさをなんとか伝えたいというほとばしる思いあって、それがこの本の一つの魅力になっているのではないかと、各先生方のお原稿を読んで

思ったところです。

　このことを憲法的思考に即していうと、山本先生に怒られるかもしれませんが、究極のリーガルマインドは、守るべきルールと破るべきルールを見分ける能力なのではないかなと、前々から考えています。なぜこのようなルールがあるのかという、「なぜ」を問うこと。なぜこのルールが私の自由を奪っているのか、このルールはひょっとしたら、少数者の尊厳を傷つけているのではないか。このように考えに考えて納得できる答えが見つからない場合は、ルールの内容を読み替えたり、適用範囲を限定したり、あるいはまさに個人の尊厳のために堂々とルールを破っていく。こういうルールを破る能力も、ある意味でリーガルマインドなのではないかと思います。こうした「ルールを破ること」を確保しているのがまさに憲法である。法学には、ルールを守るべきであるという硬直したイメージがあるかもしれませんけれども、そうではない。守るべきルールと破るべきルールを見分ける能力が、法学のエッセンスなのではないかということをすこし言いたいなという気がしています。山本先生、なにか反論があればよろしくお願いします。

山　本　反論はないですね（笑）。憲法の授業で重要なのは、法律が憲法に違反する可能性を考えることにあると思います。おそらく一般の人は、法律は正しいもので守らないといけないものと素朴に理解していると思います。多くの場合、その理解で問題はないのですが、特定の場合には、法律がやっぱり間違っているかもしれない、あるいは、法律が常に正しいわけではないという発想をどこかにおいてもらいたいと思うわけです。憲法は法律によっても侵してはならない基本的な価値や原則はなにか（たとえ

ば個人の尊厳）、なぜそれは重要なのかといったことを考えるためのトリガーにもなるものだと思います。こうした意味でも、憲法の思考様式は重要なのではないかと思います。

柳　澤　今回の座談会では、法的思考にかかわる重要なテーマを議論することができました。本書を実際に教科書として使ってみて、またなんらかのかたちで議論を深める機会をもつことができればと思います。

全　員　ありがとうございました。

索　　引

あ 行

ILO条約　91、92

アウティング　61

アクセス遮断権　95

安全配慮義務　64
　　──違反　63

育児休業　65、70-72、87

違憲立法審査権　12、157

「石に泳ぐ魚」事件　19-22

慰謝料　19、21-22、67、94、158-159

萎縮効果　4、8、17

1円訴訟　158

一般法　115、132

疑わしきは罰せず　27

「宴のあと」事件　14-15、19

エイジハラスメント　67

AI（人工知能）　23

NPO法人　69、73、96

LGBTQ＋　61、160

冤罪　27

オウム真理教解散命令事件　149-150

親会社の責任　62

か 行

介護手当　101

介護保険制度　97-101

介護離職　98、101

解職請求　128

解散命令　145、148-150

化学兵器　53

核家族化　98

拡張解釈　162

加持祈禱事件　146

過失　14、38-40、45、62、104
　　──責任主義　40
　　──相殺　138

学校法人　68-69、73

割賦販売法　132、136

家庭的保育事業　73、76

カミングアウト　61

科料　25

カルト規制　143、145、150-152

勧告　81、115、118

慣習国際法　111-115

間接民主制　127、130

監督義務者　41-44、105

監督責任　76

元本割れ　139

議員辞職　128

期間の定めのない労働契約　89

棄権の自由　123

期限の利益　135
　　──の喪失　135

義務的投票制　122-124、131

キャッチセールス　136

行政行為　76

行政処分　38、74

強制認知　81

拒否権　116、118

禁錮　24-25

クーリング・オフ　136-138

区別原則　51、53-54

クラスター弾　54

軍事的必要性　48-50、52-55

軍事目標　50-51、53
　　──主義　51

刑事責任能力　38

契約自由の原則　133

結果責任　28、30-32

現金給付　101

故意　14、38-40、62、104

公共の福祉　66、146、148-149

拘禁刑　24-25

公権力の行使　76

公序良俗　133-134

効率性基準　164

国際司法裁判所　111-112、114、117-118
　　──規程　109、111-113

国際人道法　49

国際連合安全保障理事会　116、118

国際連合憲章　46-47、109-118

国際連合総会決議　114-115

国民投票　130-131

個人の尊厳　12、23、103、157、172

子ども・子育て関連3法　69

子ども・子育て支援事業計画　73

雇用機会均等法　59、65

婚外子　80-81、85、157

さ 行

罪刑法定主義　156

債務　62

債務不履行　62、88

サンクト・ペテルブルク宣言　48、53

三権分立　115、157

自衛権　46-47

ジェンダー　60

時季指定義務　94-95

時季指定権　89

時季変更権　89、91-92

死後懐胎子　85−86
「自己実現」の価値　15
自己情報コントロール権　14
自己責任　35、138
　　——の原則　40、42
事後的救済　17
「自己統治」の価値　16
自己判断の原則　139
資産運用　138、140
事実婚　79−81
私人　18、37、39、75、132
事前抑制　17−18
「思想の自由市場」論　16−17
立法趣旨　164
指定年休　94−95
児童福祉施設　68−69
諮問　164
社会福祉基礎構造改革　73−74
社会福祉法人　69、73、75
社会保障と税の一体改革　69
衆愚政治　131
自由保障機能　156
縮小解釈　162
出生前育児休業　65
純粋代表　129
小規模保育事業　73
使用者責任　41−42、62−63、149
使用者の職場環境整備義務違反　94
常任理事国　116、118
条文解釈　156−157
条約　48、53、56、109−115
職場のいじめ　64
新オレンジプラン　101
人格権　94
信義則　113
　　——上の義務　63
信教の自由　144−152
親権　42、44、78、82、86
真実発見の機能　16

心神喪失者　24、26−28、30−35、
　38、42
人道性　49−50、52−56
人道的な待遇　55−56
ストーカー規制法　62
正義性基準　164−165
政教分離原則　143−144
政治参加　120
政治的平等　122
政治的無関心　120−121
政治的リテラシー　122
成熟した民主主義　131
青春を返せ訴訟岡山事件　147
生殖補助医療　83−85
成年後見制度　134
責任能力　24、38−39、41−45、
　78、169
　　——のある未成年者　42、45
　　——のない未成年者　42、44
責任無能力者　24、41−43、
　104−105
　　——の監督義務者　42
セクシュアル・ハラスメント（セク
　ハラ）　58−63、65−66、128
選挙権　120
SOGIE　61、160
措置制度　74、99
損害賠償　14、17、39−42、45
　　——責任　39−45

た　行

待機児童　70−71、73、75
対人地雷　53−54
第2種社会福祉事業　68−69
代理出産　83−84
タウンミーティング　125
男性稼ぎ主モデル　71
断定的な判断の提供　139−140
地域支援事業　101

地域包括支援センター　101
嫡出子　79−80、82−83、85、157
嫡出推定制度　79、86
嫡出否認の訴え　80、82
懲役　24−25
直接民主制　125−127、130−131
通知　75、99、163
適合性の原則　138−139
デモクラティア　126
同性婚　79、84
投票率　120−123、126
特別法　38、115、132、134

な　行

内部通報制度　63
「名もなき道を」事件　19−22
ニカラグア事件　111
　　——事件判決　111−112、114
入所保留児童　70−71、73、75
任意認知　81
認知　81
認知症高齢者　42−43、98、
　101−102、104−105
認知症総合支援事業　101
認定こども園　68、72
認認介護　98
年休自由利用の原則　87−88
年休ハラスメント　94−95
年次有給休暇（年休）　87−96

は　行

パートタイム労働者　90、98
破壊活動防止法　150
パターナリズム　8
パタニティー・ハラスメント（パタ
　ハラ）　65
罰金　3−4、25、37−38、95、122

パワーハラスメント（パワハラ）　61、64、66

反対解釈　161

判例変更　155

判例法理　66、154

被害者の救済　38－39、42－43、59

被告　20、24

　　──人　24、146

否認権　80

非配偶者間人工授精（AID）　82－83、85

表現の自由　14－18

フィードバック　123、171

夫婦間の協力・扶助義務　103

夫婦別姓　81

福岡セクハラ事件　58－59、62

不当労働行為　64

不必要な苦痛を与える兵器の使用禁止原則　53

不法行為　14－15、18、39－42、44－45、60、65、144－145、147、149－150

不法行為責任　40－43、45、62－63

扶養（する）義務　78、81、104

プライバシーの権利　13－15、17－20、22

武力行使禁止原則　47、110－113、115、117－118

紛争解決機能　156

文理解釈　161

法定代理人　81、135

法的安定性　154、162

法的拘束力　48、114－118

法的根拠　40、64

法の一般原則　112－113

法の隙間　156

ポートフォリオ　140

母国主義　163

保護法益　156

牧会活動事件　146

捕虜　55－56

ま　行

マタニティー・ハラスメント（マタハラ）　65－66

マルチ商法　137

未成年者　41－45、81、134－136

未成年者取消権　134－138

明覚寺事件　149

民主主義　16、124、126、128－131

民用物　50－51、53

無過失責任　40、44

無差別攻撃　51

無差別殺傷兵器　54

命令委任　129

目的論的解釈　161

有期労働契約　89

や　行

友好関係原則宣言　114

有責配偶者　157

要介護・要支援認定　99、103

世論形成機能　16

ら　行

利益衡量論　15、18

リコール　128－129

立法裁量　164

立法の不作為　157－158

リモートワーク　66、95

リモハラ　66

利用調整　70

類推解釈　161

霊感商法　134、142、145－147、149、151

レファレンダム　130－131

連鎖販売取引　137

老老介護　98、103

わ　行

ワーク・ライフ・バランス　90、92－93、95

大学生のための法的思考入門
——トピックから学ぶ法学

2023年10月10日　初版第1刷発行

編　　者　柳　澤　　武
　　　　　三　輪　まどか
発 行 者　竹　鼻　均　之
発 行 所　株式会社みらい
　　　　　〒500-8137　岐阜市東興町40　第5澤田ビル
　　　　　TEL　058-247-1227(代)
　　　　　http://www.mirai-inc.jp
印刷・製本　サンメッセ株式会社

ISBN 978-4-86015-604-6　　C3032
Printed in Japan　　乱」本・落」本はお取り替え致します。